名老中医学术思想源流

——东直门医院建院五十周年专辑

王永炎　主编

中医古籍出版社

图书在版编目（CIP）数据

名老中医学术思想源流/王永炎主编．－北京：中医古籍出版社，2008.11

ISBN 978－7－80174－668－9

Ⅰ．名… Ⅱ．王… Ⅲ．中医师－简介－北京市 Ⅳ．K826.2

中国版本图书馆CIP数据核字（2008）第174309号

名老中医学术思想源流

主　　编　王永炎

责任编辑　郝恩恩
封面设计　天水工作室
出版发行　中医古籍出版社
社　　址　北京东直门内南小街16号（100700）
印　　刷　北京市金红发印刷厂印刷
开　　本　787mm×960mm　1/16
印　　张　19.75
字　　数　270千字
版　　次　2009年1月第1版　2009年1月第1次印刷
标准书号　ISBN 978－7－80174－668－9
定　　价　29.80元

前　言

中医是我国古代灿烂科学文化的结晶。她源远流长，蕴藏着极其丰富的科学内容。中华民族繁衍昌盛，得益于传统中医造福桑梓，其贡献功不可没。

中医之发展，历数千年而不衰，得益于文化之滋养、理论之完备、临床之效用，更有薪火之相传。先秦以降，代有医理创新，名医辈出。春秋战国至秦汉，岐黄论语《黄帝内经》、仲景撰写《伤寒杂病论》，奠定中医理论体系之基础；东晋以至隋唐，王叔和著《脉经》、巢元方撰《诸病源候论》、孙思邈编《千金方》、王焘汇《外台秘要》，国医得以迅速发展；金元时期，刘完素创“寒凉学派”、张子和创“攻下学派”、李东垣创“温补学派”、朱丹溪创“滋阴学派”，可谓学术争鸣、百花齐放；及至明清，吴又可、叶天士、薛生白、吴鞠通、王孟英力创温病学说，把中医学术推向了一个新的高潮。

燕京古都，历史悠久，可远溯殷周，为金元明清都城，历史文化积淀深厚，代有名医悬壶，加之御医云集，国医各大流派咸聚于此。及至晚近，萧龙友、孔伯华、汪逢春、施今墨齐聚北京，并称“京城四大名医”，声名斐然。

东直门医院乃是北京中医药大学之第一临床医学院，始建于1958年。建院之初，汇集全国各地名医，并对“萧孔汪施”之医理医术多有传承发扬，历经几代人不懈努力，创新发展，渐成全国独树一帜之流派。

目　录

第一章 秦伯未

一、学术传承

秦伯未（1901～1970），名之济，字伯未，号谦斋，出生于上海市上海县陈行镇，出身儒医世家。现代中医学家，毕生致力于中医教育和临床实践，业医50余年，著述颇丰，被誉为“上海医界三杰”之一，有“秦内经”之雅号。曾任卫生部中医顾问，中华医学会副会长，国家科委中医药组成员，药典编辑委员会委员，农工民主党中央委员，第二、第三、第四届全国政协委员等职务。

秦氏祖父笛桥，名乃歌，号又词，工诗辞古文，兼擅六法，以余事攻医，活人甚众，声誉颇隆。著有《读内经图》《玉瓶花馆丛稿》《俞曲园医学笔记》等。《清代名医医案精华》中的第十四家，即记其医案31篇。秦氏父亲锡棋和伯父锡田，均精儒通医。秦氏出此门庭，耳濡目染，影响所及，髫龄即读医书，自幼酷爱文学，凡经史子集无所不览。及长就读于上海第三中学。

1919年进入名医丁甘仁创办的上海中医专门学校深造，为该校第三期学员，与程门雪、章次公等诸贤为同窗学友。当时，江浙沪名医曹颖甫、谢利恒、夏应堂、丁仲英咸集任教，秦伯未经常聆听名医教诲。他勤奋好学，砥砺自强，每夜攻读，黄卷青灯，不敢稍懈，夜以继日，寒暑不辍，奠定了坚实的中医理论基础，当时已蜚声校内，1923年以第二届第一名毕业。有道是“书山有路勤为径，学海无涯苦作舟”，自此奠定了他老人家一生从事中医事业的基础。同年留校任教，并在上海同仁辅元堂应诊，以治内科杂病见长，对虚痨瘤疾尤精。

1927年与王一仁、章次公、王慎轩、严苍山等创办上海中国医学院，任教务长、院长，教授《内经》及内科学，亲自编著多种讲义，授课并指导实习。当时编印出版的《国医讲义》（6种）、《实用中医学》（12种），大都是通过中医教学实践反复修订的教案，切合临床实际，至今仍具有重要的参考价值。1930年创办中医指导社，为社会上的中医人员和爱好者学习中医提供指导，主编《中医指导丛书》《中医指导录》杂志，传授中医知识，面向全国及海外侨胞，交流学术见解及临床经验，解答有关问题，社员先后达千余人。这种办学形式实为中医函授、刊授教育之先河。1938年又创办中医疗养院，设内、外、妇、幼等科，有病床百余张，作为学生实习基地。同年，还创办了《中医疗养专刊》。

在民国时期，中医遭受歧视和压迫，余云岫等提出“消灭中医”，使中医药面临被取缔的厄运。秦氏与谢观、陈存仁、张赞臣等曾在上海组织抗议废止中医的全国性大会，积极参加上海国医公会活动。

中华人民共和国建立后，秦伯未便以极大的热情投入中医教育事业。1952年，秦氏出席了华东及上海市中医代表会议，与余无言等代表为大会提出了不少建设性意见。包括创立中医高等院校，整理、总结名老中医学术经验，西医医院设立中医科，以及中西医取长补短、合作共事等。1954年，秦氏受聘任上海市第十一人民医院中医内科主任。1955年，秦氏奉调进京，任卫生部中医顾问。秦氏在卫生部期间还负责医疗保健和临床会诊。同年在中医研究院举办的全国第一届西学中班执教，为国家培养了首批高级中西医结合人才。1956年，北京中医学院成立，秦氏受聘兼任该院顾问、一级教授。后一直在北京中医学院从事医学教研工作。他讲课深入浅出，旁征博引，讲理透彻，条理清晰，深得学生们的好评。他对于门下弟子也采取上大课、布置作业、写医论、随师临诊、整理医案、总结病例等多种方法，使理论与实践密切结合，同时提高了业务与写作水平。秦伯未先后参加了1960年、1962年全国高等中医院校系列教材第一、第二版的编审工作，为总编审之一。并于1953年和1960年曾先后赴苏联、蒙古两国会诊、讲学。后又与中国医学科学院协和医院及皮肤性病研究所合作，用中西医结合方法治疗白血病及脊髓痨等疑难病症获得良效。除此之外，常应全国各地之邀，从事会诊、讲学及各种学术活动，足迹遍及大江南北。

在十年动乱期间，秦氏被扣上“资产阶级反动学术权威”的帽子，身心健康受到很大的摧残，1970年因肺癌病逝于北京。

秦氏凡经、史、子、集、诸家医典、诗词歌赋、琴棋书画，无不涉猎。在医学之外，秦氏于吟诗、书法、国画、金石均所精擅，与医学并称“五绝”。青壮年即以书法闻名，能写多种字体，尤精于赵孟頫之行书，几可达到乱真的境界。在中医领域内更是博览群书，考诸家之得失，排众说之纷纭，尤其重视《内经》的钻研，潜心撰写评述《内经》的专著，有《读内经纪》等5种，并将《内经》原文整理成生理学、解剖学、诊断学、方剂学等7章，病症则分为伤寒、湿暑、热病等37类，还剖析《内经》与西方医学理论各自的特点和异同，独具见解。

秦氏勤于著述，医文并茂。民国10年创办上海中医书局，自编医书医刊，校订古籍，整理出版。他刻苦钻研，勤于著书立说，几十年如一日。每晨6时许起床，即伏案写作，对其学术专著进行不断的充实加工；并将前一天临诊体验及阅览心得，写成短文或医话。生平著作甚丰，达数百万字，较有影响的有：《秦氏内经学》《内经知要浅解》《金匮要略浅释》《内经病机十九条之研究》《清代名医医案精华》《中医入门》《中医临证备要》《谦斋医学讲稿》等60余种。在报刊杂志发表论文、小品、史话等数百篇。秦氏还工诗词，善书画，好金石之学，40岁时曾刊印《谦斋诗词集》七卷。

临证之中秦氏主要宗法丁甘仁，青年时又曾随谢观、曹颖甫等名家临证。生平重视博采诸家之长，重视诊疗中的大纲大法和辨证论治。方治不拘于经方、时方，择善而从。疏方富于胆识，善于化裁。秦伯未在温病、肝病、水肿病、腹泻、痛证、溃疡病、慢性传染性肝炎、心绞痛等方面的理论造诣很深，富有新意，同时也积累了丰富的临床经验，并总结归纳出一整套证治规律。临床上强调抓主症以明病机，再立法遣方用药。理法方药贯通，辨证精细，治法多变，处方稳重，用药轻巧，疗效卓著，在国内外享有盛誉。

秦伯未虽有丰富的临床经验，但时刻都不放松临床实践。他在奉调到卫生部工作一段时间后，为了能更加接近临床、搞好临床工作，主动从卫生部宿舍区搬出，举家迁居到北京中医学院附属东直门医院内。在医院工作期间，于带教同时承担着大量的临床工作，每周两个半天在高干门诊应诊，一个半天在东直门医院病房查房，一个半天去北京医院查房。此外，还有大量的医院外会诊，所有这些，无疑大大丰富了他的临床经验。

秦氏一生可谓邃精岐黄、著作等身。秦氏广列门墙，遍栽桃李，不遗余力地培养中医人才，尤其在中医教学、中医函授教学和普及中医知识方面，做了大量的工作，在继承与发扬中医科学、发展中医事业、培养中医人才方面，均做出了重要的贡献。

二、学术理论创新

（一）重视经典理论传承与创新

1. 重视《内经》理论传承

秦氏早年曾著有《读内经记》一书，对《内经》中有关文字、词义、句读等提出的考正和质疑，其中创见颇多。如对《素问·四气调神大论篇》“肺气焦满”训曰：逆秋气，则太阴不收，肺气焦满。按王注曰：焦谓上焦也，太阴行气，主化上焦满也，然经言焦，不言上，安得臆决为上焦乎，焦即焦灼之焦，《礼记·问丧》“干肝焦肺”是其义也。《礼记·问丧》原文是：“亲始死……恻怛之心，痛疾之意，伤肾肝焦肺”。《说文解字》中亦云：“焦，火所伤也。”经文阐述的是若违背“秋气之应养收之道”，则肺热叶焦，其气胀满，进而“逆其根，伐其本，坏其真”的四时阴阳调养之道。由此段训诂内容可以看出，秦氏对于经义推敲精益求精，不轻信注家注言，学而思之。正是以这样的旁征博引，依理剖析，使得《内经》中一些差错、疏漏、脱简或难解之处得以厘正说明，对后学理解《内经》原文，学会研究《内经》的方法起到了指导作用。

秦氏认为《内经》是中医理论之基础。其著作《内经知要浅解》说："我们研究祖国医学，先要学习《内经》，然后可以顺流而下的贯彻到其他医书，不如此便象失掉了钥匙，无法打开中医宝库的大门。"但是《内经》文字古奥，历代医家的注释也不够通俗，因而影响了今人对《内经》的学习。为了帮助后学打开学习《内经》，研究中医之门径，秦氏选择明代李中梓的《内经知要》为蓝本，按其纲目、条文，进行语释、词解，并增加体会、补充、备注、应用等内容，对《内经》中切实可用的论述，作了精辟而独到的阐述。

如其解释"阴阳"一节文字时说："阴阳学说便是古代哲学，中医引用它来说明人体生理和病理的现象、以及药物性能和诊断、治疗方法的正反两方面。所以阴阳是一个机动的代名词，是在相互对立的现象上运用的。""《内经》对于阴阳的使用，并非固定的指某一事物，而是代表某一事物或某一现象的属性，必须在一切相对性里寻求某种一定情况或某一种特征来体味《内经》运用阴阳的意义，才不致茫无头绪。"他在解释"藏象"一节文字时说："必须分辨，《内经》所说的内脏不等于现代医学所说的某一脏器。它在书里所指的心的功能包括循环系和脑，肺的功能包括呼吸和皮肤的作用，肝的功能包括神经系和循环系的一部分，脾的功能包括整个消化系统，肾的功能包括泌尿系、生殖系、内分泌和新陈代谢以及脑的一部分。这种理论很可能是前人依据解剖所得的印象。再就临床上有它一定的成效，而很难用现代医学加以解释。"从上述文字不难看出，秦氏在注释《内经》时，总是深入浅出，用朴实易懂的语言，诠释深妙古奥的《内经》理论，使其容易理解和接受，便于掌握和运用。显然若非倾毕生心血，“下过一些苦功”对《内经》进行学习和研究，是根本无法做到的。

秦氏善于从类比中探寻事物规律与本质。所著《内经类证》，条分缕析，溯临床病证之渊源，把散在于整部《内经》里有关病证的记载，摘录原文，总结归纳，进行了系统地列述，分类整理，共得44种病证，310种病候。每一病类分为概论和各论，按因、症、脉、治次第排序，提纲挈领，便于查阅领悟。这种对《内经》的研究方法，上承《类经》之旨，下启后世之思。这种分类比较、总结归纳的方法与逐条译释互为补充。秦氏正是以这样的方法，使经文中一些比较原则、抽象、笼统、概括的条文演绎为生动、具体的临床指导理论。告诉我们如何去溯本求源，在临床之中，如何找到根本、找到活机大法。秦氏20世纪30年代曾在上海中医专门学校和中国医学院教授《内经》。为适应初学中医的学生便于接受和理解《内经》，他吸取西医教学课程的特点，所著《秦氏内经学》，将《内经》有关条文分别列为：生理学、解剖学、诊断学、治疗学、方剂学、病理学、杂病学等七篇作为讲义，在当时堪称为《内经》教学之创举。本来将西医与中医在教学中相结合已经有很大难度，还要将《内经》这类内容庞大深奥的古文，按照西医体例，分门别类更是难上加难。而秦氏秉承其对经文的理解，去粗取精，深入浅出，将《内经》类分七篇进行教学，实属前无古人，这种有益的探索影响极其深远。

秦氏重视根据《内经》探求病名本源。一再强调病名是对具体疾病全过程特点与规律的本质认识，必须结合临床考查病名，尤其是《内》《难》经典中所记载的病名，及其推衍过程，如此方能于临床中有的放矢。如“肝厥”病名，它是“四厥”的总称。即一指忿怒所致形似中风的“气厥”，证见猝然昏倒，牙关紧闭，手足不温。二指肝阳上亢的“晕厥”，证见头目晕旋，昏倒不省人事，汗出面白肢冷。三指肝火上冲的“薄厥”，证见猝仆面赤，气道不利，咳有痰声，脉弦而数。四指肝肾阴虚风动的“痉厥”。再如“腹泻”病名又有多称，若以病因看有湿泻、暑泻、热泻、食泻、酒泻之称；若从泻下物看有鹜泄、飧泄、溏泄、濡泄之名；若从脏腑病机看有胃泄、小肠泄、大肠泄之说。秦氏还对《难经》所言“肝积”名“肥气”，“脾积”名“痞气”提出看法，因肝积多由气滞形成，体见疲劳肢困，食少体瘦，日久继发黄疸与臌胀，而脾积肿大面黄如“疟母”一般，常由劳累引发寒热，结合临床考查认为该病名应为“肝积”，名“痞气”，“脾积”名“肥气”。诸如此类，体现出秦氏严谨的学风，和溯本求源的积极求学态度。

秦氏重视实践，学习《内经》强调学以致用。《黄帝内经》一向被认为是一部理论性很强的经典著作，且年代久远，历代医学家注疏，多以经解经，校勘考证为主，在文字训诂上下功夫。秦氏则更注重其临床价值。他认为《内经》一书总结了前人的实践经验，表达了古代医学的思想体系，是几千年前中医临床实践的高度概括。所以更应返朴归真，将其介绍之理论验之于中医临证实践。如他在对《素问·调经论》“阳虚则外寒，阴虚则内热，阳盛则外热，阴盛则内寒”一句的体会中说：“此言阴阳虚实寒热有内外寒热的区别，我们可以认识到内外寒热就是表里寒热，如果把阴阳、虚实、表里、寒热并起来说，就是中医理论体系中的八纲。八纲中阴阳是纲领的纲领，虚实是表里寒热的纲领，虚实必须结合表里、寒热，才能细致地分析病情，作出明确的诊断。”为此，秦氏把后世因《内经》启发所得到的概念列表归纳，指出了表实、里实、表虚、里虚、实寒、实热、虚寒、虚热，以及假虚、假实等病证所包括的范围，治疗法则和常用代表方剂，确对临床具有很好的指导价值。

又如他在解释《灵枢·水胀》篇的体会中十分强调辨证论治。他说："此因水胀而举出其他类似症以资鉴别，在古代称作比类法，即现在所说的鉴别诊断。然而我不必勉强以现代病理分别解释，哪一种是心脏性水肿，哪一种是普通的皮肤浮肿，哪一种是肝硬化的腹水，以及妇科文献的卵巢囊肿和子宫肌瘤等。因为前人是绝对不会有这种知识的，它擅长的就是辨证施治。"他在解释《素问·咳论》的体会中说："咳嗽以肺为主要受病器官，《内经》已有指出，所说五脏六腑之咳，乃因咳嗽而引起的并发症，即把经脏的部分和作用定名，绝对不是五脏六腑病变能直接产生咳嗽。从现代医学来说，很可能包括了肺结核、胸膜炎、肋间神经痛、支气管喘息和急慢性支气管炎等症在内，因此中医治咳，极其重视兼症，一般分为外感和内伤，即皮毛先受邪气和寒饮食入胃的内、外二因，又注意在痰和气的区别，即聚于胃、关于肺的两个病所。从而观察痰多痰少，干咳无痰，痰黏不爽，痰薄滑利，以及因咳而气逆，因气逆而作咳，因咳而痰升，因痰升而作咳等等。用来分别其寒、热、虚、实，作为止咳化痰的目标。"秦氏由经文引申出的对咳嗽一症的证治关键的理解可见一斑，实为处处与临床实践相结合。再如对《素问·举痛论》中"余知百病生于气也"一句的体会，秦老说："气，究竟是什么？在目前很难加以定义，有些地方代表一种能力，有些地方是指的一种物质。据我个人看法，前人把气和血对等，血是物质，气也应该是物质，气所发生的作用，就是所谓能力……气和血成为构成机体的重要材料，是绝对不能分离的。如果气受到心理上、环境上的刺激，不论情志方面的怒、喜、悲、恐、惊、思，气候方面的寒、热，以及工作方面的劳动，都会影响到血……相反地，后世在血分病方面，有理气和血、行气逐瘀、血脱益气、祛寒活血、清热凉血……等方法，同样没有离开过气分。”这对中医长期以来被外界争论不休的“气”的概念，结合临床做出了明确、深刻、实用、简洁的解释，使人信服。其学生唐思义在《秦氏内经学·唐序》中说：“秦氏伯未，以天赋之才，操《素》《灵》之秘，著《内经学》若干卷，去糟粕，撷精华，阐幽微，扶古奥，作有条有例之归纳，膺承先启后之钜任，襄曾传诸医林，医林庋诸宝笈，今以讲授学子，学子奉为宗师。”从秦氏一生从医执教，精研《内经》的治学态度和学术成就来看，称他为一代“内经宗师”，实属当之无愧。

2. 重视《伤寒杂病论》学术传承与应用

20世纪30年代，秦伯未的伯父主持上海慈善团体同仁辅元堂，聘请曹颖甫、秦伯未等中医师应诊于堂内诊所。二人分别执教于上海中医专门学校、上海中国医学院，兼职于堂内应诊。一日曹氏在应诊时，遇一女病人，诉咳嗽，咳甚则小便随出，不能自持，迁延日久。曹氏因未尝见过此证，一时不知如何施治。即至秦处询问。秦伯未先生略加思考解释到：这叫膀胱咳。《内经》说：肾咳不已，则膀胱受之。膀胱咳状，咳而遗溺。但是《内经》没有提出治法，当求教于仲景《伤寒论》，五苓散加人参可治。曹氏闻毕予党参、泽泻、茯苓、猪苓、白术各9克，桂枝3克。两天后病人来复诊，病已大愈。

嗣后曹氏问及秦氏如何知晓五苓散能治此病。秦氏答道：“大家通常只知道按仲景方治《伤寒论》中有记载的病，而《伤寒论》中未记载的病，往往感到没有办法。此病由于肺气不宣，则膀胱不利，因而有升提之法。膀胱不利，则肺气不达，因而有渗利之法。该病妇咳而小便出，是肺气不利，咳则气松而尿自流出，此非用人参补气不可。然水道不畅，则肺气难于清肃，非五苓散荡除不可。两者兼施，病乃痊愈。”

关于膀胱咳秦氏说：“咳嗽以肺为主要器官。《内经》说的五脏六腑之咳，乃因咳嗽而引起的并发症。”秦氏以五苓散加人参治疗此例膀胱咳，可谓圆机活法，桂枝性温，能通阳化气，与苓、术配伍，能化痰饮、止咳嗽。猪苓、泽泻治膀胱气化失司，水道不畅。该病妇咳则尿自出，属气虚之象。故配以人参益气补虚、健脾升提。由此不难看出，有些人认为《内经》是单纯的中医理论书，尤其是《内经》之中只载方13首，对临床实用价值不大，这种想法是极端错误的。也有许多人虽然重视经典，但是不知道如何将《内经》与《伤寒》乃至后世百家之论结合起来应用于临床。仲景在《伤寒论》序文中已有：“勤求古训、博采众方”和“撰用《素问》九卷、《八十一难》……”的明示。说明《伤寒论》与《内》《难》经典系一脉相承。在博览古籍、钻研经典的同时，一定要善于思考，结合临床实际，才能合理运用、有所创新。

《伤寒论》中叙述五苓散的应用，归纳起来大致是化气利水，健脾祛湿。治内停水湿，外有表证，头痛发热，小便不利，烦渴欲饮，水入即吐等症，并未说能治膀胱咳，这是秦氏在深研《内经》经义的基础上，对五苓散运用的发挥。秦伯未先生这种融合《内经》《伤寒》之学，应用经典指导临床，乃至融合后世百家经验的思维，可以说完全是来自于对中医理论透彻、深刻的领悟，对病证精准的辨识。临证如临阵，用药如用兵，只有掌握了大法，必要之时加以权变，才能于临证之中左右逢源。

秦氏强调学习《伤寒》《金匮》，根源和核心在于学习其辨证论治的方法，《金匮》较之《伤寒》对于四十余种杂病的叙述略显分散，似乎没有系统可循。实则其辨证论治方法和规律是一样的，秦氏对《金匮要略》方剂的运用注重实际，强调以病统类，抓主证用方。所编纂之《金匮要略杂病浅说》，就疾病方面分类写出，纲举目张，便于掌握，而非采取逐条笺注形式。秦氏强调研究《金匮》要理解它的实质和精神，同时也要看到发展的一面，不能仅仅在一证一方上下功夫，正如研究《伤寒论》应该和后世的温病学说结合一样，只有这样，才能扩大《金匮》的证治范围。此外对于《金匮》的研究亦不能脱离于《内经》的基础，要善于互相参照，融会贯通，应用于临床方能取得更好的疗效。

秦氏对于《金匮》方的活用颇有心得，可谓提纲挈领。下面结合晨隐野等的整理内容择选部分方剂概述如下。如人参汤：即理中汤炮姜换干姜。凡用生姜取其辛散，炮姜守而不走，干姜则温多散少。小半夏汤：和胃止呕法，凡胃有痰饮水湿引起的呕吐均可适用。半夏干姜散：治胃寒吐涎沫，用药和小半夏汤同，因生姜辛散，干姜温中。又主症和吴茱萸汤相似，但彼为寒邪而兼胃虚，此则纯寒，故不用补药辅助。小半夏汤加茯苓汤：兼有利水作用。大半夏汤：补中止呕法，与小半夏汤比较，彼有实邪故用辛散；此为胃虚，故用甘药和养。干姜人参半夏丸：适用于寒饮呕吐，非为妊娠恶阻而设。大黄甘草汤：泻火止呕法，和大半夏汤有虚实寒热之不同。

而对于《金匮》妇人三十六病，中医研究院徐季含老中医师曾经和秦氏商榷，认为妇人三十六病即在《金匮》妇人病三篇之内，他指出："妊娠篇十一条，除去末一条见《玉函》为针治外，实为十条；产后篇十一条，除去末二条为后人附方外，实为九条；杂病篇二十三条，除去前四条见《伤寒论》，末一条属小儿科和其中总论一条外，实为十七条，三篇恰为三十六条，都有症有方。"此虽属初步意见，但亦为百家争鸣，故秦氏将其大胆发表。此实为悉心研究《金匮》后的收获，至于该说恰当与否，有待进一步考证，为便于浏览，暂附简表如下：

序号	病症	方剂	序号	病症	方剂
1	妊娠口渴不能食	桂枝汤	19	产后下利	白头翁加甘草阿胶汤
2	癥病漏下	桂枝茯苓丸	20	咽中如有炙脔	半夏厚朴汤
3	胎胀腹痛	附子汤	21	脏躁	甘麦大枣汤
4	胞阻下血	胶艾汤	22	吐涎沫、心下痞	小青龙汤、泻心汤
5	妊娠腹痛	当归芍药散	23	腹痛、手掌烦热、带下	温经汤
6	妊娠呕吐不止	干姜人参半夏丸	24	带下经水不利	土瓜根散
7	妊娠小便难	当归贝母苦参丸	25	半产漏下	旋覆花汤
8	妊娠水气身肿	葵子茯苓散	26	陷经漏下	胶姜汤
9	妊娠使易产	当归散	27	血室水血俱结	大黄甘遂汤
10	养胎	白术散	28	经水不利下	抵挡丸
11	新产郁冒、病痉、大便难	小柴胡汤 大承气汤	29	经闭、下白物	矾石丸
12	产后腹中痛	当归生姜羊肉汤	30	腹中血气刺痛	红蓝花酒
13	产后腹痛烦满	枳实芍药散	31	腹中诸疾痛	当归芍药散
14	产后瘀血腹满	下瘀血汤	32	腹痛	小建中汤
15	产后恶露不尽、发热烦躁、便秘	大承气汤	33	转包	肾气丸
16	产后中风	阳旦汤	34	阴中寒	蛇床子散
17	产后风面赤而肿	竹叶汤	35	阴中蚀疮烂	狼牙汤
18	乳中虚、烦乱呕逆	竹皮大丸	36	阴吹	膏发煎

（二）重视脏腑辨证与脏腑用药

秦氏指出脏腑发病岐黄早有明训，《素问》中的“咳论”、“痿论”、“痹论”等，分别推求了五脏咳嗽、五脏痿证、五脏痹证的主要表现。而《难经》所载“忧愁思虑则伤心，形寒饮冷则害肺，愤怒气逆而不下则伤肝，饮食劳倦则伤脾，久坐湿地强力入房则伤肾。”又阐明了五脏发病的自身规律。《千金方》中即是以脏腑分类，论列病证方药，后

《杂病源流犀烛》也秉承了先分脏腑的原则。秦氏非常重视研究脏腑发病与用药法则。

据此，秦氏常从4个方面分析内伤脏腑的发病：第一、结合本脏的体用性质；第二、与本脏形体官窍联系；第三、本脏跟它脏相互影响；第四、本脏对病邪的反应。由于本章节探讨秦氏的用药经验，故脏腑发病方面仅举肝为例：肝藏血，气为用，性喜温，谋略所出，罢极之本，舍魂，藏相火，通于风气，开窍于目，主筋，为女子先天，肝经所循行部位，与胆为表里，与肾心相生，与肺脾相克。可见脏腑一旦发病就离不开生理和病理，秦氏正是从此处着眼，运用脏腑发病的观点，来遣方用药，颇具特色。如唐容川说“业医不知脏腑则病源莫辨，用药无方”。

下面主要就秦氏根据脏腑发病机理，列出各脏腑治疗原则与适用药物作一简要介绍，从中可一窥秦氏用药之经验。

肝、胆：

1. 补血　归身、白芍、首乌、阿胶、潼沙苑、菟丝子。

2. 和血　当归、川芎、赤芍、丹参、鸡血藤。进一步即为行血祛瘀，如红花、桃仁、泽兰、茺蔚子。

3. 理气　如郁金、香橼、白蒺藜、金铃子、橘叶、路路通、玫瑰花、苏罗子、柴胡、青皮、枳壳、香附、延胡、沉香。

4. 清肝　丹皮、黄芩、山栀、夏枯草、青黛、牛黄。进一步为泻肝，如龙胆、芦荟（清胆同）。

5. 温肝　如肉桂、仙灵脾、艾叶（温胆是助其升发之气，与此意义不同）。

6. 镇肝　包括潜阳，如菊花、钩藤、天麻、桑叶、牡蛎。进一步为熄风，如龟板、鳖甲、玳瑁、羚羊角、珍珠母、淡菜、蝎尾。

以上是肝脏发病的一般用药，所有肝胆症状，均可适当地在这基础上入主治药物，如：①目赤：青箱子、密蒙花、木贼草、菊花。②目糊雀盲：羊肝、菊花、石解、枸杞子。③瘰疬：海藻、昆布、山慈菇。④癥瘕痃癖：三棱、莪术。⑤疝气：荔枝核、橘核、小茴香。⑥拘挛：木瓜、怀牛膝、续断。⑦月经过多：乌贼骨、血余炭、樗皮炭、陈棕皮、侧柏叶、炮姜炭。

心、心包：

1. 和血　包括补心，药如生地、麦冬、炙甘草、当归、龙眼肉、丹参、三七、藏红花、琥珀、血竭。

2. 清火　包括泻心，如黄连、山栀、连翘、竹叶、灯芯、莲子青心。

3. 通阳　如人参、桂枝、远志、益智仁、紫石英。

尚可适当地在这基础上加入下列主治药物，如①心悸、失眠：酸枣仁、柏子仁、茯神、龙齿、合欢花、朱砂（即安神）。②神昏、发狂：犀角（用水牛角代）、菖蒲（即开窍）。③多汗：浮小麦、碧桃干、糯稻根。④胸痹：薤白、郁金、栝楼。

脾：

1. 温阳　如干姜。

2. 益气　即补中，如黄芪、党参、白术、山药、扁豆、红枣。

3. 调中　如木香、藿梗、苏梗、砂仁、檀香。

4. 化湿　如苍术、厚朴、草果、半夏、陈皮、佛手、茯苓、薏苡仁。

其尚可适当地在这基础上加入下列主治药物，如：①泄泻：炮姜、肉果。②水肿：大腹皮、冬瓜皮、泽泻、车前、生姜皮。③黄疸：茵陈。④脚气：木瓜、槟榔。⑤便血、崩漏：阿胶、地榆、侧柏叶、灶心土。⑥脱肛：升麻、柴胡（即升提）。

肺：

1. 补气　药如黄芪、人参、山药、冬虫夏草。

2. 肃气　如苏子、白前、旋覆花。

3. 生津　即润肺，如北沙参、麦冬、玉竹、百合、燕窝、银耳、阿胶、梨膏。

4. 宣肺　如麻黄、紫苏、荆芥、防风、桔梗。

5. 清肺　桑叶、菊花、黄芩、蒌皮、石膏、桑皮。

6. 止咳化痰：如牛蒡、前胡、紫苑、款冬、杏仁、贝母、马兜铃、天竺黄、竹沥、枇杷叶、海蛤壳、荸荠、半夏、陈皮、白石英、海浮石、制南星、白果。进一步逐痰如白芥子、葶苈子、皂角、青礞石。

其尚可适当地在这基础上加入下列主治药物，如：①鼻塞流涕：辛夷、苍耳子、白芷、藁本。②咯血：侧柏叶、茜草、山茶花、旱莲草、藕节、丹皮、仙鹤草、茅根。③失音：风凰衣、玉蝴蝶、蝉衣、胖大海。④咽痛红肿：玄参、山豆根、射干、马勃、挂金灯、藏青果。

肾、膀胱、三焦：

1. 滋肾　一般所说阴亏，多指肾阴，药如生地、熟地、山萸、黄精、龟板、枸杞子、女贞子、潼沙苑、桑椹子、牛骨髓、猪脊髓、鳖甲胶。

2. 温肾　一般所说阳虚，多指肾阳，如附子、肉桂、鹿茸、巴戟天、破故纸、益智仁、仙茅、胡芦巴。

3. 利膀胱　即通小便，如茯苓、赤苓、猪苓、泽泻、车前子、冬瓜皮、木通、通草、蟋蟀。

4. 通三焦　即行气法，如木香、香附、厚朴。

其尚可适当地在这基础上加入下列主治药物，如潮热骨蒸：地骨皮、白薇、银柴胡；腰痛膝软：杜仲、续断、狗脊、怀牛膝、木瓜；耳鸣耳聋：磁石、核桃肉、黑芝麻；气喘：蛤蚧尾、五味子；遗精：桑螵蛸、金樱子、莲须、芡实、煅龙牡；阳痿：海狗肾、仙灵脾、锁阳、蚕蛾、海马、蛇床子、韭子；小便不禁：覆盆子、五味子、蚕茧。

胃、小肠、大肠：

1. 和胃　药如藿香、豆蔻、枳壳、半夏、陈皮、佛手。

2. 清胃　如石膏、知母、滑石、黄芩、芦根、竹茹（挟湿为湿热，与化湿药如厚朴、半夏等同用，称为清化）。

3. 生津　如石斛、天花粉、麦冬、玉竹。

4. 疏肠　即通大便，包括润肠，如麻仁、栝楼仁、柏子仁、郁李仁；泻下如大黄、玄明粉、番泻叶；寒秘、虚秘用苁蓉、硫黄、巴豆，称为温下法；泻水用商陆、甘遂、芫花、大戟。

5. 固肠　即止泻法，寒泻如煨姜、益智仁、肉果；热泻如黄连、白头翁、秦皮；久泻不止用禹余粮、赤石脂、诃子、石榴皮，称为固涩法。

其尚可适当地在这基础上加入下列主治药物，如呕吐：黄连、半夏、枳实、竹茹、吴萸、生姜。呃逆：丁香、柿蒂、刀豆子。伤食：六神曲、山楂、莱菔子、焦稻芽、谷芽、麦芽。里急后重：木香、槟榔、赤白芍。便血：槐花、地榆、侧柏叶、赤豆。

具体临床选方用药，秦氏也非常重视根据脏腑定位辨证选方用药，如其验方肝经气火方，组成：赤芍、白芍各6g，川芎0.2g，白蒺藜9g，菊花4.5g，蔓荆子4.5g，钩藤6g，生牡蛎12g，夏枯草6g，潼木通0.2g，炒薄荷0.15g。能清泄肝经气火。主治肝经气火引起的头痛，抑或头筋搏指，口苦，脉弦等证。

痹症基本方，组成：羌独活各10g，桂枝10g，防风10g，制苍术10g，当归10g，草红花3g。能祛风除湿、活血通络止痛。主治风寒湿痹，或兼挟络瘀者。如果寒重，痛重加川、草乌；有热的去羌活加知母、黄芩；气虚者加黄芪；血不足者加白芍；其他止痛活络的秦艽、桑枝、丝瓜络、片姜黄、威灵仙、海桐皮、络石藤、千年健等均可酌加。

氤氲汤，组成：大豆卷6g，藿香9g，佩兰9g，青蒿6g，焦栀皮6g，连翘9g，滑石15g，通草3g，郁金6g，菖蒲3g。清热化湿，宣气透痞。主治湿温，发热身痛，热势起伏，汗出不解，胸脘痞闷，呕恶便溏，颈、胸、腹部等处见白痦，舌苔黄腻，脉濡数。

无黄疸型肝炎基本方（疏肝法），组成：白芍10g，柴胡5g，丹参10g，郁金6g，枳壳5g，青陈皮各5g。功用是疏肝理气，主治右胁或连左胁胀痛、剧痛，或牵及右胸少腹肩胛亦痛，肝大压痛，或兼见腹胀、食减、恶心、矢气等胃肠症状。舌苔薄腻或净，脉弦滑或细弦。胁痛重的或痛引少腹者，加金铃子6g，荔枝核10g；久痛不止、痛如针刺或日轻夜重者，加红花3g，或制乳没各5g；肝区有内热感或口苦口干，或小便短黄，或皮肤瘙痒者，加大小蓟各6g，或加黄芩、竹茹各5g；兼有头痛者，加白蒺藜10g，菊花5g；食欲呆滞、纳食不香者，加六神曲10g；

有潮热、头热、掌心热、牙龈出血者，加鳖甲12g，丹皮5g；有头晕等血虚症状者加当归5g；有腰部酸痛、小便频数等肾阴虚症状者，加细生地6g；全身酸倦，中气虚弱者加黄芪6g，炒白术6g。

无黄疸型肝炎基本方（和胃法），组成：白芍6g，柴胡5g，厚朴3g，清夏6g，青陈皮各5g，枳壳5g，云苓10g，砂仁2g（冲）。功用和胃化浊。主治胁痛不剧烈，或痛虽重而肠胃症状特别明显，包括脾困湿阻，如食少，厌恶油腻，腹胀后更甚，嗳气，矢气，四肢懈怠，大便不调等。舌苔薄腻或厚腻，脉濡细或细弦。腹胀甚者加木香3g；腹胀满大便不畅加大腹皮10g；舌苔黏腻，湿阻极重者加重厚朴5~6g，或再加苍术5g；腹痛便溏者加乌药5g。可见，秦氏临床确实是在重视脏腑辨证的基础上，选方用药，并随症加减。

另外，对于慢性疾病调治，秦氏尤其擅用膏方。其中对于虚劳痼疾，应用冬令膏方颇具特色。所以每逢冬令封藏之时，求拟膏方者接踵而来。秦伯未氏曾著《膏方大全》《谦斋膏方案》；董漱六曾编著《秦伯未秦氏膏方选集》。所列各案多以滋补脾肾为主。因肾为先天，为贮藏精气之窟，生命之根；脾为后天，为气血生化之源；脾肾充实，则气血旺盛。秦氏指出，膏方并非单纯之补剂，乃包含救偏却病之义。膏方之选药须视个体而施以平补、温补、清补、涩补；亦须视各人之病根，而施以生津、益气、固精、养血。并告诫世人，万不可以为膏方为唯一补品，而贸然进服。

三、临证应用

（一）发热治疗退热16法

秦氏通过深入地比较分析伤寒与温病学说后认为，后者乃是前者的发展，两者虽具多种差异性，但又具颇多共同性，可以说同中有异，异中有同。二者同起六淫，或伤于寒，或感于温。伤寒由表入里，以六经辨证而取温法，始用辛温发汗的麻黄汤，中用苦寒泻热的承气汤，末用回阳救逆的四逆汤。温病由浅入深自上而下，用卫气营血或三焦辨证而治取凉法，始用辛凉解肌的银翘散，中用甘苦合化的增液承气汤，末用甘寒救阴的复脉汤。虽同属外感病但证候存在交叉，构成了六经辨证与三焦辨证的一横一纵关系，即太阳病对应上焦病；阳明病、少阳病、太阴病对应中焦病；少阴病、厥阴病对应下焦病。所以在深入研究伤寒、温病学说及历代名医经验的基础上，结合自己多年的临床经验，提出了16种退热法。理法方药具备，系统严谨，简便实用，论述中肯而精辟。分述如下：

1. 发汗退热法

发汗退热适用于外感发热，即外邪发热病位在表，发汗治表热之法亦称解表法。一般分辛温发汗和辛凉发汗两类，但都以味辛之品作为主体，以起到发散作用，再结合药性之温凉，前者适用于感受风寒，后者适用于感受风温，两者包括伤风感冒及伤寒、温病初期证候。辛温发汗剂如麻黄汤、香苏饮；辛凉发汗剂如银翘散、桑菊饮。外邪中还有湿邪、暑邪和秋燥之气，也能引起发热。湿邪发热，可用神术散；暑邪发热，可用加味香薷饮；秋燥发热，可用桑杏汤，均不离辛温和辛凉两大法。另外，还有其他温热性质的邪气所致的诸如痄腮（腮腺炎）、乳蛾（扁桃体炎）、赤眼（结膜炎）、牙痛（牙龈炎）等，治疗时由于发病的部位和症状之特殊，可分别选用柴胡葛根汤、甘桔射干汤、洗肝散和泻黄散等。

2. 调和营卫退热法

调和营卫的意义，简单的说就是调整气血使之平衡。血营于内，气卫于外，卫分受了风邪的侵袭，肌肤发热，形成营弱卫强的现象。在这种情况下必须把风邪驱出，才能气血和谐。故调和营卫实际上也是解表的一法，但调和营卫不等于发汗，调和营卫是增强本身机能来祛邪外出，服桂枝汤后，还应喝稀粥和盖被安卧，帮助出汗。且此法不宜用于无汗发热的表实证。此外，桂枝与白芍一比一的配伍比例一旦改变，将改变其调和营卫的作用。对于偏向阳气虚弱，平素畏寒，劳后低热的患者，依据“劳者温之”的治则，常用桂枝汤酌减桂枝用量，加入参、黄芪或当归之类，黄芪建中汤、小建中汤皆为治疗虚弱证候的较好方剂。

3. **清气退热法**

外感发热，病邪传里入肺，为身热持续，不恶寒，进一步到胃，为反恶热，午后热势增高，均伴口渴引饮，舌苔薄黄，脉象滑数，或脉转洪大。即中医所谓之“阳明经证”。此时，既不能再用汗法，亦不可早用养阴，以防阳脱阴竭或阴遏阳浮。宜选用微辛甘寒清解阳明的白虎汤。一方面保持津液，一方面使热邪仍从肌表缓解透泄。若里热出现心烦、错语等证，即不是甘寒所能胜任，便用大黄黄连泻心汤、黄连解毒汤等苦寒剂。甘寒和苦寒虽均有清热之功，然用法和功效迥异，前者能使邪从汗解，后者则使邪从下泄。并且甘寒能生津保液，苦寒反从燥化而伤液但可直折火气、驱除精神症状。

4. **通便退热法**

伤寒和温病邪传中焦，胃中热盛，势必消灼津液，影响及肠，大便秘结。此时非但发热不退，而且热势蒸蒸，有增无减，日晡更剧，严重的出现烦躁不宁，神昏谵语，舌苔黄腻而糙，或黑有芒刺。治宜竣下，譬如釜底抽薪，水自不沸。一般以大承气汤为主方。但大承气证备具燥、实、坚、满现象，病情极为危殆，并且体实者才能使用。若津液不足，舟底无水，难以推动，可从润肠通便着手，选用脾约麻仁丸；若津液极伤，不能内服者，又有蜜煎和猪胆汁外导法，类似于甘油栓、灌肠等现代医疗方法。此外《温病条辨》之增液汤，寓泻于补，用于热病阴分大虚枯涸，不能用承气汤和外导法者。

5. **催吐退热法**

发热证心中懊侬，或经下后身热不退，心下结聚作痛，多用栀子豉汤催吐。此法和《内经》“其高者，因而越之”之旨，对于体质强壮，邪热壅结上焦的实为治疗捷径。临证之中有可吐、不可吐诸证，需细心甄别。

6. **和解退热法**

发热证中有忽寒忽热，一天内可以数次发作，形似虐状，称为“寒热往来”。系外邪由表传里，困于半表半里，少阳经病。寒热往来为少阳病的特征，同时伴见少阳诸证，临证采用小柴胡汤和解之。所谓和解，是和其里而解其表，和其里不使邪再内犯，解其表乃使邪从外出，含有安内攘外之义，目的还在祛邪。此方法不仅用于外感发热，内伤杂证出现不规则的寒热往来也能加减应用。再如藿香正气散亦具有安内之力及攘外之能，善治外感风寒，内伤湿食，呈现寒热、头痛、呕恶、胸隔满闷等证，故也属于和解的范围。

7. 表里双解退热法

发热时表里证具见，或传变后表证未除，又见里证，所谓表热当汗，里热当清、当下，遇有此类宜疏表清里或汗下同用，称做表里双解法。方用三黄石膏汤治表里、上下均热，脉象洪数者，方中以麻黄、豆豉解表热，石膏、山栀、黄连、黄芩、黄柏清内部上下中三焦之热。比较复杂的如刘河间的防风通圣散，治疗寒热，目赤，鼻塞，口苦口干，咳嗽，咽喉不利，便秘溲赤等证，兼顾宣肺散风、清解里热、泻实通便、调肝健脾等多法。此方用药较多，但总以祛除表里之邪为目的，可明确在复杂的发热病证中应从多个方面考虑。此外，三阳经均有发热，外邪传变过程中，往往两经并见，便须同时处理，例如太阳阳明合病用葛根汤、少阳阳明合病用柴胡升麻汤，同样的在里证中有上中焦同病的，有中下焦同病的，也有上中下三焦同病的，亦应兼筹并顾，均可称为双解法。

8. 清化湿热退热法

清化退热法用于湿热证，湿为阴邪，热为阳邪，两者一经结合，即不易分解。湿热发热的特征是，身热上午较低，午后增加，两足不温，伴见头痛、自汗、心烦等热证，及胸闷、恶心、舌腻等湿证，又有口干不欲饮，饮亦不多，且喜热汤等矛盾现象，严重的出现神昏，时清时昧，不同于纯热证的狂躁不安。因此，治疗湿温必须清热化湿兼顾，并考虑温邪偏胜或湿邪偏胜，斟酌轻重而用药，同时结合宣透、舒郁、淡渗、缓泻等方法，来分解病势。常用方如三仁汤、甘露消毒丹等。到神昏阶段，用神犀丹而不用紫雪、至宝，也是取其清热安神之中兼有化浊开窍作用。此外阳黄亦归入湿热证，予茵陈蒿汤清利为法，临证中传染性肝炎虽不一定发黄，但清热利小便之法实为防治发黄的最好方法。

9. **清营解毒退热法**

治疗发热除分辨表里、三阳、三焦外，尚需分辨卫、气、营、血。温邪或温毒或伤寒化热传入营分发热，须用清营解毒。湿邪发斑治以化斑汤，即以甘寒清胃加入血分药；又如小儿麻疹用竹叶柳蒡汤，亦为辛凉解表药与清泄血分药同用。邪入营分即宜加血分药，至于邪气在营在血，则须细辨，以定透热转气或清血凉血之法。邪入营血、热入心包，则见神昏、躁狂、惊厥、谵语者用紫雪丹、牛黄清心丸等清热解毒潜镇。邪入营分多损及血络，凡有发热证当以清营凉血为法，方选加减玉女煎、犀角地黄汤退热凉血。

10. **舒郁退热法**

郁证发热，其病因以七情为主，在内脏以肝胆两经为多。症状是午后低热，或忽寒忽热，或心情不舒畅即觉浑身轰热，伴见急躁、恼怒、头胀、耳鸣，睡眠多梦易醒，妇女月经不调等证，肝郁多影响脾胃证见纳差、胸闷、嗳噫、便秘等症。《内经》云："木郁则达之"，治宜疏畅肝气而散郁热，用逍遥散、化肝煎加减。久患郁证出现发热而暗耗气血，则既不宜苦寒泻火，亦不宜滋阴峻补，当用微苦泄热，微辛理气，凉润以滋燥，宣通以散郁。正如《叶天士医案》里说："五志过极皆火，但非六气外来，芩、连之属不能制伏，固当柔缓以濡之，合乎肝为刚脏，济之以柔，亦和法也。"治疗此类情志病发热当注意药性与证情气味相投。

11. **祛瘀退热法**

发热出现狂证而不同于热入心包，兼见小腹急结，小便自利的，《伤寒论》称为"蓄血"，当用桃仁承气汤。又妇女月经适至之"热入血室"，陶节庵以小柴胡汤加减治疗。这些伴有瘀血的发热，不是单纯的退热药所能收效，必须结合祛瘀。如外科肠痈初起以祛瘀为急，选用大黄牡丹皮汤。凡是气血阻滞如外科肿疡引起的发热，亦惯用和营活血、退热消散为主的方法。

12. **消导退热法**

消导退热法用于肠胃病，因饮食不节引起呕吐或泄泻，同时身热随起，用保和丸消运食滞，热势自降。如痢疾腹痛发热，多因肠有积滞，用枳实导滞丸泻下，热亦随解。如果不兼外邪，均不用清疏退热。倘然久泻久痢不止，不因外感而续增发热，多数由于伤阴所致，不仅无需疏散，而且禁用消导，尝取阿胶连梅丸加减。小儿疳积证，形体日瘦，面色不华，肚腹胀满，最后亦起潮热，可仿肥儿丸标本兼顾。

13. **截疟退热法**

中医很早有常山饮和七宝饮等截疟主方，常以常山为主药，疗效很好。临床又以先寒后热、先热后寒、寒多热少和但热不寒而分称痎疟、寒疟、瘅疟、三阴疟。分别定出柴朴汤、蜀漆散、桂枝黄芩汤、柴胡芎归汤等，并不以常山为特效药而一概用之。疟疾最易损伤气血，或因劳累复发。因劳复发的称为“劳疟”，多由病久致虚，宜何人饮补养气血。若久疟胁下肿块，称为“虐母”，疲劳后寒热随起，当选虐母丸和血消滞。

14. **辟疫退热法**

疫证是指传染秽浊之邪，这种病邪多从口鼻吸入直犯肠胃，故初起头晕脑胀，背微恶寒，呕恶，胸闷，或下利绕脐作痛，旋即高热，有汗不解。并且即使药后汗出热减，亦不能一次便尽，常有热势起伏，或热退两三天后复发的，必须看其内蕴之邪是否从里达表，彻底消除，一般用达原饮开达膜原，透泄里邪，辟秽化浊。此外大头瘟为温疫证之一，多选普济消毒饮清热解毒，疏风散邪。

15. **温经退热法**

外感发热初起，神疲困倦，脉不浮反沉，这是阳气极虚，虽受风寒，不可发汗，以防亡阳虚脱，然邪不去势必乘虚直入，此为太阳、少阴同病，治以温经为主。温经是温少阴经以发挥其捍卫功能，再佐发散药以祛除太阳表邪，方用麻黄附子细辛汤。这种证候有似和解及表里双解但实质不同，而且又不能通用于一般虚弱人的感冒发热。体质易于外感，寒热自汗，由于卫气不固者，多用玉屏风散固表祛邪。

16. 滋阴退热法

内伤虚证发热可分阴虚、阳虚和血虚。阴虚发热多在下午，自觉热自肌骨之间蒸发而出，五心烦灼，盗汗，形体消瘦，脉象沉细而数，常用方如清骨散。余如肺痨、风痨亦选用秦艽扶羸汤、秦艽鳖甲汤滋阴退热。阳虚发热多在子午之分，即下半夜和上午为常见，伴有形寒恶风，神疲懒言，饮食少味，脉大无力等证。治宜甘温退热，用补中益气汤。血虚发热和阴虚发热相似，亦以下午为多，其特征为小有烦劳即能引起低热，轻者但觉头面轰热，手足心烦热出汗，体力疲乏异常。治宜调养肝经为主，结合心脾两经，方选当归补血汤、人参养荣汤，因有形之血生于无形之气，故方中亦用气药。

秦氏还指出中医对发热在饮食营养上也十分注意。一般在外感热证中，认为食粥汤、藕粉及清淡蔬菜为佳，禁忌油腻，尤其荤腥一类，以免影响胃肠功能增加热势，即使热退以后也得过一个时期，否则会继续引起发热，称做食复。但对虚热并不禁忌，相反地有多种食养疗法，如牛、羊肉汤，鸡、鸭、牛奶、鸡蛋、鲫鱼、海参等，常劝其选食。

（二）再生障碍性贫血治疗经验

再生障碍性贫血是一种获得性骨髓造血功能衰竭症，以全血细胞减少、出血、感染综合征为主要表现，属临床顽症。早年曾用氯化钴、维生素 B_1、激素等治疗本病，到严重阶段，输血仍为维持与延长病人生命的主要方法。近年虽有免疫抑制剂、造血生长因子、干细胞移植等的应用，但中医中药仍具有其治疗优势。秦氏对于再生障碍性贫血有着较为深入的研究，他运用中医理论全面系统的阐述了原发性再障的发病机制、治疗法则、临床用药经验，至今对研究和诊治该病仍然有较大参考价值。秦氏以中医中药为主，先后治疗本病二十余例，收到了比较满意的疗效。虽然也有部分患者收效较差，或经长期治疗效果不够理想，但在中西医合作下，中医发挥了一定的作用。

对于再生障碍性贫血的病因病机，临床观察通常发病缓慢，其主要证候不外贫血和出血两方面。出血倾向轻者多以皮肤黏膜为主，表现为皮肤瘀点紫斑，鼻衄或齿龈渗血；重者鼻血不止，或有大便下血、妇人崩漏，严重者可发生脑出血。随着疾病的进展，由于身体十分衰弱，常伴继发感染，产生高热等情况，加重了病情的复杂性。秦氏从中医医理上进行了细致的推敲，认为本病的发生机制如下图：

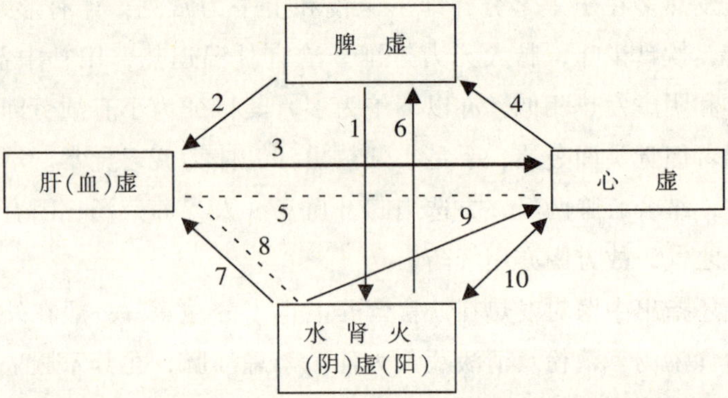

1. 后天影响先天 2. 生血减少 3. 木不生火 4.6. 火不生土
5.8. 子盗母气 7. 水不生木 9. 水不济火 10. 相火君火互相影响

秦氏认为再生障碍性贫血以脾肾亏损为病变核心，心肝血虚多在脾肾两亏的基础上产生或加重。《素问·痿论篇》曰："心生身之血脉。"王冰注《素问·五脏生成篇》曰："肝藏血，心行之，人动则血运于诸经，人静则血归于肝脏……肝主血海故也。"关于中医心主血、肝藏血的理论，由此不难理解。至于脾统血，在《内经》中没有明确的论述，《灵枢·决气篇》："中焦受气取汁，变化而赤，是谓血。"阐述了脾为气血生化之源，后世《景岳全书·经脉类》则曰："故凡见血脱等证，必当用甘药先补脾胃，以益发生之气。盖甘能生血，甘能养营，但使脾胃气强，则阳生阴长，而血自归经矣，故曰脾统血。"是指通过健脾养胃，使气血强盛，而达到固摄血液的功能。换言之"脾统血"的机理实际上也主要指气的固摄作用。如《血症论·阴阳水火气血论》所说"可知治血者，必以脾为主，乃为有要。至于治气，亦宜以脾为主。"即为此意的引申。

脾虚可使肝血减少，直接或间接影响心血不足。多个脏腑相互影响，证情复杂，症状加重，实为本病血虚较重、难以控制的原因之一。重症再生障碍性贫血多波及下元，且以肾为主。肾主藏精（精气），为人体的先天之本，元气之根，内寓元阴元阳，且主一身阴阳。生理上肾阳和脾阳有密切关系，后天的生化必须依赖先天命火，即脾阳依靠肾阳温养。肾阳不足，命门衰微，有如釜底缺薪，促使或加重脾脏生化失权。肾水有涵养肝阴的作用，肾阴不足可加重或产生较严重肝血虚。肾又主骨生髓，肾气强弱直接影响骨髓功能。肾和心一为相火（即命门之火），一为君火，两者同气相应，常互相影响。命门火微，心阳亦衰，肾水不足，水火不济，心血暗耗。说明严重的肾亏，可促使或加重心、肝、脾等脏器的虚损，发生严重的血虚。

再生障碍性贫血属于内伤血证范畴。轻度贫血阶段，以心肝为主，兼顾脾肾。严重阶段以脾肾为主，兼顾心肝两经。在再生障碍性贫血晚期心肝两经症状多环绕脾肾存在，如心肾亏损，肝肾不足，心脾两虚等等，即使有时心肝两经症状占主导地位，治疗时亦多从脾肾入手。血液的生、藏与心、肝两经密切相关，临床上一般血虚症状多以心肝两经变化为主。如心血虚的症状有面色苍白、唇舌色淡、心悸气短、心烦失眠、神志不宁；肝血虚的表现为面白无华、指甲少泽、两目干涩、头晕眼花、易于疲劳、妇人月经失调等。严重的患者还有形体羸瘦，面色萎黄，气怯，动则喘促等中气虚症状；和明显的眩晕，耳鸣，腰膝酸软，午后低热或手足心热等肾阴亏症状，与形寒怕冷，四末不温，性欲冷淡，滑精等肾阳虚症状，因此，再生障碍性贫血显然不同于一般的血虚证，而事实上用一般方法治疗亦难有效。再生障碍性贫血的出血现象，亦为上述病理的部分表现。一般大出血和便血，妇人崩漏，多由脾脏气虚不能摄血所致；皮肤出血点，紫斑，牙龈渗血和鼻血，则多为阴虚生内热的后果。

再生障碍性贫血的脉象及其变化，对诊断及预后的估计等方面有十分重要意义。一般以脉证相符为佳，本病脉象若见细弱，脉大或弦、革等均为病情严重的表现。细弦为血虚肝阳上亢，细数是阴虚内热或心火旺，弦数不静有发生出血的趋向。由细弱转为细滑或浮大逐渐收敛，多为病悄好转之象。

所以，治疗方法常用以下数法。

1. 滋肝补血法

滋肝补血法用于早期轻度之再生障碍性贫血，主症为头晕眼花，失眠难寐，不耐烦劳，手指足趾麻木，筋惕肉瞤，舌质淡白，指甲少泽，脉象细弱、细弦或细数等。方用当归身、杭白芍、驴皮胶、制首乌、潼沙苑、红枣。轻度贫血以肝为主，所以一般补血多从肝治。有肝阳症状加牡蛎、玳瑁潜镇；进一步亦可虚则补母，加生热地、枸杞子、女贞子等。又因心主生血，有心病症状时可加麦冬、五味子，也可加枣仁、龙齿安神。若有午后低热或手足心热，还可以加丹皮、银柴胡等。这就包括了养血潜阳法、滋补肝肾法、养血安神法、养血清热法。成方如养心汤、四物汤等。

2. 益气补血法

益气补血法适用于血虚症兼见气祛音低，卫虚多汗，行动喘促等气分亦虚的证候。这一治法在病期较长的再生障碍性贫血中较为多用，方用黄芪、党参、白术、当归、阿胶、熟地（砂仁拌）、红枣。根据阳生阴长的原则，在补血方内加入益气药以加强补血功效。亦可酌加肉桂，既温肝阳，又强心阳。由于气为血帅，此法亦治大出血。成药如十全大补汤、当归补血汤、人参养荣汤、归脾汤、河车大造丸等。

3. 滋肾养肝法

滋肾养肝法适用于肝血不足、肾阴亦亏的较重度再生障碍性贫血。症见眩晕耳鸣，腰酸腰痛，足膝无力，潮热或手足心热，舌质嫩红，脉象细数或濡滑数等。血虚而见潮热，一般说明阴分亦受损，是病情加重的进一步表现。方用生熟地、制黄精、制首乌、女贞子、当归身、杭白芍。这是从补血进一步运用滋阴的方法。应用此法亦可加人参、麦冬、五味子养心，或酌加党参、黄芪、炙甘草补脾，如骨蒸劳热明显，也可加入地骨皮、丹皮等，是为滋阴退热法。方药如左归丸、七宝美髯丹、天王补心丹、人参固本丸、清骨散等。

4. 扶阳填髓法

扶阳填髓法适用于严重的再生障碍性贫血，有明显的阴阳两虚，精神萎靡，面色㿠白，形寒怕冷，四末不温，小便频多，舌质淡白，脉微细弱或浮大无力等。方用熟地、熟附片、山萸肉、鹿角胶、枸杞子、补骨脂、当归、五味子。这是峻补真阴真阳的方法。精血亏到如此地步，常须用血肉有情之品，可另服鹿茸粉、紫河车粉。又因下元阳虚，常有脾阳不振，大便不实等表现，可酌加山药、白术等双补脾肾，兼顾先后二天。若有食呆胀满加砂仁、陈皮理气开胃。成方如左归丸、天真丸、斑龙丸、鹿茸丸等。

5. 养阴止血法

养阴止血法适用于齿衄、鼻衄、皮肤出血点或紫斑，舌质嫩红或舌尖起红刺等。方用生地炭、驴皮胶、仙鹤草、藕节、侧柏炭、煅牡蛎、血余炭、红枣。这是从血虚生热治疗，一般止血药如丹皮炭、茅根等均可酌加，严重的可加入犀角清热凉血。成方如生地黄饮子、十灰散、犀角地黄汤、胶艾四物汤、黄土汤等。

6. 益气摄血法

再生障碍性贫血还经常表现有气不摄血情况，证见便血、妇人崩漏，时轻时重，反复出血，血色偏淡，伴神疲乏力，心悸头晕，气短懒言，饮食减少等，舌质淡，脉细弱。可用炙黄芪、党参、山药、炙甘草、驴皮胶、炮姜炭、仙鹤草、煅龙牡等益气摄血。此种出血尤多见于妇女，每次来月经量极多，秦氏的经验是掌握月经规律，在每次来月经前积极的采取中西医综合的治疗措施，西药加用肾上腺皮质激素，在益气养阴的基础上加艾绒炭、樗皮炭、莲房炭、血余炭、陈棕炭、石榴皮、乌贼骨等，往往收到效果。

（三）胃痛辨证论治经验

秦氏习将胃脘痛分为胃气痛、胃寒痛、胃虚痛三类，认为胃主受纳和消化饮食，以和降为贵，胃痛的主要原因便是不能和降。引起不能和降的因素，有受寒、停湿、湿热、瘀血、饮食失调、情志郁结和本身虚弱等多种，然以胃寒、胃气和胃虚最为多见。强调诊治胃痛应从脾胃两方面考虑。又因五行相克规律木能乘土，故应特别注意到肝，临证之中辨证用药，现简介如下：

1. **胃寒痛**

胃寒痛多因饮食生冷或受寒所致。症见喜按喜温，痛无休止，伴吐清水，畏寒，手足冷，脉沉迟，舌苔白腻。为中焦受寒所致，属实证。治宜温中散寒，方用厚朴温中汤。兼饮食不慎，寒食交阻，疼痛加剧者，酌加神曲、山楂等以消食导滞。胃寒痛者如恶寒或呕吐白沫，宜用桂枝，不宜用紫苏。紫苏行气宽中，可用其治脾胃气滞、胸闷、呕恶等症，但偏重于散风寒解表，不若桂枝通阳化气力强。若呕恶须用吴茱萸时，多配以党参，以其辛温性烈，佐党参之冲和，方可安中气。若经常受凉而发，可用一味肉桂粉冲服温经散寒。

2. **胃气痛**

胃气痛多因饮食所伤、胃气阻滞引起，病机纯属胃不和降。症见胃脘胀痛，胸闷痞塞，嗳气稍舒，或伴腹胀，大便困难，脉多弦滑。治以行气散滞，常用香砂枳术丸，较重者结合用沉香降气散。胃气痛多由肝气引起，恼怒之后，肝气横逆犯胃，常见胁满胀痛，时有太息。治以舒肝健脾和胃，方用柴胡疏肝散或调气汤。凡肝气引起的胃痛，经久不愈，郁结于内，极易化火，治宜宣泄苦降，方用化肝煎合左金丸。胃气痛理气消滞为大法、常法，然临证中理气药大多辛燥耗气伤阴，对于平素肝血不足或肝经火旺者，多需配以滋养之品，散中有收，方选一贯煎等养阴和胃，疏肝理气。

3. **胃虚痛**

胃虚痛症见空腹痛。得食或得温则缓解，伴泛酸，畏寒喜暖，舌质淡，苔薄白，脉沉细无力或虚弦。此证与脾关系密切。因胃主纳，脾主运；胃宜降，脾宜升；胃喜凉，脾喜暖；胃当通，脾当守，两者作用虽不同，但相互为用。胃虚痛，其病机偏重脾气虚寒，治拟黄芪建中汤温养中气。在出血时则将生姜改为炮姜，并加阿胶。

具体到西医的溃疡病（胃及十二指肠溃疡），常以胃脘疼痛为主要表现，多属中医胃脘痛范畴。病人都有几年或十几年的胃痛史。主要症状是上腹部疼痛，一般多在中央或胸窝部分，发作多在空腹，痛时喜温喜按，伴恶心呕吐，泛酸嗳气，食凉易发，或形体消瘦，神疲乏力，大便不调等。

秦氏指出，根据中医经验，胃痛的原因很多，分寒痛、热痛、气痛、瘀痛、食痛、虚痛等，各有特殊的表现。更重视虚、实、寒、热的辨别，总的原则和规律是：暴痛属实，久痛属虚，喜冷属热，喜温属寒等。胃及十二指肠溃疡病的疼痛多为久痛、发作在空腹，得食痛减，并有喜按喜温等特点，加之面色萎黄不华，全身疲乏困倦，动则气短。较之常人形寒肢冷，不渴或渴不多饮，饮喜热汤，大便溏薄等，秦氏认为溃疡病根本上是一个脾胃虚寒证。秦氏早在《中医临证备要》中就谈到上腹部疼痛，一般称为胃脘痛，“原因甚多……其中以胃气素寒，因食生冷和吸收冷气直接引发的胃寒作痛最为常见。”这与《内经》“痛者，寒气多也”是一致的。

溃疡病患者还经常出现多食作胀，嗳气矢气，大便困难等症状，极似食痛、气痛和热痛等。但如果把它和整个表现结合起来全面考虑，往往与脾胃虚寒、消化不良和胃气不能和降有关。这就是说溃疡病可以因气因食因热等引起或合病出现，但主因仍是脾胃虚寒，治疗中应当区别标本。秦氏认为溃疡病是胃痛中的一个特殊证候，不便再依照胃痛分类，气郁、食积、痰饮等病机多为兼挟证，而非主体，故不便将其归纳为独立的证型。

至于木乘脾土及溃疡病多弦脉论说，秦氏指出木乘脾土可理解为溃疡病形成的原因之一，一旦溃疡病形成，则病已由肝至胃，证候亦随之发生了转变，也就是说从肝胃不和，转为脾胃虚寒，此时脾胃虚寒成为主要矛盾，肝强脾弱则属兼证。至于溃疡病多弦脉，亦可理解为溃疡病为虚寒阴证，恰合弦脉主肝病、痛证，亦主阴寒证之说，不可拘泥，临证之中须细心辨证，认真体味。

秦氏指出溃疡病病人经过辨证大多属于中焦脾胃虚寒，“虚者补之”、“寒邪非温不散”，故治法当以温养中焦为主。秦氏选择黄芪建中汤为基本方，随症加减，疗效颇佳。此方建立在桂枝汤的基础上，桂枝汤作用于营卫；加重白芍为桂枝加芍汤，治太阴腹痛；再加饴糖为小建中汤，进一步治疗虚劳里急诸不足。

黄芪建中汤为脾病方剂，之所以选此来治疗胃脘痛，首先中医认为胃与脾互为表里，一阳一阴，一降一升，相辅相成，并且惯常把肠胃病中热性实性的病变属于胃，虚寒性的归于脾。这样从中医观点说来，胃及十二指肠溃疡病证属中焦虚寒的从脾论治则切中病机。其次我们所说的虚寒是指脾阳虚弱，内寒由生，不同于外寒致病，所以用药也偏重在脾。中医治胃和治脾方法有很大出入，一般治胃主通，治脾主补，治寒邪和虚寒也不同，治寒邪主温散，治虚寒主温养。

具体用药经验：由于黄芪建中汤内生姜辛辣，刺激性较大，可改用炮姜炭，取其温中不烈，并能止虚寒出血，以防止消化道溃疡出血倾向。饴糖本为主药，但因于反酸有碍，且痰湿证者更不相宜，可少用或不用。白芍用量独重，与炙草相伍，既能缓急止痛又能敛阴止血。甘草补中亦能益气，如遇胀满饱嗳，亦当少用或停用。在这基础上，如血虚可加当归；出血可加阿胶，亦能补血；气短疲乏明显可加党参；足冷或全身特别怕冷可加熟附片。此外，因感寒或食生冷引起复发可加重桂枝用量，或另加苏梗、乌药；因脾虚痰湿内生可加姜半夏、陈皮；湿重亦可加制苍术；因恼怒痛剧或胁痛可加青皮、郁金；因伤食积可加神曲等，并不限制。生气、受凉、饮食不节多为诱因，尤其是导致复发的因素，而不是主因，治疗时兼顾即可。总而言之，秦氏认为治疗溃疡病应从胃痛一门探索其特殊性，主要病机为脾阳虚寒，治疗原则以温养中焦为大法，适当地照顾兼症。

（四）肝病论治经验

秦氏对肝病有着深刻的研究，治疗肝病效果也甚好，在《谦斋医学讲稿》论肝病一文中，比较全面地阐述了肝病的理论和临床。

梳理肝病相关基础理论

秦氏认为治疗肝病不是几个常用方剂所能解决，并且不能固执于肝病本身的方剂，须进一步掌握其基本理论体系，方可辨证施治左右逢源。劝解后学当像叶天士那样活用辛温通络、甘缓理虚、温柔通补、辛泄宣瘀诸方治疗胁痛，用药之际细致灵活。

故秦氏首先诠释了肝虚、肝气、肝火、肝热、肝阳、肝风、肝寒、肝郁、肝厥、肝实、肝积、肝着等名词。提出了“肝气和肝郁”、“肝火和肝热”、“肝风和肝阳”等几个重要概念的区别。他认为，“肝气”是指肝脏的作用太强及其产生的病证，其性横逆；而“肝郁”是指肝脏气血不能条达舒畅的病证，其性消沉；前者疏泄太过，后者疏泄不及，因此在治疗用药方面就有出入。“肝火”指肝脏机能亢进，出现热性及冲逆现象的，其症以头痛昏胀，面热面红，口苦，目赤，耳鸣常见。“肝热”和“肝火”的性质相同，但在临床上，肝热多指烦闷，口干，手足发热，小便黄赤等，无冲击上逆现象。秦氏体会静则为热，动则为火，肝热与肝火的意义不同，在程度上也有差别。“肝风”和“肝阳”是两个证候，习惯上又以肝风都由肝阳所化，所谓“肝阳化风”，又叫“厥阳化风”，因而常把“风”和“阳”结合起来。但肝阳是血虚内热而阳浮的一种证候；肝风是纯粹一种虚象，不仅肝血虚而且肾阴亦虚，由于阴血极虚而不能濡养空窍和肢体，故出现震动不定现象。虽然与肝阳有共同之处，实际上大有区别。临床证明，肝阳轻者用清热潜镇，重者佐以养肝；肝风则必须填补肝肾，滋液养阴，虽然也有镇静的治法，用药亦不同于肝阳，真正的肝风，不能与肝阳混为一谈，主要是无阳可潜，亦无风可熄。

秦氏强调《内经》中有关肝的记载：①“肝藏血”，“其华荣”说明肝脏以血为体。②“肝者罢极之本”，“魂之居也”，“谋虑出焉”说明肝与疲劳情志有关。③“肝者将军之官”，“在志为怒”说明肝脏以肝气为用，善于横逆。④“其性为喧”，“此为阴中之少阳”说明肝病能发生火的现象，成为肝火。⑥“风气通于肝”，“其用为动”说明肝病又能发生风扬煽动现象，成为肝阳和肝风。⑦“春三月此为发陈，逆之则伤肝”，“其气宣发”说明肝脏气血不调达，能产生郁结现象，成为肝郁。⑧“肝在窍为目”，“其华在爪”，“其充在筋”说明肝在病变能影响眼、爪甲、筋膜。⑨从足厥阴肝经的循行说明肝病可影响到头之巅顶、乳房、胁、肋、少腹、阴部等。秦氏认为这些内容当是指导临证之总的原则。

进而秦氏诠释了胁痛、胁胀、少腹痛、腹胀、眩晕、抽搐、口苦、多怒、梅核气、疝气、囊缩、黄疸、脉弦、舌边红刺青紫、舌体硬软缩颤抖、面青等肝病常见主证和舌脉诊法的意义与认证经验。在此限于篇幅，不再赘述。

对于肝病治法，秦氏根据《内经》中三个原则性的经旨：①“肝欲酸”。②“肝苦急，急食甘以缓之”。③“肝欲散，急食辛以散之，用辛补之，酸泻之。”进而提出了补肝用酸味，缓肝用甘味，疏肝用辛味，清肝用苦味等治疗肝病的基本大法。在此基础上，由于药性包括气、味和升降、浮沉，经过配伍之后，便产生不同的作用，如甘酸化阴、辛甘化阳、苦寒泻火、甘寒生津等。再由于内脏的生克关系，除直接治肝外，还可滋肾养肝、佐金平木等。结合李冠仙、王旭高等前人治疗肝病的经验，秦氏分析归纳以寒、热、虚、实为纲，得出了以下规律：①肝虚：滋肝养血法，补肝助阳法，敛肝养阴法，养肝熄风法。②肝实：平肝理气法，疏肝活血法，舒肝解郁法。③肝寒：温肝散寒法。④肝热：镇肝潜阳法，泻肝清火法。⑤兼证：泻肝和胃法，滋肾柔肝法，清金抑木法，补中缓肝法，平肝实脾法等。若从简叙述，不外乎补肝、泻肝、调肝之分。认为肝与其他内脏的联系治疗，不外泻心、降肺、和胃、健脾、清胆、滋肾等几个方面。

临证之际，肝病的治疗思路主要如下：首先，考虑肝病本身的虚、实、寒、热，如肝血不足，肝气、肝火冲逆和肝受寒邪等，这是肝病最常见的也是最重要的病因病机，所以对这些病证的治法，都是肝病的基本治法。其次，考虑病证的变化发展及其兼证，如肝血虚、肝热均能引动肝阳，肝气横逆能犯胃克脾，这些肝阳和脾胃证虽然有主因，但已经出现就应有兼顾治法。再次，考虑肝脏和其他内脏的关系，如水能生木、缓中可以补肝等，这在针对治肝之外，能够获得更多的更灵活的治法。总的来说，通过这三方面的考虑，对复杂的肝病不难分辨主次，治疗上也不难分清标本缓急了。

具体言之，秦氏认为养肝、滋肝、补肝为肝血虚的基本治法，由于肝藏血，血虚阴亦虚，故以滋养为主；柔肝、缓肝、和肝用于血虚（阴虚）兼有肝气，所谓肝为刚脏，非柔不可，还有缓和之意；敛肝用于血虚（阴虚）兼有肝阳、肝风，在养血的基础上佐以酸收，使其阴存阳敛；镇肝用于肝阳，专以镇静为目的，亦称潜镇。搜肝用于肝病之内风与外风混杂，搜逐窜走空窍经络之风。舒肝、散肝、化肝用于肝之气血郁结阻滞，郁则宜舒，结则宜散，阻滞则宜化除以复其调达之性；平肝、泄肝、疏肝用于肝气横逆；清肝、凉肝、泻肝用于肝热或肝火攻冲，其中泻肝偏于苦寒直折；温肝用于肝寒，以温剂辛散，助肝阳之不足，以温养生发之气。以上治法于临证之际常需合用，若累及他脏或利用五行学说治他脏以疗肝疾者不在此例。

针对这些治法，秦氏在《谦斋医学讲稿》中分别介绍了治疗肝病的43首常用方剂和64味常用中药，强调指出：辨肝病的症状，主要分清体用：体是“质”，用是“能”。《内经》所说“肝藏血”是指肝体，“其性为散”和“其气宣发”即指肝之用。所以血虚多为肝虚，郁逆多为肝实。因血虚而致生风，因郁逆而生气生火，皆是病程中的发展变化，根据“体”，“用”的病变来考虑治疗，肝虚用养血，肝实用理气，成为一般的基本治法。补肝虚用养血（养阴）法，要注意不影响脾胃的运化功能，理肝气应避免辛温香燥引动肝阳。此外补肝不单纯就是补肝血（肝阴），还包括补肝“用”之不足，即王旭高所谓的“补肝阳”，即肝脏少阳之气，这种方法多为人们所忽视。肝用太过则病，肝用不足当然亦病，太过则泻，不足当补，因为肝阳是指阴中之少阳，故补的方法即在养血中佐以温药升发，如用肉桂最为确当，不能单用温热药。理肝气应避免疏散太过，耗损阴血。临床治疗肝病理气药较为多用，药物种类也最多，此类药物大多香燥，耗气伤阴，要用之适当，还宜适可而止，否则疏散太过，虽能取得收效一时，往往肝之阴血受损引起内热，此时再用丹皮、生地等清养，实为医者之过也。此外，还需辨别疏肝与舒肝，两者在调气意义和程度上并不一样，疏是疏理，宜于肝气横逆，舒是舒散，用于肝气郁结。治肝火需分轻重，兼顾肝阴。肝火症的治疗，并非一派苦寒泻肝方药所能解决。轻者宜辛宜凉，乘热达之；重者宜清宜降，治其上升；若肝逆太过则用苦寒直折，但都需照顾肝阴，如常用的龙胆泻肝汤，既然以泻肝为主，但又用生地滋阴，当归活血。此外柴胡疏散，值得深入研究。另外，木乘脾土不可忽视，正如仲景所说“见肝之病，知肝传脾，当先实脾”，中医很多医理是用五行生克乘侮来表述的，在肝病之中以木克土为多见，因之伴有一系列脾和胃肠症状，虽然不是主病，但能影响后天生化，从而促使本病发展，临证中不可忽视，诸法之外，当注重顾护脾胃、建运中州。

（五）泄泻证治经验

泄泻者，指排便次数增多，粪便溏薄乃至完谷不化。此病四季皆有，而以夏秋为多。《经》曰：大肠、小肠为泄。秦氏根据《内经》《难经》《诸病源候论》《医宗必读》等古代文献关于腹泻的病因、病名、治则的记载，提出以暴泻、久泻为纲，以虚实两类来辨证施治的规律，虚证于内伤，浅者在脾，深者及肾；实证属于病邪，以湿为主，结合寒邪和热邪以及食滞等，采用化湿、分利、疏散、泄热、消导、调气等多种泻法，和健脾、温肾、益气、升提、固涩等多种补法。临证时病情错综复杂，治疗必须紧紧抓住辨证求因和审因论治的原则，以急则治标，缓则治本，实则泻之，虚则补之或攻补兼施。

实证泄泻的病因以湿为主，主脏在肠胃。虚证泄泻的原因，亦不离湿。但主要由于脾气虚弱，或脾阳不振，或命门火衰，运化无权，同样亦可引起脾胃积湿不化，升清降浊失司而致泄泻。其中，虚实泄泻治各不同。湿浊泄泻：胃中积湿不化，挟糟粕并趋大肠，则为大便不实而泻下，如《内经》说：“湿胜则濡泻”。湿为阴邪，性偏于寒，主证为腹内隐痛，或作水声，泻下稀薄，或如鸭溏，小便短少不黄，舌苔白腻，脉象濡缓。治宜温化渗利，用胃苓汤加减，处方：苍术、厚朴、陈皮、枳壳、茯苓、车前、泽泻、砂蔻仁。湿重者肠鸣如雷，泻下多水，称为“水泻”，可加干姜。又有泻下稀溏挟有痰沫，系湿聚成饮，可结合二陈汤以治之。寒湿泄泻：若由表及里者，既有恶寒身微热、骨节酸楚之表症，又有湿困脾胃，恶心呕吐、泻下稀薄之里症的特点，治法以解表散寒、化湿止泻，宜藿香正气散加减，方如藿香、紫苏、厚朴、木香、半夏曲、陈皮、乌药、茯苓、大腹皮、煨姜。若寒邪直中肠胃，而致传化失职，水谷不能停留的泄泻，正如《内经》说：“寒气客于小肠，小肠不得成聚，故后泄肠痛矣。”其临床特点是，发病多急，泻下清谷，肠鸣切痛，舌苔薄白，脉象迟或沉紧。治宜温散分利。如严重的泄泻不止者，可用四逆汤逐寒回阳。伴见寒热头痛的，可加入荆芥、防风。湿热泄泻：一般多见于夏秋之季，受暑热时邪而成。其临床特点，腹痛即泻，大便黏秽，黄褐热臭，肛门灼热，烦渴，尿赤短少。治宜清化淡渗，方用芩芍汤合四苓汤加减，方如黄芩、白芍、猪苓、赤苓、白术、枳壳。若外感而有身热表症者，称“协热利”可加葛根、黄连。又有“火泻”、“热泻”，痛一阵，泻一阵，泻下稀水，有后重感，口干喜冷，脉象滑数，亦从清化淡渗之法。又有夏季感受时邪，肠胃不和，泻下稀薄，肛内觉热，烦渴尿赤之“暑泻”，亦属湿热交阻，可酌加藿香、连翘、六一散之类。食滞泄泻：病起于伤食，腹痛即泻，泻后痛减，粪便秽臭如败卵，且有黏液，伴脘中痞塞，嗳气酸腐，纳呆呕恶，脉滑，苔腻，治宜消食导滞和中，选用保和丸加减，方如神曲、山楂、莱菔子、蔻仁、陈皮、半夏、泽泻、大腹皮。此证多寒食交阻，如见舌苔厚腻白滑，腹痛较剧，泻后隐痛不休，可加乌药、煨姜。同时亦易引起寒热，可加紫苏、连翘。

虚证泄泻，脾阳虚泄泻，临床特点为大便溏泄，完谷不化，有时腹痛隐隐，喜温喜按，稍进油腻之物，大便次数明显增加，舌质淡、苔薄白，脉濡细，如《内经》云：“脾病者……虚则腹满肠鸣，飧泄食不化。”治宜温运健中，可用理中汤合参苓白术散加减，处方如党参、白术、山药、扁豆、炮姜、茯苓、砂仁、炙草。泻下日久不止，又见手足不温，加附子以益火生土。又有脾虚中气不振者，证见泻下溏薄，或仅软而不成形，腹微痛或不痛，或食后有胀滞感即欲大便，常伴神疲倦怠，肛门不收等证。治宜补中益气，用调中益气汤加减，如黄芪、党参、白术、陈皮、炙草、藿香、升麻、姜、枣。秦氏谓脾虚者，因虚致泻，泻则愈虚，如此互为因果。且脾虚久泻者，又常因患者阴阳之偏虚而出现脾阳不足或胃阴不足之症，故脾虚之泻，有久泻无火与泻多亡阴两种不同的演变结果。肾虚泄泻，临床特点为每于黎明前肠鸣腹痛便泄，故称五更泄或肾泄，泻下清稀，泻后即安，大便次数不多，常伴下肢及腹部畏寒，脉多沉细无力。可用温肾厚肠法，方选四神丸加味，药用肉果、补骨脂、吴萸、山药、扁豆、茯苓、炮姜。如久泻不止者，可加固涩之品，如诃子、石榴皮、赤石脂、禹余粮等。

肝旺脾虚泄泻：每因精神刺激，情志不和而反复发作，腹部胀痛，泻下溏薄，肠鸣且多矢气，胸胁满闷，嗳气频烦，纳少，苔薄脉弦，治宜抑木扶土，用痛泻要方加味，处方如白芍、防风、陈皮、白术、枳壳、茯苓、香附、沉香曲、佛手。经久不愈，能使肝火偏旺伤阴，泻下如酱，黏滞不畅，口干口苦，舌红脉细弦数，可加石斛、黄芩、竹茹、乌梅。木土不和而久利，寒热错杂，亦可用乌梅丸等。

尚有妇人经行泄泻，每逢月经来潮即泻，经净即止，月月如此，甚则年复一年。此类泄泻，一般不是脾虚，便是肾虚，或以脾肾两虚论治。若脾虚者，以参苓白术散加香附、白芍、当归等调经之品；若肾虚者，当用四神丸合四君子汤或右归丸加减论治。

（六）水肿病证治经验

秦氏在深研经典理论的基础上，提纲挈领的提出治疗水肿病的六大基本法则，曰：发汗、利尿、燥湿、温化、逐水、理气，验之于临床，颇有指导意义，介绍如下：

1. 发汗在肺治皮表

发汗之法用于水邪在表，肿在腰以上，头面特别明显者，及有外感症状的。凡水气在表，腰以上胖者，秦氏多用发汗法。药如麻黄、浮萍、紫苏、防风。他认为发汗法其治在肺，肺主皮毛为水之上源，宣散肺气，上可使汗出而表水去，下可通调水道而利小便。故又称开鬼门，鬼门为玄府即汗孔。处方多用越婢加术汤。此外发汗须通过宣开肺气，也称“宣肺”、“开肺”，但宣开肺气亦能促使利水，不一定为了发汗，故有时用杏仁、桔梗一类，所谓提壶揭盖是也。

2. 利尿在膀胱治里实

凡水气在里，腰以下肿者，下肢特别明显的，秦氏多用利尿法。此法其治在膀胱。膀胱者，州都之官，津液藏焉，气化则能出，亦为水府。正所谓治水不利小便非其治也，因此利尿之法常与他法同用，其理在于“气化”，“通阳不在温而在利小便”即是此意。药如车前、泽泻、茯苓、猪苓、大腹皮、冬瓜皮、木通、防己、葫芦瓢等淡渗利湿之品。方以五苓散为主。此外淡味的通草等称为淡渗药，亦属于利尿药，力量薄弱，治水肿较为少用。

3. 化湿在脾治中焦

化湿用于水在里，腹满舌腻，及有消化不良症状的患者。凡水气在中焦，腹满腹胀者秦氏多用化湿法。若仅面目浮肿，或足跗浮肿者，亦可应用。常用药如苍术、厚朴、半夏、砂仁、蔻仁。方以防己黄芪汤加化湿或燥湿之品为宜。脾主运化水湿，运化失司则水湿停积。“三阴结，谓之水”，“诸湿肿满，皆属于脾”均指此而言。健脾与化湿密切相关。或以脾虚为本，或以贪食生冷、嗜酒成性而生水湿为本。施治当分清主次。水湿之轻重亦当分明，轻者化湿则可，用藿香、佛手等芳香药，称为芳化；重者须以苦温辛燥药燥湿方佳。所谓燥湿亦是化湿法中的一种，凡化湿不能离开脾胃，故当包括和胃、健脾。

4. 温化在肾治下焦

温化用于水在里，小便不利由于膀胱气化不及，或脾不制水而肾阳亦虚者。凡水气在里，小便不利者，秦氏多用温化法。药如附子、肉桂、干姜、葫芦巴、椒目。方如真武汤。小便不利多由气化不及所致，或因土不制水，火不生土而来，其源在于命门火衰，肾阳衰惫。故温化主治在肾，又名温肾法，温肾多与补肾结合，亦用熟地、山萸、仙灵脾等。秦氏认为：壮命火温煦脾阳，助脾土运化水湿；温肾又可助膀胱气化。

5. 逐水在大肠治标证

逐水用于水在里，二便癃秘，以致水势泛滥，腹大如鼓者。凡水气在里、二阴不通者，秦氏多用逐水法。药如大戟、甘遂、芫花、商陆、葶苈子、黑丑。方如舟车丸。大肠为传导之腑，主津液所生病者，为水肿病水邪泻出的重要出路之一。水走肠间，泛滥成灾，危及元阳，常急开此路以逐其水，寓泻为补，禹功散者即寓此意，为急则治标之法。水从大便排出，系一种下法，亦用大黄、槟榔、枳实等，但注意多用易伤正气。

6. 理气行水治在三焦

理气用于水在里，脘腹胀满者，凡水气在里，腹满且胀者，秦氏多用理气法。药如木香、青皮、陈皮、枳壳、沉香。三焦者，决渎之官，水道出焉。理气在于气化，气畅则决渎通。水肿病之诸方中用理气之品，其理皆在于此。气行则水行，虽不是直接退肿法，但通过三焦可视肺、脾、肾即上中下三部制水之功，所以通三焦则肺可通调、脾可输布、肾可主水。

治疗水肿的主要目的在于消水退肿。这六个基本治法中，有直接消水退肿的，如发汗、利尿、燥湿、逐水；也有间接消水退肿的，如温化、理气，包括宣肺、和胃、健脾。临床上因燥能胜湿及水湿都从小便排出，故燥湿和利尿成为必用之法；又因气行则水行，故常以理气作为协助。故临证并非单用一法，常二、三法合用。

（七）温病证治经验

秦氏深研《内经》，博通百家，素来倡导中医外感病学的统一，认为温病是伤寒的发展，伤寒和温病并无分歧，二者相和才能为中医临床做出更大贡献。在温病方面秦氏颇有研究，提出了温病当以风温为纲的观点，病因多为感受时令温邪，属于外感病范畴。病性属热，易于化热、易于伤阴耗津、易于动血。传变多以卫气营血和三焦为纲。

根据个人临床体会，秦氏将风温分为恶风、化热、入营、伤阴四个时期，并认为这四个阶段贯穿整个发病过程，也是四个关键。温病的变化比较多，一般不外这四个时期；观察病情的发展，必须掌握这四个关键；治疗的方法和方剂，也都是根据这四个阶段随机应变。这四个时期，包括八纲辨证、三焦辨证、卫气营血辨证、脏腑辨证和主证、主治、主方。为条分缕析，特列表如下加以说明：

分期	恶风期	化热期	入营期	伤阴期
八纲辨证	表、实、热	里、实、热	里、实、热	里、虚、热
三焦辨证	上焦	上焦、中焦	上焦、中焦	下焦
卫气营血辨证	卫	气	营	血
脏腑辨证	肺	肺、胃、肠	胃、心包	肝、肾
主证	寒热咳嗽	发热便秘伤津	神昏斑疹出血	伤阴痉厥
主治	解表宣肺	清气泻下生津	清营开窍化斑止血	滋阴熄风
主方	银翘散 桑菊饮	桑菊饮加石膏、白虎汤、凉肠散、增液承气汤、益胃汤	清营汤、牛黄丸紫雪丹、至宝丹化斑汤、银翘散去豆豉加生地丹皮大青叶、犀角地黄汤	青蒿鳖甲汤、加减复脉汤、三甲复脉汤、大定风珠

除了深入探讨了温病治疗规律中关于辨证施治部分，秦氏还根据所总结温病的四个时期和温病的一般性与特殊性，制定了温病的12个具体治法：

1. 宣肺法

宣肺法适应于风温初起，邪在上焦卫分，病势轻微者。方选桑菊饮清宣肺气，鼻塞流涕的可加辛夷、苍耳子；喉痒咳嗽痰多的可加蝉衣、牛蒡、象贝。

2. 疏表法

疏表法适于病在上焦卫分，外邪较重者。方选银翘散，兼顾发汗和清热两法，称为辛凉解表法，与感受寒邪的辛温解表相对。咳嗽痰多者可加杏仁、象贝，挟湿者可加厚朴、陈皮。另有新加香薷饮用于暑温初起，亦以疏表为目的。因香薷能发汗清暑，故常用于夏季表证。暑必兼湿，故佐厚朴。他如藿香、佩兰、青蒿等药，均可酌加。

3. **清气法**

清气法适于温邪化热，有上焦和中焦之分，仍含辛凉清透之意。方选减味竹叶石膏汤（竹叶、石膏、麦冬、甘草），用于肺热较重，亦可于桑菊饮中加石膏。或选白虎汤用于清胃，酌加滑石、芦根、栝楼皮等。或以微苦辛寒的三石汤，治暑温蔓延三焦偏重肺胃者。

4. **清化法**

清化法适用于温邪挟湿，偏重中焦，但亦有轻重之别。三仁汤治湿温邪在中下两焦，并可加入豆卷、藿香芳香透泄。黄芩滑石汤由清热和利湿两法组成，目的在使湿热从小便而去。茯苓皮汤治湿重于热，以淡渗利湿为主。杏仁石膏汤辛苦寒法，宣通三焦。甘露消毒丹清化中有宣透、渗利作用，并能解毒。

5. **泻下法**

泻下法适用于邪在肠胃，大便闭结。凉隔散由泻下和清热两法组成，温病用之胜于单纯攻下。增液承气汤补津液，润燥结。单用生地、玄参、麦冬为增液汤，亦治阴虚便秘，以补药之体，作泻药之用，既可去实，又能护虚。

6. **生津法**

生津法适于邪在中焦，津液耗伤。方以益胃汤滋养胃阴，津液指胃阴，胃阴伤则温邪更易燎原。此方甘寒滋润，石斛、花粉等均可加。至于秋燥耗伤肺阴，选沙参麦冬汤，此方亦治温病肺胃津液不足。连梅汤酸甘化阴兼酸苦泄热法，治津伤消渴，亦清心火而滋肝肾。五汁饮甘寒救液，治肺胃津伤代饮之方。

7. **清营法**

清营法适于温邪由气入营，心包受病。清营汤清营热、保心阴，因邪入于营，犹可望其转气，故亦配清气药。加减玉女煎治气血两燔。清温败毒饮治温疫之证。普济消毒饮治温毒证。与清瘟败毒饮均能清营解毒，然本方亦兼有疏散作用。

8. **止血法**

止血法适于热入营分，迫血妄行者。犀角地黄汤凉血止血，常用配止血药如银花炭、侧柏叶、茅花、藕节等均可酌加。

9. **化斑法**

化斑法适于邪郁肌表血分，发出红斑。发斑属肌肉，故于清胃的白虎汤内加入清血之味，成化斑汤，丹皮、赤芍、大青叶亦可加入。红疹属于血络，故应在透邪解肌的基础上清泄营热，可选加减银翘散。白瘖属于气分，多在湿温证出现，以氤氲汤清化透泄为主。如与红疹同见，可加丹皮、赤芍、紫草根等兼清血络。

10. **开窍法**

开窍法适于邪犯心包营分，神昏谵语。安宫牛黄丸、紫雪丹、至宝丹三种成药，常在神昏时作为急救使用，主要功能都为芳香化秽，苦寒清热，补心体，通心用。其中牛黄丸最凉，紫雪丹次之，至宝丹最次，主治略同而各有所长。此神犀丹清营解毒，兼有透泄之功亦可选用。

11. **滋阴法**

滋阴法适于邪入下焦，损伤肝肾阴血。方用加减复脉汤滋养肝肾，若此时不能转机，能致痉厥死亡。青蒿鳖甲汤能滋阴透泄热邪。

12. **熄风法**

熄风法适于肝肾阴亏，风阳妄动。风阳均由阴血亏损引动，故在复脉汤的基础上酌加三甲（牡蛎、鳖甲、龟板）潜镇。对于真阴极亏，脉象虚弱，时时欲脱者方用大定风珠，亦可加人参、龙骨等益气固涩。

四、学术影响

秦氏禀承家学、师授，读书，临证，俨然大家。业医 50 余年，从事中医教学 40 余年，创办学社、编写教材、著书立说，极力传播学术。治学严谨，讲究治学方法，强调学术、临床的密切结合，以达到"古为今用，推陈出新"的学习效果。秦氏的教学特点是善于启发、提问、传道、解惑；也善于归纳总结、阐析新义。秦氏不囿于一家之言，鼓励学生博取诸家之长，勤学而自强不息，使受教者获益良多。他所培养的学生数以千计，其中不乏驰誉国内外、中医各个学科的名家。其传人有吴大真、王凤岐、余瀛鳌等，吕仁和、田德禄、魏执真等名家，也都曾受到秦氏很大影响。

秦氏一生笔耕不辍，著述等身，出版专著60余种，在报刊、杂志发表论文、小品、史话等数百篇，于中医理论学术、中医临床治疗、中医教育讲学、中医知识科普等多个方面，均有涉及。他的著作抄述前人者少，以经注经、训话注释者少，主要通过自己整理归纳，兼收并蓄，提出新见解，新认识为主，丰富了中医理论，开拓了临床思路，惠及诸多学子门生。兹摘其要，介绍如下：

秦氏早期名作《秦氏内经学》，是一部“发皇古义，融会新知”的编著，秦氏摘取《内经》精要原文，首次按现代医学的分类方法，将所摘编内容，分为生理学、解剖学、诊断学、治疗学、方剂学五部分，在释义中融汇中西医学术内涵。

《内经类证》则是一部研究《内经》各科病证的专著，此书于20世纪50年代后期，经秦氏授意，由余瀛鳌予以重订、编纂，共分44病类，311种病证。每一类病证后均加写按语，帮助读者理解《内经》蕴义。

《读内经记》一书是秦氏学习《内经》的读书札记。秦氏在此书中对有关文字讨论者78条，有关训诂研究者57条，有关句读商榷者三条。

《清代名医医案精华》选辑清代叶天士、薛生白、吴鞠通、张聿青，迄清末之金子久、丁甘仁等20余位中医名家的医案约2000条，其中以内科杂病为主，兼及其他各科病证。

《中医入门》是20世纪学习中医影响最大的医学门径书，秦氏认为：“中医治病，主要依据理、法、方、药相结合的一套医疗方法，从这四个方面来认识中医的面貌，从而理解中医的特点和掌握中医的治疗规律，这是学习中医比较正确的方法。”

《实用中医学》以中医学说和经验融汇而成，分生理学、病理学、诊断学、药物学、治疗学、处方学、内科学、妇科学、幼科学、外科学、五官科学、花柳病学12编，为20世纪30年代非常实用的中医临床参考书，其《内科学》分为六淫病和杂病两大部分，六淫病部分论述了伤寒、温病、中风等8种外感病的证治；杂病部分阐述了类中风、虚劳、咳嗽等43种杂病的证治。阐述条理清楚，简明扼要，深入浅出，选方独到，切合临床实际。

《医事导游》内收如何研究中医学、入门之途径、张仲景之伟大贡献、伤寒论提纲、研究医籍之三要素、中医治病之提纲等18篇内容。

《各科研究法》论述了中医药物、生理、病理、诊断、方剂及内外妇幼等科，并说明研究方法。

《中医基本学说》内收《上古天真论》《生气通天论》《脉要精微论》《中风论》《相火论》《四气调神论》等33篇中医论文。

《验方类编》为《家庭医药常识》丛书之一。全书分为：内科验方、妇科验方、幼科验方、外科验方、急救验方，每一类下，列举常见病证的临床表现，详列验方及应用。

五六十年代，秦氏还编著了《常用中药手册》（上海中医书局，1954）；《内经知要浅解》（人民卫生出版社，1957）；《金匮要略简释》（人民卫生出版社，1958）；《中医入门》（人民卫生出版社，1959）；《中医临证备要》（人民卫生出版社，1963）；《谦斋医学讲稿》（上海科学技术出版社，1964）。并曾与张赞臣老合编《常用丸散膏丹手册》（千顷堂书局，1954）。这些图书未收入《全国中医图书联合目录》，故简列于此。

其中《内经知要浅解》将明末李中梓《内经知要》予通俗阐释，首先是对原书各篇增设题解，语译部分力求信、达、雅。而于“体会”、“应用”两项，致意尤深。“浅解”多能撷取前贤注论予以补正、发挥，这是秦氏探析《内经知要》学术精髓之力作。

《中医临证备要》是一部综台性的临床医著，此书按人体不同的部分分列“全身证”、“头面证”、“目证”、“耳证”等20类，介绍临床各科常见病证400余种，是秦氏临床医学的代表作。

《谦斋医学讲稿》是秦氏自1957～1964年期间，先后在北京、上海、天津、西安和吉林等地进行学术报告的讲稿汇集，其中许多文章曾在各地期刊发表过，用秦氏的话说这部书“对中医进行了初步的批判继承”，突出体现了秦氏的学术思想。此外秦氏还先后点校了《伤寒论浅注补正》《金匮要略浅注补正》《医经精义》《血证论》等。

近年吴大真、王凤岐等总结秦氏经验，辑成《秦伯未医文集》（湖南科学技术出版社，1983）；《秦伯未医学名著全书》（中医古籍出版社，2003）对传播秦氏经验大有裨益。

附：《全国中医图书联合目录》收录秦伯未著作简表

编号	书名	版年	版本
00022	内经学讲义	1932	抄本
00082	内经类证	1929	上海中医书局铅印本
00084	群经大旨（内经）	1932	中医指导社铅印中医指导丛书本
00125	读内经记	1936	上海中医书局铅印中国近代医学丛选本
00127	内经病机十九条之研究	1934	中医指导社铅印本
00130	秦氏内经	1935	上海中医书局铅印本
00273	难经集义 *	1935	上海中医书局铅印本
00434	生理学	1930	上海中医书局铅印本
00497	病理讲座	1936	上海中医指导社铅印本
00503	病理学	1936	上海中医书局铅印本
01076	群经大旨（伤寒论）	1932	中医指导社铅印本
01287	群经大旨（金匮）	1932	中医指导社铅印本
01288	金匮杂记	1934	中医指导社铅印本
01349	诊断大纲	1930	上海中医书局铅印本
01350	诊断学讲义	1930	上海秦氏同学会铅印本
02176	增图考释推拿法 *	1933	上海中医书局铅印本
02479	药物学讲义	1930	上海秦氏同学会铅印本
02480	药性提要	1930	上海中医书局铅印本
02784	饮食指南	1930	上海中医书局铅印本
03307	处方学（见实用中医学）	1936	
04230	验方类编	1930	上海中医书局铅印本
04707	膏方大全	1936	上海中医书局铅印本
04709	丸散易知	1930	上海千顷堂书局铅印本
05177	医学见能 *	1924	上海中医书局石印谦斋医学丛书本
05450	百病通论	1941	上海中医书局铅印家庭医学常识丛刊本
05464	治疗学（见实用中医学）	1936	
05467	家庭医学	1930	刻本
05468	家庭医学常识丛刊	1930	上海中医书局铅印本
05481	医事导游	1932	上海中医药指导社铅印本

（续表）

编号	书名	版年	版本
05492	各科研究法	1932	上海中医指导社铅印中医指导丛书本
05495	治疗新律	1932	上海中医指导社铅印中医指导丛书本
06335	内科学讲义	1930	上海秦氏同学会铅印本
06359	内科学(见实用中医学)	1936	
06436	痨病指南(见国医小丛书)	1920	
06837	妇科学讲义	1933	上海秦氏同学会铅印本
07585	幼科学	1930	上海中医书局铅印实用中医学本
07586	幼科学讲义	1936	上海秦氏同学会铅印本
08239	痘疹图说	1918	上海商务印书馆铅印本
08545	外科学	1936	上海中医书局铅印实用中医学本
08796	花柳科学	1936	上海中医书局铅印实用中医学本
09565	五官科学	1936	上海中医书局铅印实用中医学本
10490	清代名医医案精华	1929	上海中医书局铅印本
10493	清代名医医话精华	1929	上海中医书局铅印本
10561	谦斋膏方案	1938	抄本
10876	中医基本学说	1935	上海中医指导社铅印本
10888	伤昙录医论	1935	铅印本
11171	诸子精华录	1933	抄本
11174	医林初集	1934	上海中医书局铅印本
11264	国医小史	1925	上海国医书局铅印本
11884	国医讲义六种	1930	上海秦氏同学会铅印本
11887	实用中医学	1930	上海中医书局铅印本

带＊项为秦氏点校之图书。

总的说来，秦氏著述之丰，影响之久远，为近代医家少见。但其晚年仍嘱托吴大真、王凤岐等，说有两个心愿没有完成，一是金元四家里有宝藏可以发掘，很想把它综合起来，去芜存精；二是把所有外感病的理法方药整理为一编，打破一切派别。这工作对整理提高祖国医学有很大作用，比研究一个病要强得多。秦氏可谓为医学执著追求了一生，将自己的全部力量贡献于医学事业，时刻牵挂的是祖国医学的发展，实可谓大医精成。其实，也正因为秦氏一生执著于中医事业，才能够取得如此之大的成就。

（一）强调辨证论治、善抓主症，影响深远

在20世纪60年代初期，中医界出现了忽视中医基础理论，强调单方验方，或单纯依据西医诊断、化验指标进行用药，而不加以辨证分析的倾向。秦伯未先生针对这种情况，在《谦斋医学讲稿》一书中专辟“浅谈辨证论治”一节予以论述，认为“辨证论治是中医的诊疗规律，从认识证候到给予适当治疗，包含着完整的极其丰富的知识和经验”。又说：“辨证论治所以成为中医的诊疗规律，就在于理论与实践的结合……。辨证论治是中医处理疾病的程序和方法，是依据临床表现，通过四诊、八纲作出诊断和治疗的过程，所以辨证论治和诊断不可分割，根据不同的发病过程，随时辨随时论，不是经过一次辨论就不须再辨论，这是中医治病的精神。”现在世人皆知中医学有辨证论治特色，与秦伯未先生的学术影响分不开。

秦氏在认证过程中，不是不分主次，而是善抓主症，搜罗兼症，以主证为主要线索，以兼证为佐证进行鉴别，综合分析，切中肯綮。如对冠心病心绞痛一病的辨证，即抓住阵发性短暂性心前区掣痛或胸宇痞闷、窒塞这一主症，其病位在心，概括其病机为气血不利，不通则痛。同时根据其病多兼心慌心悸、自汗盗汗、疲乏无力、睡眠不佳、面色不华、痛剧、面色苍白、舌质淡或尖部嫩红起刺、脉象或细或大或弱或紧或迟或数或结或促等见症，进而细辨心血不足、心阳衰弱。又如对于因梅毒侵害脊髓所致脊髓痨一病之辨证，也是抓住共济失调、感觉障碍、神经根痛等主症，据其发生部位的经络循行归其病位于肝肾，并概括病机为肝肾精血亏损，筋骨失其濡养。据动摇不定这一表现进一步辨析其病机兼有命火不足，滋生虚风，又据其时所兼全身乏力、脊背沉重、形寒肢冷、二便失调等见症，补充命火亏衰，督脉阳虚，卫外不固，气化不及的病机，同时还据其多兼头晕、眼花、遗精、阳痿等，当尚有肝肾不足之机，类于中医“风痱”之证。正因其临证善析病机，故其立法、处方无不紧扣病证病机。秦氏指导学生杨维益、李岩、张田仁、魏执真共同完成的《中医临证备要》，处处体现了其重视辨证论治和重视主症的思路。

（二）擅于兼治标本、强调大纲大法

标本含有多义，这里的本乃指病因、病位，标指症状。尽管前人都强调审因论治，然秦氏从《内经》所出“寒者热之，热者寒之”，“其高者因而越之，其下者引而竭之，中满者泻之于内”，“散者收之，惊者平之，急者缓之”等治法依序，针对病因、病位、症状而设，又考虑到“病人的痛苦和精神威胁常随症状的轻重和增减而转移”，所以提出临证处方应适当地照顾症状，并将临证处方的组成概括为：（病因＋病位）＋症状这一公式。如治疗风寒袭肺、宣化失职所致咳嗽之证，由上述公式即可引出治法为（疏散风寒＋宣肺）＋化痰止咳，选用杏苏散加减，而分解杏苏散的药物组成也恰好符合上述治法，即（紫苏、前胡＋杏仁、桔梗＋枳壳＋甘草）＋半夏、陈皮、茯苓，可见处方在“针对病因、病位、症状三方面用药，应该互相呼应”，而引用成方也当根据这三方面灵活加减之，唯这里“所说照顾症状，是从根本上考虑，标本结合，不同于一般的对症疗法”。在临床上这种标本兼治的方法颇具现实意义。

秦氏平素重视博采诸家之长，重视诊疗中的大纲大法。早在20世纪30年代，秦伯未老师受《医学心悟》“人身之病，不离乎内伤外感，风寒暑湿燥火外感也；喜怒忧思悲恐惊与阴虚伤食内伤也。总计之共一十九字，而千变万化之病，于以出焉。”和莫枚士《研经言》“百病之因有八，一邪气、二水湿、三鬼神、四虫兽、五器物、六饮食、七药石、八人事”之启迪，认为中医辨证体系复杂，治疗规律难以为初学所掌握，有必要予以提炼总结。于是在程、莫二氏之基础上，结合临床应用，高屋建瓴地归纳为风、寒、暑、湿、燥、火、气、血、痰、虫、疫十三纲。进而在每纲之下，提出治疗格律，以律统法，依法用方，随律遣药，权变加减，原机活法，以应诸疾，共列出五十六律，纲举目张，形成了辨病因、辨病机、辨证候论治的思维体系，进一步深化了中医辨证论治思想，临床之际颇为实用。

临床在强调辨证论治的同时，决不否定依据疾病所确立的治疗大法、主方主药。他认为，这也是临证的一条基本法则。临床上可在此基础上，根据具体病情加减出入，灵活运用，通常也能收到良好效果。他在治疗头痛证时，就是按辨证分为外感和内伤。外感头痛又分风寒、风热、湿邪三种头痛；内伤头痛则分为气虚、血虚、痰浊、肝火、寒厥、痰浊6种头痛。对溃疡病，他则认为多属中焦虚寒证，选择"黄芪建中汤"为主方加减治疗，均获良效。对于初学者，大纲大法为入室之门径；对于临床家亦不失为执要驭繁，理清思路的良好借鉴。

（三）重视脏腑辨证，肯定五行学说

秦氏认为中医理论以脏腑为核心，所以临床上应用辨证施治，实际上是以脏腑为核心。脏腑的功能各有特点，病邪的性质也各有特点。一个脏由于本身变化和所受病邪不同，出现的症状就不一样；一种病邪由于侵犯的脏腑不同，发病也不一样。总的说，所有病证包括病因、病机在内，都是脏腑生理、病理变化的反映。为此，研究脏腑发病不能离开生理，也不能离开病因、病机。八纲、六经、三焦和卫气营血的辨证，都不能离开脏腑，离开了脏腑便会落空。还有经络，好象自成一个独立系统，其实也是以脏腑为基础，如手太阴经的主证为胸部胀满、咳嗽、气喘，都是肺脏症状。于此可见，脏腑是中医理论体系的核心，经络是构成人体整体的重要部分，临床上必须重视脏腑辨证，正如唐容川说得好："业医不知脏腑，则病原莫辨，用药无方。"

中医应用五行学说的生克乘侮关系，阐释人体脏腑生理病理以及相互关系，并作为推断病情和确定治法的依据。对此，秦氏对疾病的脏腑传变力倡五行辨证而要点有三：其一，要以脏腑生理病理为基础，其二，要以病因病机为依托，其三，要掌握五行规律着重在生克两个系列。

五行相生系一种正常的生理现象。临床上运用相生辨证规律来治疗，多属于母虚累及其子，其次是子盗母气，再次是单纯子病，均可利用母子关系加强相生力量。所以相生的治法主要是掌握母子关系，它的原则是"虚则补其母"。凡母虚累子，先有母的症状；子盗母气，先有子的症状；如单纯子病，须有子虚久不复元的病史。这样，三者的治法

相似，处方就有主次之分。此外认为火不生土不仅命门之火不生脾土，而且也指心火不生脾土。如张仲景治痰饮用苓桂术甘汤，方中用桂枝在于温心阳助脾阳，含有补火生土之义。

相克与相生同样是一种生理现象。相克辨证中，病证上所说的相乘，包括太过乘侮与不及乘侮4类。总的说来，分强弱两面，即克者属强，机能亢进，被克者属弱，机能衰退。临证多采取抑强扶弱的手段。如臌胀病就涉及肝脾肠胃等脏腑，其病变过程有木旺乘土、土虚木乘、土实侮木、木虚土侮4种情况。因而治法有别，或疏肝利水，或培土制水，或扶土抑木等，临证不可大意。

临证中五行学说作为分析方法，其应用一定的范围和法则，主要是以内脏为基础，从其生理活动和病理变化来观察疾病的性质和传变，从而依据五行生克规律进行治疗。尤其是有些疾病需要用的就用，不需要用的就不用，不是所有疾病都可从五行生克的规律来治疗。少数人离开了临床实际，空谈五行生克，会使失去其真实价值，必须加以纠正。临床上运用五行生克，不是机械的，也不是简单的。比如水不涵木的证候，用滋肾养肝法，但有时因肝虚而累及其子或影响其所克者，又须照顾心或脾胃。这种重视脏腑辨证的思路，对现代医家临床影响很大，王永炎教授、田德禄教授主编《中医内科学》教材，皆以脏腑分病，实际上也是非常重视脏腑辨证方法的。

（四）重视活用成方、用药轻灵

成方是前人经实践有效后而遗留下来的经验方，其中又可分成通治方和主治方，徐灵胎云："一病必有一主方，一方必有一主药。"专治一病者为主治方，兼治数病者为通治方。秦氏认为即使运用通治方，也应分析主治、主药，并在认清所治病证的主因、主脏、主证之后，再根据具体病情加减之，即"将原因疗法密切结合症状，便能将通治方转变为主治方"，"只有掌握这些常规，才能出入变化，得其环中，超乎象外。"

至于选用专治方，秦氏认为关键不在于主症相同，而在于病因和病位相符，只有这样，才具有加减变化之基础。他正是基此而成功地运用黄芪建中汤治疗虚寒胃痛，用桂枝加黄芪、当归治疗体弱感冒及其所致痛痹之证，并用阳和汤取代小青龙汤治疗风寒引起的顽固性痰饮咳喘之证。再如成方“小分清饮”的用药法，体现了利尿、理气、健脾、燥湿治法，因而可用治水肿病。凡成方中只要与水肿病治法相符的亦可移用。如《伤寒论》五苓散用治伤寒渴欲饮水，水入即吐，小便不利。因其有利尿健脾温化之功，符合水肿法而采用。临证还可随病人体质和证候加减，或去桂枝而成利尿健脾四苓散，或与燥湿的平胃散结合组成胃苓汤；还可以加入陈皮、滑石等组成利尿燥湿清热理气的大橘皮汤。上述加减变化既不悖原方之旨，又切中病情而收临床疗效。这就充分说明了“所谓成方的灵活运用，不仅在于加减方面，主要是在理论指导下独立思考，才能在使用上更为灵活广泛。”秦氏这种重视主方，强调选用成方灵活加减的选方用药思路，也为现代医家所接受。

秦氏具体处方用药，轻灵平淡，常常可以四两拨千金，平淡无奇之中寓有神奇。临床常以普通食品，如山药、莲子、薏米、芡实、乌梅、山楂、龙眼肉、冬瓜子等入药，淡化轻和，润物无声，达到滋补肝肾、阴阳平和的目的而收显效。临床处方更常并用当归和白芍、苍术和厚朴、半夏和陈皮等，这都“是前人经验的积累，有根据，有理论，不是随便凑合的”，“值得我重视”。或借两种性质相反或气味、功效不同的药物结合，如气与血、寒与热、补与泻、散与收、升与降、辛与苦等，在相反相成中，改变其本来的功效或取得另一种新的效果，诸如桂枝与白芍、金铃子与延胡索、黄连与吴萸、黄柏与苍术、黄芪与防风、红枣与生姜、干姜与五味子、桔梗与枳壳、半夏与黄连等并用，即属此类型；或以两种药物相辅而行，互相发挥其特长，从而增强其作用，如苍术与厚朴、豆豉与葱白、黄芪与防己、人参与附子等并用，则属此类型；或以性质与功效类似的两种药物同用，借以加强药效或兼顾有关脏腑，如党参与黄芪、龙骨与牡蛎、青皮与陈皮、苏梗与藿梗等并用，又属此类型。有鉴于这种对药配伍巧妙，能加强药效，扩大治疗范围，故为秦氏所喜用并力荐之。今天我们看秦氏学生吕仁和教授、田德禄教授等临床用药，赤白芍同用，青陈皮同用，苏梗、藿梗并用，或许也是受到了秦伯未先生的影响。

（五）以中医理法治疗西医诊断的疾病

对于西医诊断的疾病，秦氏强调应用中医理法合理治疗。认为西医的诊断有时可助于对某些疾病的性质、发展和转归的认识。因此他在临床实践中，多参考西医的诊断，而以中医理论为指导进行辨证论治，充分发挥中医特色，常收到很好的疗效。但同时他又主张西医诊断只是仅供参考，而不能受其束缚，要有信心和勇气使用中医的理法方药去治疗，不宜失去中医之根本。他每诊治一种疾病，总是根据不同年龄、体质、临床表现及发病经过，运用中医理论进行详细分析，然后确定治则、治法和选方用药，最后总结经验教训。通过实践，他进一步体会到，中医治疗西医诊断的疾病，要想取得疗效，关键在于必须以中医的理论为指导，细致观察，不能忽视中医辨证的依据，并要有严肃的科学态度。他的这些认识，至今仍具有指导意义。例如，他在治疗西医诊断的神经衰弱疾患中，就是根据中医理论来分析其临床表现，而总结出其发病机制主要在肝、病性有虚有实，也有虚实夹杂，确定了14种基本治法。

鉴于中西医是两个不同的理论体系，目前还没有汇通，所以秦氏认为临床遇到业经西医确诊的疾病时，切不可生搬硬套，既要防止似是而非地仅据西医病名盲目施治，如遇炎症即用金银花、连翘清热，遇癌肿即用攻毒、解毒之治法。又要避免因西医诊断所引出的缺少治法或预后不良之类看法而束缚手足，甚或失去治疗的信心和勇气。相反地应当搜集所存在的客观临床表现，特别要注意搜集从西医角度看来无足轻重的某些症状，然后再运用中医理论进行细致地辨证，必须根据中医诊断和治疗方针予以处方用药。然而，既已经过了西医确诊，就应当确切的理解西医以及某些术语的含义，只有正确地参考西医诊断和进一步参考西医文献，才能对中医治疗西医诊断的疾病有好处。

此外，还需注意的是，“临床上不可能急切地把西医诊断的某一疾病用中医来全部解决，凡是在某一阶段或某一环节，真能运用中医理法取得确实疗效”，“都要做好记录，等到积累更多的病例，便能说明全面问题”，届时中医学术之汇通自会水到渠成，“不应当以完全解决为标准，使点滴的成果遭受散失，结果一无所获”。

以神经衰弱为例，西医诊断的神经衰弱，是神经官能症的一种。它的临床症状错综复杂，西医认为都是大脑皮层的兴奋和抑制过程的不平衡，或者由于这些过程有某些不协调所致。从中医的理论来分析这些临床表现，可以归纳为以下几个方面：身体消瘦，极易疲劳，面色不华，筋惕肉瞤，脉象细弱属肝血虚；头胀头痛，面部轰热，手足心热，潮汗，舌质红，脉细数属肝热；头晕，偏头痛，眼花目干，泛漾欲吐，脉细虚弦属肝阳；四肢麻木，颤抖，头晕欲倒，脉沉细弱或浮弦无根属肝风；头胀，胸闷太息，胁肋胀痛，腹胀腹痛，嗳气矢气，脉弦属肝气；头昏，胸膈不畅，多疑善感，忧郁不乐，食呆寡味，脉沉弦或细涩属肝郁；头脑胀痛，口苦口干，急躁激怒，大便秘结，舌苔黄糙，脉弦数属肝火；心慌心悸，健忘惊惕，思想不易集中属心血虚；心烦闷乱，不易入睡，睡则易醒，多梦多汗属心火旺；耳鸣，腰膝酸软，遗精早泄，咽喉干痛，手足心热，小便黄赤，脉象细数属肾阴虚，相火旺；怕冷，手足不温，性欲减退，阳痿，小便频数清长，脉沉迟无力属肾阳虚；消化迟钝，脘腹饱闷，大便溏泄，脉濡缓属脾阳虚；纳食减少，嗳腐恶心，脘腹胀痛属胃气滞；神思淡荡，困倦无力，心悸，失眠，胸烦，足冷属心肾不交。所以基本治法，根据上述辨证分析，大概可以归纳为：养肝血、清肝热、平肝阳、熄肝风、疏肝气、降肝火、补心血、安心神、清心火、滋肾阴、温肾阳、清相火、补脾土、和胃气等 14 个。由于神经衰弱的临床表现往往不是单一的而是错综复杂的，所以实际治疗时这些基本治法也多结合起来运用，如：养血清热法，养血潜阳法，养血熄风法，养血调气法，疏肝理气法，清肝降火法，养血安神法，滋肾清心法，交通心肾法，滋补肝肾法，温肾扶阳法，温补脾肾法，滋阴降火法，调养肝脾法，调养心脾法，疏肝和胃法等。这些治法，也就是复方的组成法则。

针对明确西医诊断的疾病，通过辨证，便可以掌握基本治法，如此也就不难选方用药了。例如：养肝血是神经衰弱属于血虚的基本治法，单纯的肝血不足便是养血补肝，因血虚而引起的肝脏其它病变及兼有其它内脏症状时均可与之结合，只要与血虚有关的都不能离开这个基础。具体地说，养肝血的常用药物有当归、白芍、首乌、阿胶等，如果肝热可加丹皮、山栀；肝阳可加菊花、牡蛎；肝风可加羚羊角、天麻；肝气和肝郁可加青皮、陈皮、香附、柴胡；心神不安可加枣仁、茯神；肾阴不足可加生地、枸杞；脾胃虚弱可加白术、茯苓等等，这样就成为养血清热、养血潜阳、养血熄风、养血调气、养血安神、滋补肝肾、调养肝脾等复方了。这种既重视辨病又重视辨证，强调具体情况具体分析的思路，可以说影响巨大，至今已经成为现代多数医家的最常用诊疗模式之一。

（赵进喜　庞　博　整理）

第二章　刘寿山

一、刘寿山简介

刘寿山，名泉，字寿山，北京市人，生于1901年，卒于1979年。自幼随舅父学习针灸，19岁拜文佩亭先生（受学于桂香王，均在“上驷院”任职，供奉于清廷）为师。注重武术健身，在继承文老整骨经验的基础上，结合自身临证体会，对骨伤科颇有心得。后于北京东城、朝阳区一带开业行医。1959年，受聘于北京中医学院，任东直门医院骨科副主任、主任。一生以发扬传统医学，培养骨伤科人才为己任，毫无保留地将自己毕生的临床经验传予了后人。《简明中医伤科学》《刘寿山正骨经验》是其临证经验的很好总结。

二、宫廷理筋术的渊源

相传，在习武风气十分盛行的清代，太医院特设上驷院绰班科（蒙语为正骨之意）专治跌打损伤，骨歪筋扭。历经十几代御医经验积累，开创了一套被称作“宫廷理筋术”的按摩手法，这种手法除了满族皇室成员之外，任何汉人无权享用。凡是亲眼见过“宫廷理筋术”按摩手法的人，无不为动作的轻柔飘逸所倾倒；凡是亲身体验过“宫廷理筋术”按摩手法的人，无不慨然而叹，为其神效所折服。雍正皇帝亲笔御书，允其宫内传授；嘉庆皇帝更称其为“神术”。如要学习此术，首先必须为满清后裔，汉人无缘；第二拜师学艺，采取口传心授的方法，因此真正掌握它全部套路和心法者屈指可数。清政府被推翻后，作为当时仅存的绰班处御医，夏锡武和文佩亭先生在京师开诊，将绰班处的理筋学术思想和手法传于后世，造福于民，这项珍贵的技术才重见天日。

三、宫廷理筋术的沿袭传承

寿山刘老（刘寿山）拜佩亭先生为义父，得此真传。寿山刘老在继承了全部“宫廷理筋术”传统套路的基础上，将核心技法要旨“轻、柔、透、巧”四字真诀充分体现和发扬，独树一帜，创制了“戳、拔、捻、捋、归、合、顺、散”治筋八法。提出“七分手法三分药”、“治筋喜柔不喜刚”“治疗筋骨，当虑气血”“辨质论治”“筋喜温而恶寒”等学术见解。运用手法时，稳准敏捷，用力均匀，刚柔相济，动作连贯，诚所谓得之于心而应之于手者。筋骨的损伤，恒多以外科目之，理筋术强调中医学的整体观点，谓伤虽自于外，病以及于内；伤虽在于筋骨，病以及于血气；故治外伤，当明内损；治疗筋骨，当虑气血。刘老运用宫廷理筋术成为北京中医药大学东直门医院中医骨科的开山鼻祖。

现在，以刘老弟子刘佑华、臧福科、孙呈祥、孙树椿、奚达教授为代表的第一代传人将其传承并发扬，使宫廷理筋术在现代依然光芒四射。当前，以刘长信、付国兵、王英杰、刘焰刚、康敏等第二代传人为带头人的北京中医药大学东直门医院推拿按摩科的医师们，继承和不断探索“宫廷理筋术”的精髓，结合临床实际，把柔和细腻、治内脏病见长的南派手法融入其中，使其更加完善和提高，不仅将其用于伤科病，使其延伸到内、妇、儿等内科疾病，甚至用于“治未病”等等，将宫廷理筋术不断创新发展，形成了以宫廷理筋术、藏式振腹术、经络腿疗术等等品牌手法。宫廷理筋术手法看似轻巧柔和不觉其苦，实则力透筋骨，功及内脏。所以无论年龄长幼，体质强弱，无论骨歪筋扭，内科杂病，皆能施用。为了便于推广，并将“宫廷理筋术”的手法逐渐规范化，使这朵传统中医的奇葩，在新世纪绽放出绚丽夺目的光芒。

四、宫廷理筋术的主要理论和学术特点

（一）治筋喜柔不喜刚

筋，是指人体的肌肉、肌健、筋膜、韧带、腔鞘、囊、血管、神经

等组织。当这些组织受到外来暴力撞击、强力扭转、牵拉压迫等原因所造成的损伤，称为伤筋，即软组织损伤。伤筋是临床上最常见的损伤疾患。

伤筋的临床表现，由于损伤的程度不同，差异很大。轻者仅局部疼痛、微肿，功能活动止常或轻度受限；严重者肿胀显著、疼痛剧烈、皮肤发热，皮下有青紫色淤血斑散露，功能活动障碍或完全丧失。一般地讲，扭伤症状大多数较轻，挫伤症状较重。伤筋的临床症状多种多样，要注意与其他疾病如骨折、脱位甚至结核、肿瘤等的鉴别。

伤筋疾患的治疗，与骨折、脱位一样，要尽早确定诊断，及时予以治疗。其治疗方法有手法、内服药、外敷药、腾洗药、练功疗法等多种。

手法治疗是很重要的。“筋喜柔不喜刚”，治疗一般性伤筋疾患时，手法应轻巧，柔韧、和缓，切忌粗暴。手法所施，其轻、重、徐、疾也各有不同。急性新鲜损伤，手法宜轻；慢性陈旧性损伤，手法可略重。而一些严重的急性伤筋、疼痛、肿胀剧烈的，还应禁忌手法。

“筋喜温而恶寒”，不但受伤局部应尽量保暖，还应禁忌寒凉药物。若陈旧性伤筋，大多兼有痹痛者，更应以温通为主，故应用腾、洗药物治疗是不可缺少的。

（二）七分手法三分药

各种伤筋疾患，适当的运用手法，使其筋骨复旧，气血调和，可取得佳效。药物治疗与手法、固定、功能活动锻炼具有同样重要的意义，为推拿科四个基本治疗措施之一。

药物的运用与其他科一样，可分为内服药及外用药两大类，但由于伤筋具有其本身的特点，故在药物的具体运用上，又与其他不同。一般来讲，“外损”偏重于手法，辅以药物的配合应用，可以减轻疼痛，加速愈期，而且有避免和控制在治疗过程中发生各种不良转变的作用。“内伤”则以药物治疗为主，尤其是内服药物，更是不可缺少的。根据损伤的部位、性质以及轻重程度的不同，药物的运用也就不同。即使是同一损伤，也要根据病人的年龄、性别、体质的强弱灵活运用。在损伤治疗的各个不同阶段里，所用的药物也不完全一样。

就药物治疗而言，一般又常有其共性，如在早期，宜活血祛瘀，以通畅其血脉；中期宜和营顺气，以调理其气机；后期宜强壮筋骨，以促进其康复。

（三）辨质论治

在宫廷理筋术里，刘老每临一证，既要辨患者之为青年、老年或妇女，亦要知其为脑力或体力劳动者。因为青年的气血充盈，老年则气血渐衰，妇女犹有经产的特殊生理。劳脑者多缺乏锻炼，劳力者形体恒坚实，故其受伤也必因其体质之不同而各有所异。或气滞而血凝，或气虚而血瘀，或气亏而血少，或血虚而气滞，必随其虚实之所在，而施轻重疾徐之手法。伤筋者，当审其对骨骼之有无影响；折骨者，应察其所属筋膜之是否扭决。于此不难看出，刘老于骨伤学的成就是不平凡的，既有整体观，又有辩证法；既有独特的临床经验，又有坚实的理论基础；外科不离于内科，心法尤优于手法。

五、临床应用

（一）独特的解剖

筋，包括所有附丽于骨骼上的肌肉、肌腱、韧带、筋膜等软组织。主要是起骨与骨之间的连接、联络作用，它与骨共同具有保护人体脏腑，以及通过关节使肢体完成各种功能活动。

人体筋的数目共计485道。人体正面上部62道，人体正面中部126道，人体正面下部72道，人体背面127道，以及额外筋98道。兹分述如下。

人体正面上部（头面）筋

巅顶有巅筋1道。

左顶心骨有左角筋1道。

右顶心骨有右角筋1道。

囟门有囟筋1道。

额颅有云筋2道。

两额角各有额筋1道。

两眉间有印筋2道。

鼻頞有頞筋1道

鼻准有准筋1道。

两鬓各有鬓筋1道。

两太阳各有太阳筋1道。

两眉上各有棱筋1道。

两眉各有眉筋1道。

两锐目内眦有锐眦筋1道。

两内眦各有内眦筋1道。

两上下眼胞各有开筋、盖筋各1道。

两颁骨各有颇筋1道。

两颧骨各有颧筋1道。

两环骨各有环筋1道。

下巴骨尾部左右各有钩筋1道。

两背骨各有背筋1道。

两颐骨各有颐筋1道。

两一耳各有耳筋1道。

两耳缘各有郭筋1道。

两颧下各有颜筋1道。

两颊车各有颊筋1道。

两口角上方各有笑筋1道。

两口角下方各有哭筋1道。

上嘴唇有开筋、盖筋各1道。

下嘴唇有开筋、盖筋各1道。

下骸有开筋、盖筋各1道。

人体正面中部（项、胸及上肢）筋

前项窝内有伸、屈筋各2道。

项两侧有护项筋左右各4道。

胸前骨包骨筋5块，外有条筋5道，内有抱筋5道。

前肋有包骨筋左右各12道。

血盆骨有包骨筋左右各1道、条筋左右各1道。

两臑骨上头各有吞口筋1道、连带筋1道。

胸前骨两侧有横心筋左右各1道。

膀腋前有前等筋（前三角筋）左右各1道。

两臑骨内侧有哈筋左右各1道。

曲瞅有包骨筋左右各1道。

胳膊有伸、屈、力、通筋左右各4道。

股子骨有连膜筋片左右各1道。

五指有伸、屈筋左右各1道。

拇指有斜牵筋左右各1道。

五指指节有包骨筋左右各14道。

手掌心有掌筋左右1道。

人体正面下部（下肢）筋

胯部有簒筋左右各2道、包骨筋左右各1道、连带筋左右各2道。

大腿正面有通筋左右各1道，通筋外侧有伸筋左右各1道，通筋内侧有屈筋左右各1道，屈筋内侧有力筋左右各1道。

小腿箭骨外侧有越步筋左右各1道，超步筋外侧有站立筋左右各1道。

膝盖骨有包骨筋左右各2道。

站骨有包骨筋左右各1道。

跄箭骨有包骨筋左右各1道。

内、外踝骨有包骨筋左右各2道。

五趾有条筋左右各5道。

五趾趾节有包骨筋左右各14道。

足掌心有足掌筋左右各1道。

人体背面筋

枕骨有后发筋 4 道。

后项窝有后合筋 4 道。

两完骨各有完纂筋 2 道。

两寿台骨有包骨筋左右各 1 道。

项、脊两侧有大板筋 2 道，大板筋外侧左右各有伸、屈筋各 1 道。

琵琶骨有包骨筋左右各 2 道。

两胳膊背面有通背筋左右各 1 道。

膀腋后下方有后等筋（后三角筋）左右各 1 道。

胳膊有后通筋左右各 3 道。

鹅鼻骨有包骨筋左右各 1 道。

臂骨下头有包骨筋左右各 1 道。

脊梁骨有包骨筋 21 道、包棘筋 21 道。

后肋有包骨筋左右各 12 道。

肿肋骨有包骨筋左右各 4 道。

大腿有后通筋左右各 3 道。

大腿后方有大腓肠筋左右各 1 道。

小腿后方有小腓肠筋左右各 1 道。

跟骨有包跟筋左右各 2 道。

额外筋

眼内有血连筋左右各 1 道。

下巴骨有连带筋左右各 1 道。

牙槽有连带筋 28 道（或 32、36 道）。

肩髂有护巢筋左右各 1 道。

肩端有护头筋左右各 1 道。

肘骨有上下护头筋左右各 3 道。

臂、昆骨下头有护头筋左右各 2 道。

健巢有护巢筋左右各 1 道。

键骨头有护头筋左右各 1 道。

两膝盖骨上下左右共有额外筋32道。

伏兔骨有护头筋左右各1道。

膝胭骨有护头筋左右各1道。

站骨有护头筋左右各1道口

箭骨下头有护头筋左右各1道。

内外踝骨有护头筋左右各2道。

跂骨有护头筋左右各2道。

（二）治筋八法

1. 拔戳

拔法是使肢体或关节做被动伸展的相对牵引动作。戳法即戳按的意思，用手指或手掌在所伤处用力按压。戳法与拔法连续运用称为拔法戳按，如腰部伤筋所用的绷吊法即是拔法戳按的一种（图1），戳法与屈法连续运用称为戳法屈转，如治疗肘部伤筋的戳法屈转（图2）。此外，又可依据医者施用戳法的部位，分为掌戳法、指戳法等数种。

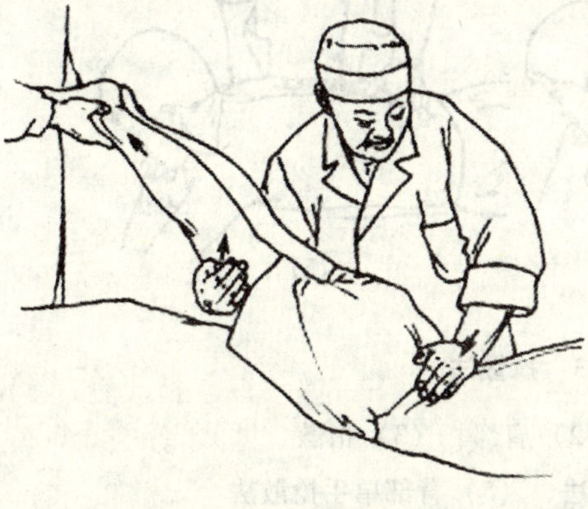

图1　腰部的拔法戳按

图2　肘部的戳法屈转

2. 捻散

捻即揉捻，医者用指腹或整个手掌，或用大、小鱼际，或掌根等部位，在患者身体各个部位上做均匀、和缓的揉捻动作。揉捻时的力量由轻至重，使感觉由皮肤而渐达深部筋肉层。散法实际上是做快速的揉捻动作，其所用的力及作用范围比捻法要大些（图3）。

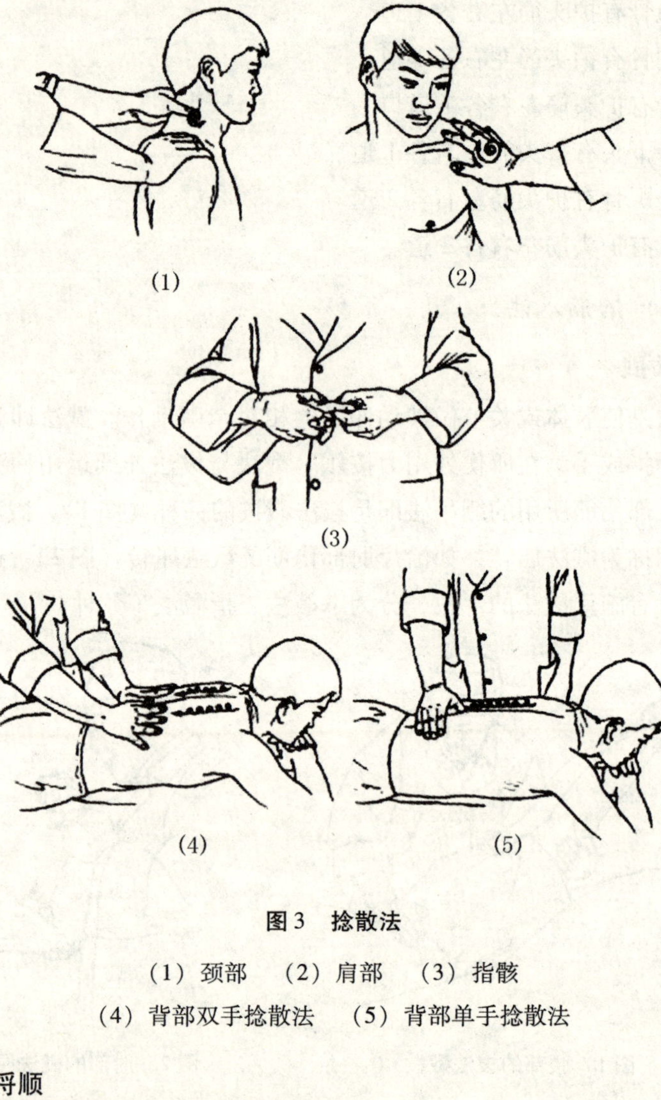

图3　捻散法

（1）颈部　（2）肩部　（3）指骸

（4）背部双手捻散法　（5）背部单手捻散法

3. 捋顺

由肢体的近端搏向远端称为捋。多用于肢体的外侧；由肢体的远端推向肢体的近端称为顺，多用于肢体的内侧。捋顺两种手法经常连续运用，如在治疗肩、肘、膝等部位的筋肉损伤时，捋、顺两种手法就连续交替地进行，或同时进行(图4~7)。

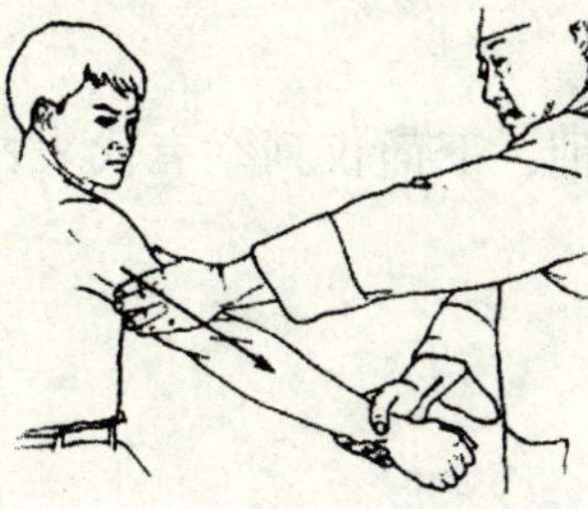

图4　上肢的捋法

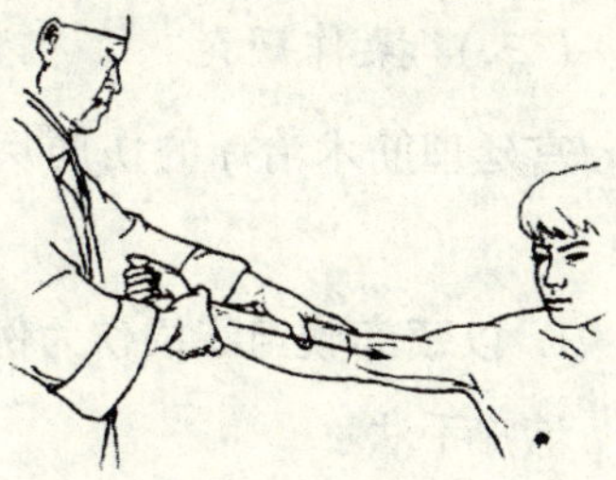

图5　上肢的顺法

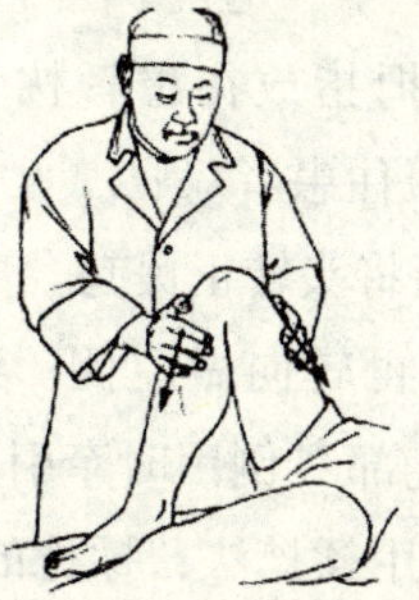

图6　腿部屈膝捋顺法

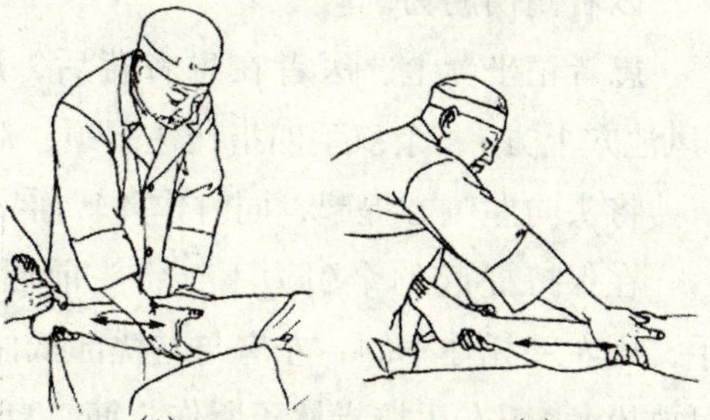

(1)　(2)

图7　伸膝的捋顺法

（1）双手法　（2）单手法

4. 归合

归是用两手掌（或两手指）相对归挤，而合则是在归挤的同时，两手掌（或两手指）稍向上提，并沿肢体表面滑动做逐渐合拢动作（图8）。

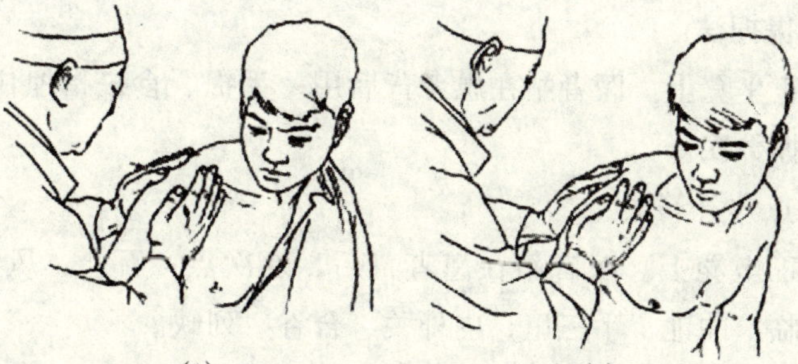

(1)　(2)

图8　肩部的归合法

（1）归法　（2）合法

（三）操作规范

宫廷理筋术治疗的伤筋疾病多达30种，下面仅列举有代表性的几个：

1. 以颈部软组织损伤为例

治疗手法：

（1）摇晃捻转法

以右侧伤筋为例。

患者正坐凳上，医者在患者背后，用双手拇指放在患者枕骨后方（风池穴上方），余双手四指托住下颌，双前臂压住患者双肩。

将头向左侧方提起，同时作环转摇晃，逐渐将头转正提起。

在保持提起的牵引力下，将头前屈后仰，再转向做左侧。医者倒手，用左手托住下颌，左肩与左枕部抵住患者枕部（倒手时牵引力量不可放松），用右手拇指按压所伤之筋，自上而下用揉捻法，揉捻的同时，将患者头向右后方旋转。

（2）拔伸推按法

以右侧伤筋为例。

患者正坐凳上。医者站在患侧右侧，以右手手掌推按住伤处的上方，左手拿住患者右手诸指，并使其屈肘，然后双手缓缓用力，向相反的方向推按，使颈部肌肉舒展。

（3）提捏法

患者正坐凳上。医者站在患者背后用一手拇、食二指捏住颈部僵硬之筋，提捏数次。

（4）点穴开筋法

患者正坐凳上。医者站在患者背后，逐次点：百会、风池、肩井、肩髃、肩临、曲池、手三里、内外关、合谷、列缺。

（5）拨筋法

患者正坐凳上。医者在患侧面向患者。一手托其肘，另一手指在极泉穴弹拨。使患手五麻胀为度。

（6）捻散法

患者正坐凳上。医者在患者背后，用双手大鱼际按压在颈部肩部筋肉上，前后捻散之。

（7）捋顺法

患者正坐凳上。医者站在患者伤侧，一手拿腕，一手由肩部起，沿上肢外侧向下捋之，直到手指，再由上肢内侧向上捋之，直到肩部。反复10余次。

2. 以腰部软组织损伤为例

治疗手法：

（1）捻散法

患者俯卧位。医者站在患侧，用单手或双手大小鱼际掌根部（或整手掌部位），在损伤腰背筋肉部位由上而下，由肩背至下腰做均匀、和缓的捻、散动作，捻散时力量由轻到重。捻散法各做3~5次。

（2）双手按压法

患者俯卧位，医者站在患者患侧。双手掌背重迭，由上而下按压脊椎棘突和腰背，动作要稳重缓和操作3~5次，使其软组织放松。

（3）晃屈戳法

患者侧卧床边，伤侧在上，助手蹲在患者背后，一手扶在腋下，另一手掌按在伤处，医者一手掌拿住伤侧下肢的踝部，将伤肢拔直，另一手掌扶在髋部，拿踝部之手由外向里环转摇晃伤肢6~7次。

医者将伤侧下肢小腿挟在腋下进行拔伸，然后将伤肢屈曲，使膝关节靠近胸部，足跟接近臀部，同时扶髋部之手改按在伤处助手之手背上，进行戳按。最后将伤肢伸直。

（4）搬提戳按法

患者俯卧位，两下肢自然伸直，两手放在胸侧壁或放在头前方。医者站在健侧，用一手掌按住腰部痛处，一手依次向背侧搬提患者的两肩及两下肢，搬提的同时，按腰部之手掌用力向下戳按。

（5）摇晃戳按法

患者俯卧位。医者一手掌按住腰痛处、另一手抱住患者下肢向上托起，环转摇晃6~7次，再向斜上方拔直，同时按腰部之手掌用力向下戳按。助手握住患者双足踝部，并将下肢提起，医者用一手掌按住腰部痛处，另一手前臂抱住两下肢，与助手协同用力，将下肢环转摇晃6~7次。然后再用力向斜上方拔伸，同时按腰部之手掌用力向下戳按。

（6）抖腰法

患者俯卧位。助手用布巾从患者背部兜住患者两腋。医者握住患者双踝部，与助手协同用力拔直的同时，将臀部抖起，离床面2~3寸高，然后将双膝屈曲，助手与医者分别推患者的双肩及两小腿。

（7）推搬法

患者侧卧。医者站在患者背后，一手搬住患者肩部。另一手推住臀部，向相反方向进行搬推，使腰部做扭转活动。再推住肩部，搬臀部，同样作相反方向的搬推

（8）提拉戳按法

患者侧卧。助手固定患者上身，勿使摇动，医者一手握住患者踝部，向后提拉。另一手按住腰部痛处，向前戳按。

（9）屈膝摇晃戳按法

患者侧卧。助手固定患者上身，勿使摇动。医者用一前臂抱住下肢，使患者髋、膝关节屈曲，并环转摇晃、屈伸6~7次。再尽量使髋、膝关节屈曲，使膝靠近其胸部，另一手掌按在腰部疼痛处，用力戳按，然后将腿拔直。

（10）仰卧屈膝屈髓晃腰法

患者仰卧。助手按住双肩。嘱患者屈膝屈髋，医者用一手按在患者双膝上，另一手按在双小腿上，使其做环转动作左右各6~7次。医者用力向前下方按压患者小腿，使膝靠近胸部。然后，置小腿上的前臂改置于小腿下方，两手靠近抱住小腿，用力将双下肢向前上方拔直。

（11）伸膝蹬空法

患者仰卧位。医者一手握住伤侧踝部。一手扶膝部，令患者患肢屈膝屈髋后，行髋关节摇晃6~7次。扶踝部之手改放在膝及小腿后方，扶膝之手保护膝部，然后作较迅速的提拔蹬空的被动伸膝动作。抬腿幅度

由小至大，以患者能忍受疼痛为限。

（12）摇晃提端法

患者坐凳上。助手蹲在患者前方，用双手按住两腹股沟部。医者站在患者背后，两臂从患者两腋下穿过，两手靠拢抱住躯干，并用膝部抵住患者腰部（如右侧扭伤即用右膝）。施术时，先环转摇晃患者躯干6~7次，再向后上方将患者提起，向斜后方倾斜，使腰部做扭屈动作。先向患侧倾斜，再向健侧倾斜。

嘱患者将双下肢伸直。医者站在患者侧方，一手按住背部，使患者尽量向前弯腰，用另一手掌由上至下沿脊柱两旁推揉痛处6~7次。按背部之手绕过患者胸前，抱住躯干，使腰部伸直，并用力向上提起，另一手掌捂在腰部痛处，用力戳按。

（13）滚床法

患者坐在床边。助手蹲在患者前方，用一手按住双膝，一手抱住双腿。医者站在患者背后，用双前臂从患者腋下穿过，并抱住躯干，用力向后上方提拔，然后保持拔伸力量，使患者身体向左或右扭转，同时助手用力向下按压双腿。

（14）直立晃腰法

患者两足分开与肩同宽站立，腰微前屈，双手伸直扶桌沿。医者站在患者侧方，用手掌捂在患者少腹气海穴处，另一手按住腰部伤处。施术时，将腰部环转摇晃左右各6~7次；捂气海穴之手先向后推，使腰前屈，执腰部之手随即向前用力戳按，使腰伸直，再按揉痛处。

（15）弯腰挺立法

患者两足分开比肩稍宽站立，医者两足前后分开，右足在患者两足之间的后方，站在患者背后将右前臂绕过患者少腹，两手扣拢抱住患者，施术时使患者直膝向前弯腰待手尽可能摸到足尖后，再嘱患者将腰缓缓伸直，并向后背伸，同时将患者抱起，此时医者用右侧散部抵住患者腰部痛处，然后突然放手，使患者落地站稳。

（16）推拍弯腰法

患者直立，双手高举站立在床边。面向医者。医者站在患者前方，扶患者两肩，左右旋转数次后，用两手掌轻轻拍患者胸部，在患者不注意之时，双手掌猛然推患者双侧髂骨前部，使患者跌坐在床上。

（17）挎打法

患者站立，双足与肩等宽。一助手站在患者右侧迎住。医者站在患者左侧，用右臂自患者背后抱住患者，右乎掌扶在患者右腋下，将患者左上肢搭在医者肩背上，并用左手握住患者左手腕部。

医者身体向左侧倾斜，用大力将患者提起，后突然把患者向上抛起。医者迅速撤手，用双手推按患者左侧胁下。助手在对面迎住，使患者不至跌倒。

调养（略）

3. **以肩部软组织损伤为例**

治疗手法：

（1）前缝伤筋

患者坐在凳上。助手在治疗中兜住伤腋，略向健侧水平牵引。医者站在伤肩后外方，用一手拿住伤肩，拇指在肩后，余四指在肩前，并用中指按住前缝；另一手握住伤臂的腕部，将上肢拉平，环转摇晃上肢6~7次。

拿肩之手垫在伤侧腋下，拇指竖起，贴在前缝处，向健侧用力撑之。握腕之手改拿前臂下端，两手同时用力，相对拔伸。

保持拔伸力量，使上肢下垂并屈肘，伤臂内收，使手触及健肩。

仍屈肘，将上肢托平，左、右摆动6~7次。

手法同前，并保持屈肘，使伤臂后伸。医者用拿肩之手的拇指按住前缝，向后戳按，拿前臂下端之手将伤臂向斜前方拔直。

手法同前，并保持屈肘，使伤肢之手绕过头顶，放在头后，并使肘部竖起。医者用拿肩之手指，揉捻肩部前方。用归、合、顺、散法按摩肩部。

（2）后缝伤筋

手法同前缝伤筋。拿肩之手的拇指顶住伤肩后缝。手法同前缝伤筋，并保持屈肘，使伤臂之手绕过头顶，放在头后，并使肘部竖起，再将伤肢屈肘后伸，同时医者用拿肩之手的拇指用力向上顶托后缝。

将肘部竖起后，医者用拇指揉捻肩后部之筋肉。

用归、合、顺、散法按摩肩部诸筋。

（3）上缝伤筋

手法同前缝伤筋，拿肩之手用大鱼际压住上缝部位。手法同前缝伤筋，并保持屈肘，使伤臂之手绕过头顶。医者拿前臂远端之手，将伤肢向斜前上方拔伸，同时拿肩之手的大鱼际，在伤肩上缝处向下戳按。将肘部竖起，医者用拇指揉捻肩部上方之筋肉。

用归、合、顺、散法按摩肩部。

调养：（略）

4. 以膝部软组织损伤为例

治疗手法：

（1）里缝伤筋

患者屈膝垂足，正坐床边、助手坐在伤侧，双手固定患者大腿下端。医者半蹲在患者前方，一手由外侧用拇、食二指圈住髌骨，并用拇指按住里缝，余二指在膝部拿住伤筋，另一手由内侧握住伤肢足踩部。轻轻环转摇晃伤肢 6~7 次。

患者站在伤肢外侧，用拿髌之手按住里缝，握足踝之手与助手用力相对拔伸。

使伤肢盘膝，大腿外展外旋，足跟尽量靠近健侧腹股沟部，用拿膝之手的拇指，推捋里缝。

将伤肢拔直，用捋、顺、捻、揉法按摩舒筋。

（2）外缝伤筋

患者面向医者，侧卧床边，伤肢在上。助手固定其大腿下端，勿使晃动。医者用一手拇指按住外缝，余四指在膝内侧拿住伤筋，另一手握住伤肢足踝部，将小腿环转摇晃 6~7 次，再与助于用力相对拔伸。

将膝关节屈曲，同时助手撤除，使膝靠近胸部，足跟接近臀部，拿膝之手的拇指用力向内归挤。

将伤肢拔直，用捋、顺、揉、捻法按摩舒筋。

(3) 正缝伤筋

患者坐在床边，一助于用双手定其大腿下端，勿使摇动。第二助手一手握住足踝部，一手拿住伤肢的足跖部。医者半蹲在伤肢外侧，一手轻轻握住伤肢小腿的下端，另一手握拳（拳眼在上），准备施术。

施术时，嘱两助手缓缓用力拔伸，第二助手并轻轻向内、外旋转小腿。医者用握拳之手的拳眼，迅速向上击打膝窝，随即与第一助手同时撤除，医者握小腿之手与第二助手用力将伤膝屈曲，握拳之手推住伤膝，使膝靠近胸部，足跟接近臀部。

将伤腿拔直，用捋、顺、揉、捻法按摩舒筋。

(4) 中缝伤筋

患者正坐床边。助手固定伤肢大腿下端，勿使摇动。医者一手由内侧握小腿下端，另一手虎口拿住膝关节，用拇、食二指捏住中缝。施术时，与助手同时用力，相对拔直伤肢。握小腿下端之手向内、外旋转小腿，拿膝之拇、食二指，用力归挤。

将小腿夹在医者两腿之间，与助手相对拔伸，医者双拇指在上，余四指在下，合掌拿住膝关节，使膝关节渐渐地尽量屈曲。

将伤腿拔直，用捋、顺、揉、捻法按摩舒筋。

调养：(略)

(四) 评价

1. 理论与临床并重

宫廷理筋术强调学习手法必须对人体正常筋骨的结构关系有一个清楚的了解，如《医宗金鉴·正骨心法要术》所述：“必先知其体相，识其部位。”“一旦临证，机触于外，巧生于内，手随心转，法从手出……”

2. 辨病与辨证结合

宫廷理筋术运用西医辨病与中医辨证相结合的临床诊治模式，立足中医辨证论治的同时，合理利用现代医学的理论、检测手段，拓宽延长自己的诊断视野，尤其对于骨伤科来说，必须借助现代科学技术的检查手段。

3. 内治与外治相辅

宫廷理筋术强调治疗要兼顾局部与整体，审证求因。筋伤疾病以局部损伤为主，手法治疗是精华所在。但是，在手法治疗的同时，也很重视内治的调理，做到内治与外治相辅。“气伤则痛，血伤则肿，通则不通，不通则痛”，所以，在辨证论治的同时，非常强调活血化瘀，通络止痛的原则。只有外治与内治有机结合的相辅相成，才能促使损伤早日痊愈。

4. 手法治疗轻巧柔和

宫廷理筋术指出“筋喜柔不喜刚”，“法之所施，使患者不知其苦，方称为手法也”，在手法运用上尤其强调轻柔绵软、外柔内刚，力量由轻渐重，治疗中使患者在并不感到痛苦的情况下即获得症状的缓解或痊愈。手法的独到之处正是在于轻、巧、柔、和。

5. 倡导规范，发挥优势

手法的操作不应该是杂乱无章的，它应该是一个较为严密的医疗过程，而综观当今的中医手法医疗现状，手法流派众多，门户林立，鱼龙混杂，因此，中医手法应该有一套成熟的、规范的、标准的操作准则。宫廷理筋术倡导制定严格的标准的操作规范，这代表着推拿学科的发展方向、中医事业的发展方向。

结语

宫廷理筋术源自清代宫廷手法，属于宫廷医学流派。宫廷理筋术是经过时间的沉淀积累及不断的继承和创新而总结出的宝贵经验，多年来治愈众多患者，深受广大人民信赖。宫廷理筋术作为一个非药物的绿色疗法，必将在未来对于人类的健康发挥更大的作用。

六、继承发扬

历经沧桑，宫廷理筋术的传人们不仅吸取了刘老宫廷理筋术的精髓，让这门传统的治疗方法在现代社会进一步发挥巨大的作用，而且潜心研究，将宫廷理筋术与人体经络和现代反射疗法理论结合，开创了经络腿疗术。将宫廷理筋术手法与振腹手法和现代神经体液学说结合，提出了藏式振腹术。与古代中医和现代减肥理论结合，开创整腹减肥术。将其与传统的小儿推拿结合，发展为特定穴小儿推拿术。几十年来，宫廷理筋术在理论和实践上不断创新，手法体系不断完善，适应症也不断扩大，目前在骨伤、内、妇、儿及治未病等方面均发挥着重要作用。

（一）经络腿疗术

经络腿疗术是在宫廷理筋术理论指导下由北京中医药大学东直门医院推拿科刘长信改良而来，由两大部分组成——腿浴＋“开枢阖”腿足部手法套路。

适应症：腰腿痛、高血压、高血脂、糖尿病、失眠、周围血管病等近30余种慢性疾病。

1. 腿浴

使用腿浴器和中药药液对双小腿进行沐浴，使药物通过皮肤吸收直达病所，治疗多种疾病的方法。

（1）理论依据

中医：“内病外治”。

吴师机著的《理瀹骈文》为中医第一本外治法专书。该书从理论上对外治法进行了深入的探讨。提出“外治之理即内治之理，外治之药亦即内治之药，所异者法耳”；“外治必如内治者，先求其本。本者何？明阴阳，识脏腑也”；“虽治在外，无殊治在内也。外治之学，所以颠扑不破者，此也；所以与内治并行，而能补内治之不及者，此也。”

西医：透皮吸收理论。

现代医学认为，药物可通过皮肤吸收直接进入人体循环，发挥治疗作用，避免了药物对肝肾包括内脏器官的损害。有两条途径——表皮循行和附属器官循行。我们可通过种种方法，提高这两个途径吸收药物的速度。

（2）创新点

●**浸泡部位**

小腿：

①解剖优势：肌肉丰厚而内容量大，表浅静脉多而血运丰富，易于

药物吸收。

②小腿的角质层薄（是足部的六分之一）：利于药物吸收。

③小腿的穴位多：小腿和脚的穴位共有60余个。

④小腿吸收面积大：比单纯脚部的面积大4倍。

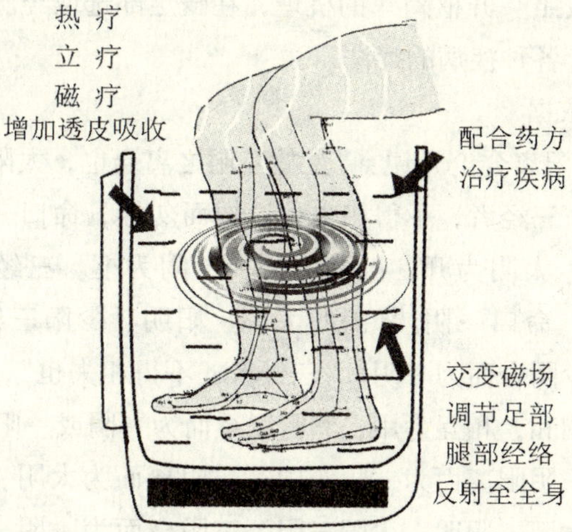

●**电磁引入**

电磁加热比单纯的水温刺激可以使皮肤吸收药物的能力提高20余倍。

①电磁可以减弱药物的极性，促使其加快进入皮肤。

②还可以调节周围神经和植物神经功能，使毛细血管径扩大。

③还可暂时改变毛细血管细胞膜的双层磷脂排列，使其间隙加大。

④还可刺激毛囊、皮脂腺、汗腺，使其孔腔扩大。

●**用药规律总结**

①分子量小于1000：熔点低于85度。

②辨病与辨证相结合：每个病都有基本方，再根据个人情况添加药物。

●提供了30余个验方：经10年左右的临床观察，已初步筛选了对30余种疾病的经验方。

●初步改善了药浴温度模糊的状况：过去的药浴对温度要求不太严格，从而影响到疗效。经大量的病例观察，对失眠、周围性血管病、高血压、疼痛等疾病的最佳温度有了大致数据。

（3）特点

该疗法操作简单、方便、安全有效、适应症广泛，即可用“开枢阖”手法套路配合而成腿疗术，也可单独使用，极具推广价值。

2. “开枢阖”腿足手法套路

该方法是按照“开枢阖”的机理，在腿足部选取经脉和穴位进行手法套路操作治疗各种疾病的疗法。

（1）理论依据

《素问·阴阳离合论》说：“是故三阳之离合也，太阳为开，阳明为阖，少阳为枢。三经者，不得相失也，搏而勿浮，命曰一阳。……是故三阴之离合也，太阴为开，厥阴为阖，少阴为枢。三经者，不得相失也，搏而勿沉，命曰一阴。”因此太阳、阳明、少阳三经合而为一阳，太阴、厥阴、少阴合而为一阴。“三经者，不得相失也”，是指三阴经或三阳经气血相调和，相互为用，紧密联系而为一阴或一阳。

综上所述，阴阳离而为一阴一阳；一阴离而为太阴、厥阴、少阴三阴，一阳离为太阳、阳明、少阳三阳。三阴合而为一阴，三阳合而为一阳；一阴一阳合而为阴阳。

根据上述中医理论，在腿足部进行“建阴枢”、“建阳枢”、“开阴门”、“开阳门”、“关阴门”、“关阳门”的手法操作，使阴阳二气出入有道，敷布有序，藏内有处，阴阳平衡，气血通畅，达到驱除外邪，治病防病的目的。

（2）具体操作

●足背开枢阖操作

①建双枢

建阴枢：

食指单勾点涌泉（操作：略）→推肾经（操作：略）→蜗牛爬行（操作：略）→极地太极（操作：略）

建阳枢：

点按足窍阴穴（操作：略）→推趾（操作：略）→迎风而上（操作：略）→蜗牛爬行（操作：略）

②开双门

开阴门：

点隐白穴（操作：略）→推趾（操作：略）→跪点大都、太白穴（操作：略）→指推（操作：略）→蜗牛爬行（操作：略）

开阳门：

点按至阴穴（操作：略）→推趾（操作：略）→跪压推（操作：略）→“V”字斜推（操作：略）

③闭双门

闭阴门：

点按大敦穴（操作：略）→推趾（操作：略）→迎风而上（操作：略）→蜗牛爬行（操作：略）

闭阳门：

点按厉兑穴（操作：略）→推趾（操作：略）→迎风而上（操作：略）→蜗牛爬行（操作：略）

●小腿开枢阖操作

①建双枢

建阴枢：

勾点太溪穴（操作：略）→推肾经（操作：略）→点复溜穴（操作：略）→点揉阴谷穴（操作：略）

建阳枢：

蜗牛过岭（操作：略）→推胆经（操作：略）→点弹绝谷、阳辅、光明、阳陵泉（操作：略）

②开双门

开阴门：

蜗牛过岭（操作：略）→推揉脾经（操作：略）→点弹三阴交、阴陵泉（操作：略）

开阳门：

中指勾点昆仑穴（操作：略）→指揉膀胱经（操作：略）→中指勾点承山、承筋、委中（操作：略）

③闭双门

闭阴门

蜗牛过岭（操作：略）→丹凤朝阳（操作：略）→点揉蠡沟穴（操作：略）

闭阳门

推胃经（操作：略）→点弹丰隆、足三里（操作：略）

（3）评价

①该技术理论体系明晰，操作流程规范，简单易学，适于各级医疗单位和国外推广。

②该技术主要对腰腿痛、高血压、高血脂、糖尿病、失眠、周围血管病等慢性疾病有确切疗效。

③该技术具有治疗、保健双重功效，极易被患者所接受，可谓休闲式治疗新模式。

（4）创新点

①成功地将《黄帝内经》的理论，在推拿手法中体现出来，创建了一种行之有效地治疗保健新疗法。

②总结了20余种疾病的腿疗经穴处方。

③加强了腿浴的疗效；药液通过皮肤吸收，有一部分储存在皮肤储库内，此外在腿足部进行手法刺激会加速药物释放，提高疗效。

④有机地将中医理论与现代全息理论融合在一起，足底部的穴位较少，经络调节能力差，因此“开枢阖”套路，在足底部保留了反射区，弥补了经穴少的不足，使“开枢阖”手法套路的舒适性、保健性大大提高。

3. 治疗举例——高血压

（1）药浴治疗

●治疗目的　利用药浴温度及药物等作用，通过神经反射机制及体液机制的作用，增加大脑皮质的抑制过程，达到调节皮质下血管运动中枢的功能，使小静脉、小动脉的张力减退和血压下降，部分或完全替代口服降压药，控制高血压并稳定血压于正常水平，消除高血压带来的不适，预防并治疗高血压引起的并发症。

●药浴处方

辨证配方：

钩藤30g，野蒺藜100g，夏枯草50g，络石藤50g，生栀子60g，地骨皮30g，生大黄50g，荷叶30g，赤芍30g，防己30g，罗布麻叶60g，丹参50g，苦参80g，玄参50g，砂仁50g。

适应证：高血压各型。尤其是头晕目眩，或颜面潮红，或耳鸣耳聋，舌红苔白或黄，脉弦或弦数之肝阳上亢型高血压病Ⅰ期、Ⅱ期。

方解：本方立意为滋阴平肝、清肝泻火、活血化瘀，符合中医对高血压病症型的认识。《内经》有云：上病下取。腿浴治疗正源于此。本方用钩藤、野蒺藜滋阴清肝平肝，蒺藜尚有利水功用，地骨皮、络石藤滋肝肾之阴，夏枯草清肝火，生栀子清三焦之火，大黄、荷叶等亦属清凉之品，另辅赤芍、丹参等活血、防己降脂，共助降压。现代研究：钩藤、枯草、罗布麻叶等均有明显的降压作用。

●药浴温度　40℃左右。

●药浴部位　腿式局部浸浴如腿式治疗器药浴。以浸泡双下肢为佳，或双足也可。

●药浴用法　上药水煎去渣取液2500ml左右，分为5份，每份再加清水3l左右，及透骨草醇提液5ml倒入专用药浴袋内，浸泡双下肢，每次45分钟左右，1天1～3次，每次间隔3～7小时，1份药液可用3天，15天为1疗程。注意每次药浴宜加入少量酒（10ml左右）。

●药浴预期疗效　每次药浴对正常血压基本无影响，能使高血压患者血压下降约5～15mmHg，能维持3～24小时不等，一般6～8小时。一个疗程后，可考虑口服降压药减量或停服，2～3个疗程后口服降压药基本可完全停服。血压正常后，药浴治疗仍宜维持，一般1天1次，最少1周1次。

（2）腿足部开枢阖疗法手法套路

●腿疗基本套路20分钟

●特殊套路

①足底反射区配穴　基本反射区、额窦、大脑、脑垂体、肝、胆、

心、脾、生殖腺反射区共3分钟左右。

②足背经络穴位配伍　点按侠溪、足临泣、至阴、行间、太冲穴，益肾立枢，阳枢迎风而上，阖肝养阴反向迎风而上3分钟。

③腿部经络穴位配伍　勾点太溪穴、点弹三阴交、悬钟、阴陵泉穴3分钟左右。

4. 评价

（1）该技术是以中医理论指导为主体研制而成，是中医两大特色疗法——药浴和推拿的完美结合体，属于创新技术。

（2）该技术理论体系明晰，操作流程规范，简单易学，适于各级医疗单位和国外推广。

（3）该技术主要对腰腿痛、高血压、高血脂、糖尿病、失眠、周围血管病等慢性疾病有确切疗效。

（4）该技术具有治疗、保健双重功效，极易被患者所接受，可谓休闲式治疗新模式。

（二）臧式振腹术

适应症：①乳腺增殖症（囊炎）②性冷淡（包括女性、男性两方面）③蝶癣 ④痤疮 ⑤失眠——精神分裂症（抑郁症）⑥“减肥” ⑦消化系统（如腹胀、便秘等）⑧肝胆系统（如胆绞痛只是一种手法）⑨糖尿病（振腹只是手法的一种）⑩调经（中子）（月经提前、月经错后、月经淋漓不尽……）⑪子宫肌瘤（浆膜层者有效）⑫子宫内膜异位症（盗经、卵巧克力样囊肿）⑬闭经 ⑭痛经 ⑮更年期综合征 ⑯漏肩风 ⑰腱鞘炎 ⑱网球肘 ⑲腕管综合征 ⑳颈椎病 ㉑腰椎间盘突出症 ㉒类风湿性关节炎 ㉓口干综合征 ㉔红斑狼疮 ㉕空调病 ㉖冰箱病 ㉗慢性肾炎（口服六味地黄丸）㉘甲亢（低碘）㉙视网膜剥脱症 ㉚夜游症 ㉛产后身痛。

1. 理论基础

（1）中医认为

①通过调理冲任，达到补肾阳的目的。

②腹为阴，内藏两海即水谷之海、血海。

③十四经脉皆与腹有直接或间接的联系。

④脐位于大腹中央、身体正中，又名“神阙”，系血脉之蒂，为精、神、气血往来之要，与冲任关系密切，并为人体上、下、左、右交会之中心，乃生气所系，内通五脏而关系于肾。

（2）西医认为

振腹的主要作用能调节内分泌，双向性调节消化系统功能。

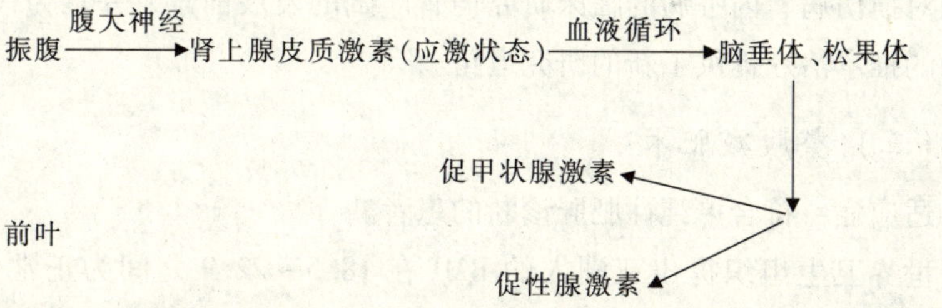

振腹手法主要作用于关元穴，振动信息刺激了腹大神经，影响肾上腺使人产生应激状态，肾上腺皮质激素分泌增加，血中浓度增高，随血循环入脑，刺激脑垂体和松果体，脑垂体前叶又产生促甲状腺激素，松果体前叶又产生促性腺激素。从而，可使内分泌的众多环节，均得到调节的作用。

振腹也同样刺激了腹丛神经、盆丛神经，产生了复杂的生理过程，有待今后与同道们研究。

2. **操作规范**

（1）手形与操作：患者仰卧，医者坐在患者一侧，掌心“劳宫穴”对准患者肚脐（神阙穴），中指在任脉的中脘穴，掌根在关元穴，食指、无名指在肾经线上，拇指、小指在胃经线上。医者上肢充分放松，将前臂自然放置于患者腹部。医者在充分放松的情况下，把腕痉挛释放出来，操作时可以全掌、掌根、指端变换着力。如此振动，能与患者腹部产生共振，视为本手法的最佳状态。

（2）频率：400～600 次/分钟。

(3) 练法：①少林易筋经韦驮献杵第一式。②太极拳“运手”。③医者在患者腹部快速拍皮球的动作（注意：手掌不离开患者腹壁）。1～3法练习时，均应精神完全放松的情况下，才能将腕痉挛诱导出来。

3. 评价

振腹疗法作用于腹部是立足于局部而调整于整体，并提示了人体将有两种反馈，一是生物物理作用、二是生物化学作用。以往的推拿研究仅限于生物物理作用方面，较少涉及生物化学作用。而利用其生物化学作用对损伤病、内脏病的临床研究均有广阔的发展前景，并且为代谢性疾病的推拿治疗提供了新的研究道路。

（三）整腹减肥术

适应症：符合单纯性肥胖诊断的患者。

世界卫生组织提出亚洲人的BMI在18.5～22.9之间为正常体重，BMI＜18.5位低体重，BMI≧23.0为超重。其中，BMI在23.0～24.9之间为准肥胖，BMI在25.0～29.9之间为中度肥胖（I度肥胖），BMI≧30.0位重度肥胖（II度肥胖）

体质指数：（BMI）＝体重（kg）/身高（m）^{2}

1. 理论基础

单纯性肥胖是一种营养过剩性疾病，1997年WHO已经将肥胖明确宣布为一种疾病，它是高血压病、脂肪肝、冠心病、高脂血症、糖尿病等疾病的主要危险因素。社会中肥胖者队伍日趋扩大，已对人类健康构成了严重威胁。

为了更好的治疗和控制肥胖，人们一直在积极寻找减肥的有效方法，推拿减肥以其副作用小、安全被广大肥胖患者所接受。

世界卫生组织提出健康减肥三原则：不腹泻、不节食、不乏力。违背这三原则中的任何一项都有害身体健康。有鉴于此，我们在宫廷理筋术的理论基础上创立了以腹部为本的“整腹减肥术”。

（1）中医观点

《内经·金匮真言论》中说“腹为阴，阴中之阴，肾也；腹为阴，阴中之阳，肝也；腹为阴，阴中之至阴，脾也。”先后天之本均在腹部。《灵枢·海论》中说“……胃者水谷之海。……冲脉者。为十二经之海。”其中的“水谷之海”、“血海”也集中在腹部。

从中医角度来看，人体的躯干分为上焦、中焦、下焦三个部分。横膈以上（胸部）为上焦，包括内脏心与肺。横膈以下至脐上为中焦，脐下为下焦，腹部包括了中焦和下焦两个部分，且包括了内脏脾、胃、肝、胆、肾、膀胱、大肠、小肠、女子胞等许多重要的器官。

中医脏腑的生理功能认为，心位于胸中，但得养于脾胃，与小肠相表里，因此，通过经别络于小肠；肺虽位于胸中，但肺的经络却起于中焦，下络大肠。其他的脏腑俱在腹中，因此，五脏六腑与腹部有密切的联系。

经络学说中，背为阳、腹为阴，在腹背循行的八条经脉中，有任脉、足少阴肾经、足阳明胃经、足太阴脾经、足厥阴肝经五条经脉从腹部经过，足少阳胆经循行于腹侧。腹部不仅有阴中之阴的任脉，还有足阳明胃经和足少阳胆经两条阳经。因此，在腹部不仅可以调阴，而且可以调阳。因经络“内属脏腑，外络肢节”，故十二经脉的经别亦从腹部经过与脏腑相接。此外，还有带脉束腰一周与背部的督脉、膀胱经相连，冲脉、阴跷脉、阳维脉亦行小腹或腹前，为气血向全身输布提供了较广的途径。

每一个脏腑都有一个募穴。募穴是脏腑之气结聚的地方，由于募穴与脏腑的部位更为接近，所以脏腑有邪气多反应于募穴。滑伯仁曾说：“阴阳经络，气血交贯，脏腑腹背，气相通应。”（《难经》注）。指脏腑与背俞、募穴并相通，病邪侵袭脏腑，俞募则出现各种病症，并以俞募为审查证候、诊断、治疗疾病的重要部位。因脏腑的募穴大多集中在腹部，故又称“腹募”。

日本学者曲直濑道三在他著的《百腹图说》序文中有“腹者有生之本，百病根于此。”

（2）西医观点

临床试验表明：在柔软体腔（腹腔）刺激体表可以直接影响内脏活

动，摩、揉腹部，按胃肠蠕动的规律进行推拿可直接加强胃肠功能。

消化系统的脏器主要分布于腹部，而腹部肥胖又是肥胖患者的主要表现，腹部减肥的成功无论从减肥角度还是健康角度来讲，均具有十分重要的意义。

实验证明，下丘脑有调节食欲的中枢，其中腹内侧核为饱觉中枢，兴奋时拒食，腹外侧核为食饵中枢，兴奋时进食，推拿对人体各系统均有调整作用，通过刺激腹部腧穴调整了植物神经的功能，调节了胃肠蠕动和消化液的分泌，并加快了肠蠕动，减少了小肠对营养物质的过度吸收，加速了新陈代谢的过程。

2. 操作规范

（1） 点法

位置：上脘、中脘、建里、下脘、天枢（双）、气海、关元，每穴一分钟。

要求：点法：深度 5cm，位置：拇指指尖，顺时针旋转 30°停止。

（2） 拿法

位置：腹壁两侧，肋弓下至髂脊之间各 4 分钟。

要求：拿法：手指间距 4～5cm，向前提起 2～3cm。

（3） 振腹

位置：掌根对准关元，其余五指平放在腹壁上。

时间：15 分钟。

深度：使腹壁下陷 2cm 左右。

频率（400 次/分左右）

总时间：20 分钟

3. 评价

（1） 现代社会减肥的方法很多，而推拿减肥较少。能称得上是绿色疗法、安全、无副作用、经济有效的，也就只有推拿减肥了。这一点也符合世界卫生组织提出的减肥三原则。

（2） 我们以腹作为减肥之本，正是抓住了腹的本身生理特征，通过调整肠胃功能及复杂的神经反射和内分泌功能，达到减肥的目的，这才是真正治疗单纯性肥胖的根本所在。

(3) 通过推拿对腹围有较好的疗效，一个人健康与否与腹围有很大关系，积极把腹围控制在标准范围内，“整腹减肥疗法”是首选所在。

(4) 疗效确切，若患者能够坚持治疗，每疗程（15次）可减3~5kg。

（四）特定穴小儿推拿术

适应症：发热、咳嗽、夜啼、小儿肌性斜颈、腹泻、便秘、疳积、“遗尿”、小儿哮喘等。

1. 理论基础

小儿推拿学是研究小儿生长发育、保健以及疾病防治的一门科学，属祖国医学的重要组成部分，历史悠久，源远流长。隋唐时《千金方》《外台秘要》有用推拿方法防治小儿疾病的记载。小儿推拿疗法和成人不同，且有很多特定的穴位，因而自成体系。东直门医院推拿科将宫廷理筋术与小儿手法的特点结合，在宫廷理筋术“轻、柔、透、巧”指导下改良而有了现在的特定穴小儿推拿。

2. 操作规范

(1) 常见特定穴位：上马、二扇门、天门、天河水、坎宫、内劳宫、龟尾、脊柱、三关、四横纹、五经、六腑、七节骨、内八卦。

(2) 常见疗效理想病症操作规范

①发热

外感发热　推攒竹、推坎宫、揉太阳、清肺经、清天河水。风寒者加推三关、掐揉二扇门、拿风池；风热者加推脊。

阴虚内热　补脾经、补肺经、揉上马、清天河水、推涌泉、按揉足三里、运内劳宫。

②咳嗽

外感咳嗽　推天门，推坎宫，揉太阳，清肺经，运内八卦，推揉膻中，揉乳旁，揉肺俞，分推肩胛骨。

内伤咳嗽　补脾经、补肺经、运内八卦、推揉膻中，运内八卦，揉乳旁，揉肺俞，揉中脘，按揉足三里。

③夜啼

补脾经，清心经，清肝经，揉小天心，揉外劳，摩腹，揉足三里。

④小儿肌性斜颈又称先天性斜颈或原发性斜颈，多数是因胸锁乳突肌发生纤维挛缩形成。

推、揉、捏、拿、牵引、拔伸患侧胸锁乳突肌。

⑤腹泻

寒湿泻　补脾经，推三关，补大肠，揉外劳，揉脐，上推七节骨，揉龟尾，按揉足三里。

湿热泻　清脾胃，清大肠，清小肠，退六腑，揉天枢，揉龟尾。

伤食泻　补脾经，清大肠，揉板门，运内八卦，揉中脘，摩腹，揉天枢，揉龟尾。

脾虚泻　补脾经，补大肠，推三关，摩腹，揉脐、上推七节骨，揉龟尾，捏脊。

⑥便秘

实秘　清大肠，运内八卦，按揉膊阳池，退六腑，搓摩搓胁肋，摩腹，揉天枢，推下七节骨，按揉足三里。

虚秘　补脾经，推三关，捏脊，按揉足三里，清大肠，按揉膊阳池，揉上马、揉脐，揉肾俞

⑦疳积

捏脊、掐揉四横纹。

⑧“遗尿”，又称“尿床”。

补脾经，补肾经，补肺经，推三关，揉外劳宫，按揉百会，揉丹田，按揉肾俞，擦药骶部，按揉三阴交。

3. 评价

（1）特定穴小儿推拿术简、便、廉、验，治疗效果显著。

（2）特定穴小儿推拿术不需要药物，无副作用。

（3）特定穴小儿推拿术易为小儿接受，广为家长喜爱。

七、经验用药

（一）内服药

内服药主要是治疗因外伤而引起的各种“伤筋动骨”疾患，而筋与骨都是靠人体的气血来滋润濡养的。所谓“肢体损于外，则气血伤于内，营卫有所不固，脏腑由之不和，岂可纯任手法。”要根据辨证施治的原则，选用适当的方药进行治疗。

药物不外“祛瘀止痛”、“活血生新”、“调和营卫”、“培补肝肾”、“强筋壮骨”等方剂。临床上要根据具体的症状，辨证施治，按原方适当加减，灵活运用。对一些常见的扭挫伤疾患，也可以根据其局部症状，选用一般常用的验方，如舒筋壮力丸、七厘散等。

（二）外敷药

外敷药有末药、膏药和药膏三种。

末药：亦即药粉，在皮肤损伤后用以止血，如金疮铁扇散、玉真散，都是将药粉直接撒在创面上，所以又称为“掺药”。

膏药：是指用油和章丹或蜜陀僧等含铅药物炼制而成的一种质地较硬的黑色药膏而言，应用时用火烤化，趁热贴于患处。除一些陈旧性肩、腰、腿部的损伤而又兼有痹痛者外，一般很少应用。常用的有虎骨膏、狗皮膏、金不换膏等。

药膏：在外敷药中，药膏是最常用的。根据炮制的方法不同，也可以把它分为两种：一种是预先熬制成膏状的，如乌龙膏、生肌玉红膏等，另一种是预先轧成药末，临用时用酒、醋或油调制成膏。如骨折整复后用酒调接骨散外敷，脱位整复后用酒调正骨散外敷，陈旧性伤筋用醋调化筋散外敷等。

药膏的用法，是将所用的酒或醋在药勺内温热，取适量的药末放入其中，调成糊状，趁热（不要太热，以防烫伤皮肤）涂于伤处，或预先摊在纱布上，贴于伤处。涂药时，一定要把药抹平，否则待药干燥后，会因凸凹不平的压迫而发生疼痛，甚至损伤皮肤。在换药过程中，如果发现由于敷药而引起皮疹时，不要继续使用，若遇皮肤娇嫩者，最好要用油（麻油或儿士林）调涂。

洗药、腾药

洗药与腾药均具有温经通络、活血化瘀、消肿止痛的功效。

洗药：多用于四肢，如前臂、小腿骨折及肘、腕、膝、踝诸关节脱位、伤筋疾患，所用的药物因损伤的部位不同而异。

腾药：所用的药物与洗药基本相同，但多用于肩、背、腰、髋等大关节处。腾药药力缓慢持久，逐渐由毛窍浸入，其作用较洗药为佳。施腾药时，用两个药袋轮换使用10次，其药力由皮而肉、而血、而筋、而骨地逐层传入，有谓："第一个药袋通皮，第二个通肉，第三个通血，第四个通筋，第五个通骨，第六、七、八、九、十个直达病处。"

注意事项：在应用洗、腾药时，都要注意局部和全身的保暖，特别是在用药后，更要慎避风寒，避免引起感冒，或局部发生皮疹。在施洗、腾药时，温度一定要调配适当，温度太低不能发挥药效，温度过高则会烫伤皮肤。

附方

1. 接骨紫金丹（经验方）

【组成】苏木、松节、川乌、真降香、制乳香、制没药、血竭、自然铜（锻醋悴7次）、地龙、水蛭、土狗各等份。

【炮制与用法】共为细末，炼蜜为丸，每丸重10g，每次服1丸。

【功用】活血逐瘀，止痛。

【主治】骨折、脱位及骨折后遗症。

2. 舒筋壮力丸（经验方）

【组成】麻黄30g，制马钱子30g，制乳香、制没药、血竭、红花、自然铜（锻醋炸7次）、羌活、独活、防风、钻地风、杜仲、木瓜、桂枝、怀牛膝、贝母、生甘草各51g。

【炮制与用法】共为细末，炼蜜为丸，每丸重6g，每次服1丸。

【功用】舒筋活血，通络散寒。

【主治】一切新久伤筋疾患，或筋骨宿伤而兼痹者。

3. 努伤化瘀丸（经验方）

【组成】生川军120g，桃仁60g，枳实、青皮、三棱、莪术、槟榔各30g，刘寄奴、土虫山楂各60g，凌霄花、川芎、苏木、制乳香、制没药、威灵仙、真降香各30g，冰片1.5g，麝香1g。

【炮制与用法】共为细末炼蜜为丸，每丸重10g，每次服1丸。

【功用】活血逐瘀，导滞通便。

【主治】一切损伤瘀滞内停，胸腹胀满，大便不通，而身体壮实者。

4. 补肾壮筋丸（经验方）

【组成】熟地黄、全当归、怀牛膝、制杜仲、五加皮各30g，川续断60g，山萸肉、杭白芍、云茯苓各24g，青皮20g。

【炮制与用法】共为细未，炼蜜为丸，每丸重10g，每次服1~2丸。

【功用】补肝肾，壮筋骨。

【主治】一切伤筋疾患，筋骨软弱，肌肉作痛，梦遗滑精等症。

5. 补肾养血丸（经验方）

【组成】当归身、炙黄芪各60g，赤芍45g，川芎30g，熟地、炒杜仲、怀牛膝、菟丝子各60g，益智仁30g，五加皮45g，宣木瓜、羌活、天麻、云茯苓、炙甘草各30g。

【炮制与用法】共为细末，炼蜜为丸，每丸重10g，每次服1~2丸。

【功用】补肝肾，养气血，壮筋骨。

【主治】伤筋等一切损伤疾患，作为治疗后期调补之剂。

6. 外敷正骨散（经验方）

【组成】生地10g，白芥子、白及、续断、制乳香、制没药、大黄各6g，五加皮、骨碎补各4.5g，黄柏3g，肉桂2g，牡丹皮1.5g。

【炮制与用法】共为细末，白酒或醋调敷伤处。

【功用】活血祛瘀，软坚消肿止痛。

【主治】一切新鲜性伤筋疾患，瘀肿疼痛等症。

7. 消肿化瘀散（经验方）

【组成】当归、赤芍、生地、延胡索、血竭、制乳香、红花、大黄、姜黄、鳖甲、茄根、红曲、赤小豆各等份。

【炮制与用法】共为细末，醋调敷伤处。

【功用】活血祛瘀，止痛消肿。

【主治】脱位、伤筋疾患而肿胀显著，瘀血做痛者。

8. 外敷活化散（经验方）

【组成】苏木、红花、制乳香、血竭、丁香各3g，制没药、自然铜（醋悴7次）4.5g，马钱子6g。

【炮制与用法】共为细末，酒或醋调敷伤处。

【功用】活血化瘀，止痛。

【主治】一切新鲜性伤筋疾患，瘀肿疼痛等症。

9. 外敷化筋散（经验方）

【组成】当归、赤芍、制乳香、木瓜各6g，紫金锭、芙蓉叶、金果榄各10g。

【炮制与用法】共为细末，醋调外敷伤处。

【功用】活血软坚，舒筋止痛。

【主治】一切陈旧性伤筋疾患。

10. 外敷壮力散（经验方）

【组成】羌活、独活、杜仲、川芍、牛膝、赤芍、当归、生地、续断、红花、丹皮各等份。

【炮制与用法】共为细末，醋调敷伤处。

【功用】养血生新，强筋壮骨。

【主治】多用于骨折后期。

11. 腾药（经验方）

【组成】当归、羌活、红花、自芷、防风、制乳香、制没药、骨碎补、续断、宣木瓜、透骨草、川椒。

加减：手部加桂枝、郁李仁。

足部加黄柏、茄根。

腿部加牛膝、虎骨。

腰部加杜仲、桑寄生。

胸部加郁金、茵陈。

右胁部加陈皮、枳壳。

左胁部加栀子、降香。

肩部加川芍、片姜黄。

骨折加土鳖虫、自然铜。

兼风寒加厚朴、肉桂。

理气加葱头、天仙藤。

活血加汉三七、木模花。

舒筋加芙蓉叶、金果榄。

【炮制与用法】以上各等份，共为粗末。每用药末120g加大青盐、白酒各30g拌匀，装入白布口袋内缝妥备用。

洗用：煎水、熏洗伤处。每日2次，翌日仍用原汤煎洗，可用5~6天。

腾用：用药袋2个，放入蒸笼内，蒸热后轮换敷在伤处。每日腾1~2次，每次腾1小时即可。用毕将药袋悬挂在阴凉处，翌日用时，再在药袋上洒少许白酒。夏季两药袋可用4~5天，冬季可用6~7天。

【功用】温经通络，活血散瘀，消肿止痛，舒筋接骨。

【主治】一切伤筋疾患，以及陈旧性损伤而兼痹者。

【禁忌】皮肉有破伤，或新鲜损伤而红、肿、热、痛严重者。洗、腾后慎避风寒。

（刘长信 整理）

第三章 董建华

一、董建华简介

董建华教授，生于1918年12月17日，上海青浦县人。中国工程院院士。著名中医学家，中医内科学专家，博士研究生导师。专长于中医内科，尤擅长治脾胃病、温热病。1951~1956年间，曾任上海青浦县城厢区联合诊所所长，中国红十字会青浦分会理事、副会长，青浦县人大代表、常务委员等职。1957年以后曾任北京中医学院温病教研组组长、内科教研室主任，附属东直门医院副院长。1978年晋升为教授。1990年享受政府特殊津贴。曾任第五届全国政协委员，全国科学大会代表，中国中医药学会常务理事，中国中医药学会内科学会主任委员、名誉主任委员，卫生部学术委员会科学委员会委员，第六至第八届全国人大常务委员及教科文卫委员会委员，国家科委中医专业组成员，发明奖特约评审员，北京中医药大学学术委员会主任，中国中医研究院学术委员会委员，光明中医函授大学北京分校校长，中国残疾人联合会名誉理事。

二、董建华院士外感病辨证新体系——三期二十一候辨治外感热病

急性热病主要是指人体感受六淫或疫疠之气所引起的外感发热性疾患。它包括了伤寒、温病、温毒、温疫等，基本上也包括了西医学的急性发热性传染病以及感染性疾病。

已故中国工程院院士、著名中医学家、中医内科学专家、博士研究生导师、全国名老中医董建华教授，业医六十余载，医理渊博，经验丰

富，对温热病的治疗，更为擅长。

（一）学术传承源流

1. 师承上海名医严二陵先生

董建华教授早年拜严二陵老中医为师。严二陵先生是当时闻名于上海的大家之一。入门后第一年，严先生严格要求董建华教授，熟读《内经》《伤寒论》《金匮要略》《温病条辨》以及《脉诀》《药性赋》等中医经典与名著，必须熟背如流。从入门第二年开始，董建华教授跟随严师临证，每天诊治病人百余人。董建华教授跟随严先生学习整整六年后，学成结业，返乡在青浦挂牌行医。当时他还参加了上海秦伯未医师举办的函授班，每次都及时完成作业，秦老也认真负责地修改寄回，常有许多指导性意见，得益良多。

2. 热病研究重在辨证

对于温热病的辨治，过去有伤寒派和温病派之分，产生过不少的争论。伤寒派根据伤寒发热的传变情况，提出了以“六经”辨证为纲，温病派依据温热病病情变化轻重深浅的不同，提出了卫气营血和三焦辨证为纲。这三种辨治温热病的辨证纲要，对认识和治疗温热病，都具有一定的作用。

（1）六经辨证　六经辨证是汉代杰出的医学家张仲景在《伤寒论》一书中提出来的。六经是指太阳、阳明、少阳、太阴、少阴、厥阴六种不同证型。一般说来，三阳证是指人体反应性增强或亢盛而出现的证候；三阴证是指人体反应性减弱或衰弱而出现的证候。

太阳证是指热病初起，病位在表，主要在肺和足太阳膀胱经。临床症状属于表证。但由于人的体质不同，又可分为表虚和表实两类。表虚，证见恶风发热、头痛身体酸楚、颈项强、出汗、舌苔白、脉浮数，治用桂枝汤为主方。表实，证见恶寒发热、头痛身体酸痛、颈项强、无汗、舌苔薄白、脉浮紧，治用麻黄汤为主方。

阳明证是指病邪入里，病位主要在胃肠，是邪热亢盛所出现的证候，临床上可分为经证和腑证两种。阳明经证，症状为高热、大汗出、口大渴、脉洪大有力、舌苔黄燥，治以清热生津，用白虎汤加味主之。阳明腑证，症状为日晡发热、甚则谵语、腹胀痛拒按、口渴心烦、大便秘结、舌苔黄厚而干、脉沉实。治以泻下热结，方用大承气汤主之。

阳明经证和腑证，皆属于里实热证，可由太阳证由表入里传变而来，也可在疾病初期随即出现，病势比太阳证为重，常是太阳证的进一步发展。

少阳证病在半表半里，病位主要在肝胆经络，是邪正交争于半表半里所出现的证候，症状为寒热往来、口苦、胸闷、干呕、头眩、胁痛、不思饮食、舌苔白或黄白相兼、脉弦等。治宜和解少阳，方用小柴胡汤或蒿芩清胆汤加减。

少阳证可由太阳证向里传变而来，也可由阳明证出表传变而来。

太阴证主要是脾胃虚寒证，临床表现为腹满而痛、喜暖喜按、呕吐清水、四肢乏力、泄泻、纳呆、口不渴、舌质淡、苔白而滑润、脉缓弱。治宜温中祛寒，以理中汤为主方。

少阴证为六经病变发展过程中的严重阶段。病入少阴，人体生理功能明显衰退，病势较重。在临床上常见的有阳虚与阴虚两种证候。少阴阳虚主要病变是肾阳衰微，证见怕冷、四肢厥冷、蜷卧、腹满腹泻、食而不化、舌淡苔润、脉微细。治宜回阳祛寒，方用四逆汤主之。少阴阴虚，是由邪热耗伤脏腑津液而成，其中以心肾阴液亏损为主，证见心烦、失眠、咽痛口燥、胸闷、舌红、脉沉细。治宜育阴清热，方用黄连阿胶汤主之。

厥阴证临床表现比较复杂。一般说来，这是邪正交争的终末阶段。这时人体正气很弱，致使体内阴阳失于正常的调节功能，同时病邪亦已衰退，所以正气有开始恢复的趋势。因而厥阴证多见于疾病的晚期或恢复期。其临床症状为寒热交错，常见手足发冷与身热交替出现，并有心中烦热、不思饮食、气往上冲，或有呕吐，或呕吐蛔虫，或伴腹泻，舌质红，脉弦细。治宜调理寒热，佐以和胃，常用方为乌梅丸。

三阳证多发生在疾病的初期、中期和极期，三阴证多发生在疾病的极期、晚期和恢复期，三阴证多由三阳证传变而来。一般传变的规律是：太阳→少阳→阳明→太阴→少阴→厥阴。由浅入深，由轻到重地发展。若正气渐渐恢复，病邪不断衰退，最后发展到厥阴证，可向痊愈转化。但是，六经之间是一个互相联系，互相制约的整体，并不是孤立地存在的，也不是绝对地按照顺序传变的，有时寒邪可以直中少阴而出现少阴阳虚证。因此，我们必须对疾病的临床表现，进行全面的、仔细的观察，加以分析、综合、比较，然后才能做出正确的判断。

（2）卫气营血辨证　卫气营血辨证，是清代温病学家叶天士根据《内经》卫气营血学说和《伤寒论》的有关理论，结合自己丰富的实践经验，创建的学术流派，它丰富与发展了温热病辨证的内容。卫气营血辨证就是将温热病病变发展过程和病势轻重浅深划为四个阶段。病在“卫分”比较轻浅；病在“气分”则稍重；病在“营分”为病重；病在“血分”为最重，用以说明病变的部位，各个阶段的病机和疾病传变的规律，为临床治疗提供依据。

①卫分证：临床证见发热、微恶风寒、头痛、身痛、咳嗽、汗出或少汗，舌苔薄白，脉浮。其病位在表、在肺，病势较轻。若正气衰弱，正不胜邪，则病势进一步加重，常由卫分转入气分，也有少数病例不经气分而直接传入营分、血分，出现神志昏迷的心营证。

②气分证：既可由卫分传入气分，也可因营分、血分好转后传出气分。临床表现为高热不恶寒、不口渴、汗出、谵语或狂躁不安、腹胀腹痛、尿黄量少、便结、舌苔黄、脉滑数。其病位在肺、胃、肠、脾等脏腑。若是从卫分传入气分，表示病情加重；若是由营血分而出气分，则表示病情减轻。

③营分证：病由气分转入而来，也有从卫分直传营分的。临床表现为发热、夜间尤甚、烦躁不安、难以入眠、口干、皮肤出疹、谵语、四肢抽搐、神志不清，重则昏迷、舌质红绛而干、苔少或无苔、脉细数。其病位在里，主要在心肝两脏。亦有由于热势猖獗而热极生风。营分证是表示病情较重。

④血分证：病邪由营分转入，病势更重，临床证见高热不退、夜间增高、口干不渴，精神萎靡、神志不清、狂躁、谵语、四肢抽搐、皮肤

有出血斑点，或见吐血、鼻血、便血等候，舌质红绛而干，舌光滑无苔，脉沉细数。其病在里，主要在心、肝、肾三脏，是病势危重的阶段。

总起来说，卫气营血的证候，最浅的是卫分，最深的是血分。一般传变规律是卫→气→营→血，由轻到重，由浅入深，由表及里地发展。这叫顺传。但也有少数病例，或由卫分直接传入营分而出现心营证，这叫逆传。此外，还有在发病初期就出现气分或营分证，或者卫分证未除，气分证已到，或者气分、营分、血分的证候同时出现。因此，在临床辨证时，必须灵活地观察病情的变化。

（3）三焦辨证　三焦这个概念，最早出自《内经》。《内经》将人的躯干所辖的脏腑，划分为上中下三部分，称之为“上焦”、“中焦”、“下焦”。上焦是指咽喉至胸膈部位，包括心肺在内；中焦是指膈下、脐部以上的脘腹部位，包括脾胃等脏腑；下焦是指脐以下部位，包括肾、膀胱等脏腑。如《灵枢·营卫生会》指出：“上焦出于胃口，并咽以上贯膈而布胸中，……中焦亦并胃中，出上焦之后，……下焦者，别回肠，注于膀胱而渗入焉。”

清代著名的温病学家吴鞠通，根据《内经》提出的三焦理论，结合自己长期临床实践的经验，系统地阐述了三焦所属脏腑在温病过程中引起的病理变化，并以三焦学说作为辨治温热病的纲，以此来概括证候的轻重、病情的深浅以及所病的部位，然后对证施治。这同张仲景《伤寒论》以六经为纲，同叶天士以卫气营血为纲一样，对指导临床实践，都具有十分重要的现实意义。

①上焦症状：吴鞠通说：“凡病温者，始于上焦，在手太阴。”“太阴之为病，脉不缓不紧而动数，或两寸独大，尺肤热，头痛，微恶风寒，身热自汗，口渴或不渴而咳，午后热甚。”这一系列的症状，多出现在温热病的初期。若继见神昏谵语，舌绛等症，则为邪陷心包。可见上焦病候，主要包括手太阴肺和手厥阴心包二经的病变。

②中焦症状：吴鞠通说：“面目俱赤，语声重浊，呼吸俱粗，大便秘，舌苔老黄，甚则黑有芒刺，但恶热，不恶寒，日晡益甚者，传至中

焦，阳明温病也。”吴氏认为这些症状是中焦温病的典型症状。临床如见头重身痛、胸闷不饥、午后身热、舌苔白腻、脉濡等，属湿温病，是足太阴的特征。中焦的病候，主要是指足太阴脾、足阳明胃和手阳明大肠三经的病候。

③下焦症状：吴鞠通认为：凡汗下后，或热久不退，脉尚躁甚；或汗后脉虚大，手足心热；或汗后舌绛，神昏耳聋；或阴液将涸，而出现厥、哕、痉等，以及脉结代，心烦不得卧等等，多为温热病后期病变，由于肝肾阴虚所造成的，所以他都归在下焦的范围。下焦的病候，主要是指足少阴肾和足厥阴肝二经的病变。

三焦所属脏腑证候的传变，标志着温病发展过程中的三个不同阶段。其中，上焦手太阴肺的病变，多为温热病初期阶段；中焦阳明胃（包括脾）的病变，多为温热病的极期阶段；下焦是足厥阴肝、足少阴肾的病变，多为温热病的末期阶段。其传变过程，一般多自上而下，由上焦手太阴肺开始，由此传入中焦为顺传。由肺而传入心包为逆传。中焦病不愈，则多传入下焦肝肾。如吴鞠通在《温病条辨》中讲的：“肺病逆传，则为心包；上焦病不治则传中焦，胃与脾也；中焦病不治即传下焦，肝与肾也；始上焦，终下焦。”但这是一般的演变情况，并不是固定不变的绝对规律。如何鉴别这些传变，应当根据临床所见症状为依据。

叶天士的卫气营血辨证，是从横的方面划分了病邪所在位置的深浅，而吴鞠通三焦辨证则自上而下从纵的方面论述了温邪的传变以及病情的轻重，故而后世对叶、吴二家有“一横一纵”之称。

由此可见，三焦辨证确实是临床治疗温热病的辨证纲领。否定三焦学说，认为它对温病的防治没有什么实践意义的论点是缺乏科学依据的。

（4）三种辨证方法的共性　六经、卫气营血和三焦这三种辨证理论，都是中医治疗热性病的辨证方法。过去，某些医家把寒、温两大学派对立起来，局限于某一种辨证方法，这是不够全面的。其实，温病派是伤寒派的继续和发展。六经、卫气营血和三焦辨证三者之间，是有不少共性的。

①病情性质方面：这三种理论所提示的病情性质大体上是相吻合的。比如，伤寒化热，阳明燥热亢盛于内或外蒸肌肉而见壮热、汗大出、大烦大渴、脉洪大等症，同卫分温病不解，热邪传入气分证以及中焦气分证是一致的。

②受邪深浅方面：温热病的这三种辨证方法，都能预示病邪的深浅。如邪在太阳、卫分、上焦，病变在表，受邪较轻；如邪在厥阴、血分、下焦，病变在里，受邪较重。

③传变过程方面：六经、卫气营血、三焦理论，都说明疾病的传变过程。如六经认为病的传变是由“太阳→阳明→少阳→太阴→少阴→厥阴”；卫气营血理论认为病的传变过程是“卫之后方言气，营之后方言血”；三焦学说则认为病变的过程是从上至中及下，由浅入深，由表及里的传变过程。

④病变部位方面：如“凡病温者，始于上焦，在手太阴”，同“温邪上受，首先犯肺”的说法也是一致的。

当然，三者之间的差别也是存在的。主要是因为受邪的性质不同，因而在病变过程中疾病的转归也是不同的。如寒为阴邪，易于伤阳，临床上伤寒以伤阳、亡阳为多见。温为阳邪，易于伤阴，临床上温病以伤阴亡阴为多。

（二）学术创新和理论创新

1. 继承中求发扬与创新

（1）师承前贤，不拘一派　董建华教授力求对《内经》《伤寒论》等古典原著准确加以理解，阐明其临床应用的指征，并努力挖掘热病专著，深入研究古今热病专家的学术思想，其论证治则，上溯仲景之旨，下取明清诸家之法。观其立法用药，善取众家之长，不偏一派之论。在继承总结中医学家临床治疗经验的基础上使之发扬光大，不仅对古代热病专著进行整理研究，同时注重对近代、现代热病专家的临床经验加以总结。

热病医案为热病临床之精华所在，叶天士、王孟英、吴鞠通等温病大家的医案，已成为后世热病临床研究思想的重要源泉，董建华教授从中吸取了丰富的营养，从理法方药不同的角度加以分析，探索其共性的规律。通过辨证求因，然后确立施治法则，灵活用药，做到宗古人之法，不泥于古人之方，创立出自己独特的经验。

（2）详辨热象，审因立法　温热之邪，证情急骤，变化瞬息。董建华教授指出：发热是各种温病的共同症状。各种温病均有比较典型的热象，大多呈急性或亚急性，并常伴有阳热亢盛表现，这与内伤发热有显著不同。温病后期，由于余邪未清，气阴亏虚，也可以出现类似内伤发热的虚热或虚中挟实证，但二者是截然不同的。他根据自己40多年来的临床实践，把各种热象概括为：①一脚热：热势一开始就很高（39℃以上），久不下降，而且每日波动不逾1度左右。②起伏热：就是体温时高时低，时起时伏，伏时不降到正常，起时可达39~40℃左右。③定时热：就是发热有一定时间，或日发一次，或两日一次，发热期与无热期交替出现，有一定规律性。④往来热：就是寒时不热，热时不寒，交替出现，界限分明，无有定时。⑤灼热：就是热似火烧灼，体若燔炭，手足如烙，热势很高。⑥低热：就是热势略高于正常体温，常在37.5~38℃之间波动。一般而言，一脚热常以春温、暑温、温毒、风温等病为多见；起伏热以疟疾为多见；往来热可见于各种温病之邪入少阳膜原或病在半表半里时；灼热多见于伏气温病、阴精内亏，或诸温热毒，内陷心营之时；低热常在温病后期，余邪未清，阴津内伤，或肝肾阴虚，虚多邪少时见之为多。

董建华教授还经常告诉我们：治疗温病，还应随时注意汗之有无，泄汗多少，有无气味，以及汗出时身体反应如何等。如：①无汗：在温病中常见有两种情况，一为寒邪束表，肺卫被遏，腠理闭塞；一为邪热入营，阴津耗伤过多，以致不能作汗。②微汗：就是周身漐漐有汗，为邪郁肺卫，其病在表，邪有外越之势。③大汗：就是汗出淋漓，多为暑热内蒸，迫津外泄而致。④臭汗：就是汗气酸臭，多为湿热之邪，恋于气分，缠绵不解，蒸郁肌表，虽有汗出，但流不畅，湿热有外透之势而未得宣扬。⑤黏汗：就是汗多黏而似油，多见于温热病后期，正气大伤，阳不敛阴，阴阳两脱，精气将尽，多系危重之证。⑥战汗：就是发热时，身先战栗，而后出汗，多为温邪侵入气分，正气与之抗争，一般可出现两种情况，一为正胜邪却，一为正气虚弱，热邪内陷。所以遇见战汗，应视具体情况，分别处理。他认为掌握各种不同热象和汗出的情况，对于辨别温病的证候，判断病情，预测转归，都至关重要。

（3）注重养阴，慎用辛温　温病属于感受温热时邪而起，易于化燥伤阴。针对这种现象，董建华教授历来主张，治疗温病，必须以凉润救阴为主，绝对不能妄用辛温发散。他认为若误用麻桂辛温之品，则温邪愈炽，尤似火上加油，或是耗劫阴液，或化火而动风，变证莫测。在这方面，董建华教授既十分欣赏喻氏的名言："病温之人，邪退而阴气犹存一线者，方可得生"，又倍加推崇王孟英的观点，"热病未有不耗阴者，其耗之未尽则生，尽则阳无留恋，必脱而死"。董建华教授指出：阴液的存亡，对于温病的预后有着决定性的意义，确实是"存得一分津液，便有一分生机"，挽救阴津在温病的治疗中是非常重要的法则。从上述这种指导思想出发，董建华教授在临床治疗中，大多予以辛凉之品，鲜用辛温之味。在养阴方面，常用生地、玄参、沙参、麦冬、玉竹等生津增液之药；若遇温病兼有寒湿的，仅用香薷、荆芥、淡豆豉等微温透表之类。

（4）调理脾胃，培育根本　温病后期的调理，具有很重要的意义。调理得当，则病体恢复健康迅速，调理不当，则病多迁延难愈。董建华教授对温病后期的调理，十分重视脾胃的培补，或健脾益气，或滋养胃阴，或嘱以饮食调理，因病而异。用药喜选山药、扁豆、粳米、白术、谷芽、麦芽、沙参、石斛等品，在使用调补药物时，又十分注意有无余邪，若有余邪则必加入祛邪之品。因此，董建华教授所治温病，疗效捷而康复快。

2. 创立外感病辨治新体系

（1）急性热病临床研究的基本原则　坚持辨证论治和整体观念是急性热病临床研究的基本原则。因为只有这样才能体现中医理论对临床的指导，只有这样才能突出中医特色。祖国医学对疾病的认识是着眼于宏观的，它不仅强调致病邪气的作用，而且注重四时气候、地理环境和人体素质的差异。例如，同样是感冒，由于季节不同，冬季多风寒，春季多风热，夏季多夹湿，秋季多兼燥，治疗用药是截然不同的。同样是冬温，由于患者体质的差异，疾病的发展、转化就不同，阴虚者易热化，阳虚者易寒化。同样是流行性出血热，南方一些单位，多以卫气营血辨证，用温病方；北方一些单位，则以六经辨证，用伤寒方，方药虽异，但均收到较好疗效。如此等等，不胜枚举。所以，在急性热病的临床研究中，如果不按中医理论辨证论治，一律采用固定方药，是难以取得预期效果的。但是，我们并不否认疾病本身的规律性，而且相信，随着临床研究的深入，一定会慢慢摸索出急性热病的规律，从而制定出总的治则和基本方药，再参以天时、地理以及个体差异情况，进行灵活加减用药，必能取得满意疗效。这样才能做到既有规律可循，又不失中医辨证论治的精华。我们认为，要想提高疗效，关键是提高辨证论治水平。

从中国医学史来看，每当一种新的辨证论治方法出现时，临床疗效就有一次突破性提高，从六经辨证到卫气营血辨证就是一个明显的例证。叶天士在继承《内经》《难经》、仲景学说的基础上有了新的发展，他所建立的卫气营血辨证，使温热病的疗效有了新的突破。这就启示我们对急性热病的临床研究仍应从如何提高辨证论治水平人手。

从现代临床实践来看，不提高辨证论治水平，疗效就无法提高。现在临床上有一种现象，只要遇到发热或有感染迹象的患者，不经辨证，就投以大队清热解毒之品，而且似乎药量越大越有效，于是银花、连翘、蒲公英、板蓝根等全部用上，结果适得其反，由于过用苦寒，损伤胃气，降低了人体抵抗力，反而使病情缠绵。在我们接诊的患者中，这种例子屡见不鲜。临床实践证明，轻清宣透之剂，对急性热病确有较好疗效，我们留心一下治疗热病的叶天士、薛生白、吴鞠通、王孟英诸家医案就会发现，他们的高明并不在于药量大，而在于辨证准确用药精妙。所以要想提高辨证论治水平，必须认真钻研中医理论，熟练掌握和运用中医的四诊八纲、治则方药等，否则将茫然不知所措。提高辨证论治水平要在中医学的思路上发展，即继承中发展，学习中提高，使辨证论治更加精确，更能体现整体观。特别是在现代科学日新月异的情况下，中医如何利用现代科学仪器，值得探讨。例如，脉图等仪器，如果不从中医理论考虑，不辨气血阴阳、脏腑虚实仅从心脏的排血量、血管的紧张度来讨论浮、沉、弦、滑等脉象，这样就无法指导临床治疗和用药。当然，我们并不反对借助现代科学仪器。借用现代仪器检查，可以丰富中医的检查诊断材料，无疑对我们科研医疗工作也是有参考价值的。如当患者肢端在微循环显微镜测定仪里显示了血流瘀滞的状态时，尽管病人在外尚未表现出瘀血的征象，但在治疗时就可以考虑配合活血化瘀法则。至于采用哪种活血的治法，还必须根据中医理论，运用四诊八纲进行分析辨证。如果是气虚引起的，则用补气活血法；若是气滞引起的，则用行气活血法；若是血虚引起的，则用养血活血法。总之，针对不同原因，进行病因治疗，就可以达到消除瘀滞的目的，这也就是中医讲的“治病必求其本”。所以笼统地讲活血化瘀是不确切的，也不能反映具体的病机所在。而中医辨证论治的科学性，就在于“具体病情，具体分析，具体对待”。

由于历史的原因，中医治病特别注重宏观方面，重视观察分析症状，在微观检查方面有所不足。今天，正是应该在现有条件下，逐步建立客观检查法。但是，这种检查仍应符合辨证施治精神。以热病汗出异常为例，有大汗、微汗、盗汗、头汗等，能否研制一些客观指标呢？我们认为，随着现代仪器装备日益先进，是完全可以实现的。

（2）急性热病临床研究的基本方法和主要内容

①临床研究的基本方法

观察对比法：此法是中医认识热病规律的主要方法之一。所谓观察，并非仅凭视觉了解，而是运用四诊，对症、因、脉、舌诸方面，搜集和积累大量资料，再加以分析、综合、抽象概括，便可以对疾病的发生发展获得本质的认识。所谓对比，是指控制两组以上的事件（方法或方案）的可变因素，只保留一个可变因素来分析后果与原因的关系。对比的双方必须具有可比性，即类属本质是相同的。例如可以比较不同方法，不同方案，不同方药而不能用方案与方药比较，或者用方法与方药比较。在对比的双方中，必须维持条件的对等和相同，同时要保证对比双方的随机性，即使二者的机会均等。观察对比法，主要用于观察某种方法、某一方案的效果。观察和对比是不能断然分开的，常常是对比中观察，观察中对比。我们体会，该法是中医临床科研行之有效的方法。

症状体征评分法：我们考虑到急性热病症状多、变化快，故采用对主症、舌、脉等加以评分的办法。评分的标准以具体症状体征而定，如发热：自觉发热记1分，体温37.5～38℃记3分，38.1～39℃记4分，39℃以上记5分；腹痛：微痛记1分，可忍记2分，不可忍记3分……然后合计症状体征分数，作为病情总分。分数少，表示病情中等，根据疗前疗后病情分数的变化，来判断病情的轻重程度与预后转归。传统的中医病案，对病情的记录多重视采集阳性症征而略于阴性症征，且往往以“治愈”、“显效”、“好转”、“无效”等来笼统地评价疗效，这在很大程度上影响了临床科研观察对比的准确性。症状体征评分法使临床观察对比更加具体化、直观化，增加了病情的可比性和疗效评定的准确性。故这是一种简便易行的好方法。

全面综合法：中医的整体观念孕育着综合法的思想。在诊治急性热病时，必须综合四诊所得的各种资料。例如，我们重视热象变化，同时也注意其他症状、舌苔、脉象的变化。对自觉症状的有无、改善与否，也要作为疗效判定的内容，在判定某种病的疗效（或判定某种方法的价值）时，必须全面地综合病变经过、病情转变、病程长短、症状变化、预后等各方面的情况，这样才能使结论较为可靠、全面。

②急性热病临床研究的主要内容

进一步认识急性热病的规律：有关急性热病，历代医家已经积累了大量的经验，这些经验，是我们进一步提高认识的基础。事物是发展的，时代在前进，疾病也不断在变化，这就要求我们在当今时代更深刻地认识热病的规律。我们应仔细观察，大量积累资料，以发现现代急性热病的新特点。这就要从两个方面进行研究：一是对各种热病共性的认识，二是对某一具体热病特殊规律的认识。

对不同辨证方法加以对比研究：热病的辨证方法颇多，如八纲、六经、卫气营血、三焦等，究竟哪种方法切合实用，这要靠扎扎实实的临床观察对比研究来说明。近年来，我们根据热病的特点，综合了多种辨证方法，制定了“三期二十一候”的辨证方法。当然这种方法，是否切合热病临床？也要通过临床进行对比研究，目前我们正在做这方面的工作。

对某一热病的不同辨证论治方案进行对比研究：前已述及我们不是片面追求一方一药的疗效，而是寻求一个最佳辨证论治方案，这个方案实际上是中医一套系列治疗方法。在中医理论指导下，设计对同一热病，如风温、暑温、伏暑等的不同辨证方案加以比较，通过对比研究，逐步摸索出最佳辨证论治方案，这正是我们从事急性热病研究工作者急待完成的任务。

同一方案中的对照研究：不仅适用于不同方法、不同方案的比较，而且也适用于同一方案中同等条件下、不同方药的比较。根据辨证可以确定治法，根据治法来选方用药。同一治法常常可选不同的方药，用哪个方为主，用哪味药更好，也是一个研究的课题。

对专家和名老中医辨治急性热病的经验加以研究：我们今天能够学习到的古人对于急性热病的认识，来源于历代医家和热病作斗争的实践。总结、验证、提高历代名医的经验，必能提高辨治急性热病的水平。对于当代名医更应该如此，因为他们的理论和经验中体现着时代的特点。首先应将其经验系统化，然后找出适用范围、应用指标。这不仅能提高急性热病的辨治水平，更有利于继承老中医的学术思想。近年来，发表了不少总结老中医学术思想的论文，这些论文应视为科研成果，因为这些论文是进一步科研的基础，属阶段性成果。其次，即可进行进一步的临床验证和基础实验研究，使之得到验证、提高。

（3）急性热病临床研究的初步设想　我们草拟了对急性热病临床研究的初步设想，最基本的思路是，既要体现中医特色，又要符合自然科学的研究方法。是否恰当，尚须通过临床研究，进行检查验证。有关急性热病的辨证治疗，目前国内各地有宗八纲、有宗六经、有宗三焦和卫气营血、有宗脏腑、有以辨证论治与定型方药相结合、有倡以清热解毒为主等等，各有千秋，都取得一定成绩。为了摸索统一的热病证治规律，我们初步设想，依据中医外感学说的基本理论，将急性热病的辨证法则统一起来，以便通过临床实践，探讨其证治规律，为基础理论研究、实验研究创造条件。

因为从辨证方法上看，伤寒的六经，重在表里转变，也分上下；温病的三焦和卫气营血，重在上下，由浅入深传变，也分表里。中医的基本理论以脏腑为核心，在表里上下方面均有联系。我们通过临床实践，将伤寒与温病熔于一炉，合为一体，吸收“六经”和“三焦”的长处，提出以八纲辨证为基础，选用卫气营血辨证的分析方法，把热性病分“表证”、“表里证”和“里证”三期，三期里面再分为21个证候，以便通过临床实践，探讨其证治规律，为基础理论研究创造条件，以指导各种热性病的辨证治疗。

①表证期

表证指病邪尚浅，居于卫分，病在皮毛，以肺卫症状为主。临床可见恶寒、发热（卫分）、鼻塞、咳嗽。以解表宣肺为治疗总则。但亦应根据所感病邪之不同，脉象、舌苔和症状的差异灵活处理。一般可分为：表寒、表热、表湿和秋燥（肺燥）四种。

表寒证：以恶寒无汗为主症，根据口不渴、舌润可与表热证加以区别。此证脉多浮紧，舌淡红，苔薄白，应予辛温解表，常用荆防解表汤主之。

表热证：咳嗽突出，兼有轻微发热，微恶寒或短暂恶寒，咽干，脉浮数紧。按照《温病条辨》上讲的咳重热轻者，桑菊饮主之。若热势高，咳嗽不重，咽干疼，渴能饮，舌边尖赤，苔微黄，脉数者，治宜辛凉解表，方用桑菊饮或银翘散加减。

表湿证：除恶寒发热外，并见头重身困，胸脘饱闷，脉濡，苔腻等湿象，治宜透表逐湿，予羌活胜湿汤或藿香正气散加减主之。

秋燥（肺燥）证：又分温燥和凉燥两种。温燥则见口、唇、鼻、咽均觉干燥，咳嗽无痰或少痰甚至带血，痰液黏稠难咯，脉细数涩，舌少津等一派燥象，治以辛凉清润，桑杏汤加减主之。凉燥者温燥症状不重，且伴有恶寒，治宜辛散为主，佐以清润，杏苏散加减主之。

②表里证期

表里证有两种含义，从温病卫气营血辨证来看，属于卫、气之间，就是“邪在膜原”；从伤寒六经辨证来看，属于少阳证。病邪在此阶段既不能汗也不能下，须用和解法通达表里以祛邪外出。当然，表里同病也可用表里双解法治疗。

半表半里：寒热往来、口苦、胸闷、干呕、头眩、胁痛、不思饮食或听觉不聪、舌苔白如积粉、厚腻或黄腻、脉弦数。治宜和解表里，方用小柴胡汤或蒿芩清胆汤加减。

表寒里热：寒热、口渴为主、咳逆、气短、无汗或少汗、苔黄白相兼、脉浮数。治宜清热宣肺，常用麻杏石甘汤加减。

表里俱热：身热、渴喜冷饮、便秘、目赤、咽痛、头眩、口疮唇裂、尿赤、口渴、舌质红、中心或白或黄、舌苔多黄或腻、脉数。治宜透热清里，方用凉膈散加减。

③里证期

里证期是正不胜邪，病邪已经入里。病在气分，出现肺、脾胃、大肠、肝胆等症状。可分别运用清热、生津、通下、利胆、化湿等法。气热入营，则见气营两燔，治宜清气凉营；热在营分、血分，出现心、肝、肾症状，可用清营、凉血、开窍、熄风等法；正气虚衰时，益气、回阳、滋阴等法，亦可随证应用。里证范围较广，内容较多，它包括了气、营、血等方面的病症，具体的可以分为如下几种。

气分热结：症见壮热、大汗出、口大渴、脉洪大、舌红苔黄燥无津。治以清气生津，方用白虎汤加石斛、芦根、花粉之类；津伤严重者，加西洋参或沙参。

气热腑结：症见壮热、大汗出、口大渴、唇干、便秘、腹痛、有时谵语、苔灰黑而干舌红、脉沉细无力，应予增液承气汤增液通腑。若脉细而有力，说明津液未伤，可予三承气汤。

温热壅肺：症见身热恶寒、汗出口渴、咳喘气急、胸胁满闷、咯痰黏稠或白或黄或如铁锈、舌质红、苔黄，脉滑数。治宜清肺化痰，方用清肺饮主之。

湿热困脾：湿重于热者，热象不高、口黏干呕、胸闷身倦、小便不利、舌红苔白腻、脉濡细。治宜芳香宣气，可予三仁汤或藿朴夏苓汤加减。热重于湿者，热势较高、口渴胸闷、溲赤、脉濡数、苔黄腻、治宜清热燥湿，用连朴饮加减主之。湿热并重者，热势不高、口渴不能多饮、汗出、小便短黄、大便溏而不爽、苔黄腻、脉濡数，治宜清热利湿，黄芩滑石汤加减。

肝胆湿热：症见发热口苦、午后热甚、心烦口苦、脘痞腹胀、胁痛如绞、呕吐便秘或身目发黄、舌苔黄腻、脉滑数。治宜疏肝利胆、分消湿热，方用大柴胡汤和茵陈蒿汤加味主之。

膀胱湿热：症见身热口渴、尿频急而痛、淋沥不畅、溲短赤甚则带血、苔黄腻而干、脉滑数。治宜泄热利尿，常用八正散加减主之。

湿热痢疾：症见身热口渴、下痢腹痛、里急后重、便下脓血、肛门灼热、苔黄腻、脉滑数。治宜清热解毒、燥湿止痢，方用芍药汤加减。

气营两燔：症见壮热、口渴、汗出、心烦不眠、舌绛苔黄干、脉洪数。治宜清气凉营，清气凉营汤主之。

邪热入营：气热入营，可见灼热、心烦、不眠、有时谵语、舌红绛而干、脉沉细而数。治宜清营透热，清营汤主之。

邪热入心：症见神昏谵语、身热灼手、烦躁不安、痰壅气粗、舌强短缩、舌质红绛、苔黄燥、脉细滑而数。治宜清心开窍，清宫汤主之。

热极生风：症见壮热神昏、躁扰昏狂、手足抽搐、颈项强直、角弓反张、牙关紧闭、直视、甚则厥逆，舌绛、苔黄少津、脉弦急而数。治宜凉肝熄风，方用羚角钩藤汤主之。

阴虚动风：神昏嗜睡、手足蠕动、口渴齿燥、目陷睛迷、措空理线或循衣摸床、舌绛少苔或光绛无苔、脉细数无力或细促。治宜滋阴养血、潜阳熄风，方用大定风珠。

血热发斑：壮热口渴、心烦躁扰、皮肤发斑、斑色紫暗、呼吸气粗、或有吐血、衄血、舌红绛、苔黄燥、脉数。治宜凉血解毒化斑，化斑汤主之。

阴竭阳脱：口干咽燥目陷、神昏手足蠕动或躁动不安、四肢厥逆冷汗出、呼吸急促或呃逆、舌光红少津或淡暗、脉微细欲绝。治宜益气滋阴、回阳固脱，生脉散加味和加味参附汤主之。

（三）临床应用与全国的学术影响

1. 科研成果硕累累，探幽索隐求精深

董建华教授十分重视科学研究。外感发热是个常见的病症，自抗生素问世以来，它的病死率曾大幅度下降。但长期应用抗生素的结果，使细菌逐渐适应，耐药菌株愈来愈多。虽然不断研究新的抗生素，但仍不能解决耐药菌株的问题。而且随着时间的推移，抗生素品种增多，它的毒副作用、过敏等弱点日趋明显。对病毒性感染，则大部分抗生素无效。在这种情况下，发挥中医学优势治疗本病，很有必要。但由于历史的原因，客观条件的限制，中医治疗本病的系统化、规范化不够。在分析了这些情况后，董建华教授决定选择外感热病中较常见的“风温肺热病”为突破口，确立了“风温肺热病辨治方案及证候疗效评分法”的课题，由北京中医学院东直门医院与全国北方热病协作组共同完成了“风温肺热病辨治方案及证候疗效评分法”的研究。本研究是应用系列辨证方药的方法，按照标准方案，共治疗335例风温肺热病，并与西药抗生素相对照，结果表明：中医治疗风温肺热病的疗效与抗生素相当而无毒副作用，有效率达89.6%，更重要的是创立了热病症状体征评分法，用以评定疗效，使治疗前后有了科学、严谨的比较，对今后热病研究具有较大的意义。本课题获1986年卫生部乙级重大科技成果奖。他们共同完成的“温热病中医辨证规范化的临床与实验研究”部级中标课题，即把温热病分成三期二十一候，经有近千例病例的验证。并且由董建华教授主持完成的《急性热病辨证规范临床与实验研究》获得了北京中医学院二等科技成果奖。

温病营分证是临床常见的急性感染性疾病的急重症。目前，国内外较普遍地应用抗生素治疗虽有一定疗效，但也有相当的毒副作用。除了损害有关脏器外，还会增加某些微生物的抗药性。近30年来，我国发挥中医药优势治疗温病营分证，取得了较大成绩。为了进一步提高疗效，揭示中药治疗原理，我们热病组根据董建华教授的经验，自1986～1989年，对董氏凉营透热法进行了较系统的临床观察及实验研究，目的在于确立本法在治疗温病营分证中的作用，探讨其原理。结果表明：董氏凉营透热法是温病营分证的有效疗法。叶天士提出的“透热转气”乃入营证的治疗大法，其后吴鞠通分三焦论治，创“清营汤”，将叶氏之法寓于方药之中。董氏凉营透热法是以董建华教授用药经验为特色的治法，是凉营和透热的合法。该法继承了叶氏“透热转气”及吴氏“清营”的经验，但用药超出了叶吴范围。董建华教授认为，叶氏说的透热转气的“透”，“就是在清解营热方剂中，配伍轻宣气热、芳香开透之品，或兼佐消导、化痰、祛湿、通腑、行瘀之品，宣通气机，使邪热有外透之机，达出气分而解”。故在用药上不限于清营汤中的银花、连翘、竹叶。而认为凡能排除障碍，宣畅气机，令营热有出路而外透的治疗，皆属透热之列，如化湿透热、通腑透热、散血透热等。实践证明，本法具有显著的凉营养阴、活血透热的功能，总有效率达96%，是一种较为理想的疗法。本研究荣获北京市科技进步三等奖，并获卫生部科技成果二等奖。

同时，董建华教授还撰写、编著、编审了论文及专著1000余万字。如代表著作有：《中国现代名医中医医案精华》《内科心法》《实用中医心理学》《温热病论著》等。代表性论文有《当代中医发展的几个重大问题》《浅论热性病临床治疗规律》《临证治验琐谈》《尊重中医科学，发展中医事业》《师古不泥古，古方赋新义》等。

因为有上述出色的业绩，东直门医院热病课题组在董建华院士的带领下，长期担任全国热病协作组组长单位，全国中医内科热病专业主任委员单位，全国中医内科呼吸专业委员会副主任委员单位，主持完成了《中华人民共和国行业标准（ZY/T001.1～94）《风温肺热病诊疗标准》、国家中医药管理局北方热病协作组《风温肺热病（下呼吸道病毒感染）诊疗标准》等多部规范。

2. 近十年的临床应用与科研成果

在1998年我国北京地区流行性感冒广泛流行期间，东直门医院呼吸热病科在董建华教授辨治温热病三期二十一候理论指导下，遣方用药治疗流感患者17万人次，取得了显著的疗效。当时热病课题组根据我国北方地区冬春季节气候寒冷、天气变化无常以及人们的生活环境与饮食习惯等特点，认为北方地区流感“表寒里热证”居多，治疗必须内外兼顾，表里同治。由此制定了“解表清里”的治疗法则，拟散寒清热法，在抗击流感的工作中获得了满意的疗效。根据不完全统计，当时治愈率可达90%以上，充分发挥了中医药治疗流感的优势与特色。

为了验证并科学评价“散寒清热法”治疗“表寒里热型”流行性感冒的临床有效性以及安全性，自2005年1月至3月以及2005年11月至2006年4月期间，我们呼吸热病课题组，根据近年来北方地区气候变化特点以及流感的病因病机特点，再结合过去和近年来我们课题组治疗流感的经验，拟具有散表寒，清内热作用的“抗流感免煎颗粒剂”治疗表寒里热型流感患者62例，与西药利巴韦林片治疗组61例进行随机、设盲、平行、对照的临床研究，结果表明：抗流感免煎颗粒剂组疾病愈显率达91.67%，显著高于西药利巴韦林组（愈显率为20.00%）；在中医证候疗效与主要症状疗效方面，抗流感免煎颗粒剂组疗效亦显著高于利巴韦林组；抗流感免煎颗粒剂组退热幅度明显大于利巴韦林组；抗流感免煎颗粒剂组能够显著地改善流感患者的症状积分，其作用明显优于利巴韦林。从而科学地评价了散寒清热法治疗表寒里热型流行性感冒的临床有效性，为进一步开发治疗流感的广谱、高效、安全、便捷的中药新药提供了临床依据。

3. 教书育人德高尚，桃李满园继开来

1957年董建华教授调入刚刚组建的北京中医学院，担任温病教研室主任，他亲自编写教材，为学生讲课。他认为温病不应该是基础课，而应列为临床课的一部分，主张把学生带到临床上，尽早给他们提供实践的机会，要“多临床，早临床”。

1963年，董建华教授调到附属医院东直门医院任内科教研室主任。

他要求学生临床实习要做到思路清晰，辨证准确，理法严谨，用药精当，一丝不苟，养成扎实、刻苦、求精的学风。他还收徒数人，在大学本科毕业之后，按传统师承培养的方法，造就出一批中医临床基本功扎实的医教研骨干人才。

1978 年恢复研究生教育以来，他成为中医界最早的博士生导师之一，担负起培养中医高级人才的重任，共培养硕士、博士已有三十余人。董建华教授还收了已取得博士、硕士学位的徒弟，重视中医学术思想与临床经验的继承，探索与总结了本科生、研究生与师带徒培养方法相结合的新模式，为培养新一代的中医内科学学科带头人做出了重要的贡献。此外，董建华教授还为美国、日本、越南、香港等国家和地区培养了一批中医师。他长期活跃在国内外学术讲坛，听众之多，难以计数，可谓“桃李满天下”。

董建华教授的学生中已有成为国际知名学者，有的身兼中医学院院长、中医院院长，有的医术高超，有的著述宏丰，有的研究成果丰硕……。承前启后，继往开来，精术济民，弘扬国粹，这正是董建华院士一生所为之奋斗的目标。

（姜良铎　徐红日　整理）

三、董建华脾胃病论治学术思想和临床经验通降乃治胃之大法

胃痛又称胃脘痛，在临床上是一种常见的病症，以胃脘部经常发生疼痛为主症，常伴有嗳气、烧心、吞酸、呕吐等症，危害着广大人民的身心健康。前贤治胃，常以升阳益气为主，如李杲创设的补中益气汤，就是这一思想的代表方剂。李杲认为脾胃成病，发自内伤，内伤不足，应用补益法。肺为气之本，故重用黄芪以补肺气，益皮毛而固腠理，不令自汗损其元气；脾为肺之母，脾胃一虚，则肺气先绝，故辅以人参、甘草。“泻火热而补脾胃中之气”；脾气下流，则生湿热，而补气升阳，须防阳亢，故以白术、当归除湿和阴；胃中清气在下，故用升麻、柴胡，以升清阳之气，并引黄芪、甘草等甘温之性上升，以补胃气而实肌表。综观其立方大旨，就在于益气升阳，阳气升发则阴火下潜而自退；

元气充足则肌表固密而腠理坚，故恶寒发热诸症悉除。我对这种论点，有自己不同的看法。

（一）胃的生理特点集中在一个“降”字

胃为水谷之腑，“六腑者传化物而不藏”，以通为用，以降为顺。降则和，不降则滞，反升则逆，通降是胃的生理特点的集中体现。《伤寒论》指出：“津液得下，胃气因和。”叶天士认为：“脾宜升则健，胃宜降则和。”胃和的关键就在于胃气润降。降则生化有源，出入有序；不降则传化无由，壅滞成病。如《灵枢·胀论》上讲的“胃胀者，腹满，胃烷痛，鼻间焦臭，妨于食，大便难”，就是胃失通降之故。所以《灵枢·平人绝谷》指出：“胃满则肠虚，肠满则胃虚，更虚更满，故气得上下，五脏安定，血脉和利，精神乃居。”由此可见，“降”是胃的生理功能特点。只有深刻地认识这种特点，才能进一步了解它的病理病机所在，才能通过治疗来调整它的生理功能，使生理异常转化为正常而恢复健康。

（二）胃的病理特点突出在一个“滞”字

胃为传化之腑，只有保持舒畅通降之性，才能完成纳食传导之功。肠胃为市，无物不受，易被邪气侵犯而盘踞其中。邪气犯胃，胃失和降，脾亦从而不运。一旦气机壅滞，则水反为湿，谷反为滞，就会形成气滞、血瘀、湿阻、食积、痰结、火郁等而引起种种胃痛，此乃邪正交击，气道闭塞，郁于中焦所致实滞；若脾胃虚弱，传化失司，升降失调，清浊相干，郁滞自从中生，则属于虚而挟滞。《素问·调经论》指出：“有所劳倦，形气衰少，谷气不盛，上焦不行，下脘不通。胃气热，热气熏胸中，故内热。………厥气上逆，寒气积于胸中而不泻，不泻则温气去，寒独留，则血凝泣，凝则脉不通，其脉盛大以涩，故中寒。”就是在论证寒热虚实而挟滞的病机。当升者不得升，当降者不能降，郁滞于中，因而成病。所以胃脘痛不论寒热虚实，内有郁滞是共同的特征。寒则凝而不通，热则壅而失降，伤阳者滞而不运，伤阴者涩而不行。只有深刻地认识了这种特点，才能正确地进行辨证施治。

（三）胃病的治疗要着眼于一个“通”字

胃主纳，就是摄取食物，纳入食物。纳入食物，是人体维持生命活动的重要手段。“人以水谷为本，人绝水谷则死”，“纳谷者昌，失谷者亡”。但是纳入之后，又必须吸取精微，输出糟粕。出与入，既是互相对立互相排斥的，但又是相互依存的。有入有出，出而复入，吐故纳新，是人体维持生命活动的基本过程。有入无出，只出不入，均无生命。所以《素问·六微旨大论》强调指出：“出入废，则神机化灭，升降息，则气立孤危。故非出入，则无以生长壮老已；非升降，则无以生长化收藏。是以升降出入，无器不有。”胃主纳，喜通利而恶壅滞，一旦得病，机枢不运，只入不出或少出，就无法再纳。因而临床治疗，着重疏通气机，使上下畅通无阻，当升则升，当降则降，应入则入，该出则出，则寒热自除，阴阳调和，所以，胃痛虽有寒热虚实之别，治疗亦有温清补泻之分，但总的都以开其郁滞，调其升降为目的，都要着眼于一个“通”字。所谓通，就是调畅气血，疏其壅塞，消其郁滞，并承胃腑下降之性推陈出新，导引食浊瘀滞下降，给邪以出路。胃腑实者，宜消积导滞，专祛其邪，不可误补；胃气虚者，气机不运，虚中有滞，宜补虚行滞，而又不可壅补。

临床运用通降法治疗胃病时，我常常把它分为以下十种方法。

1. 理气通降

理气通降法适用于胃脘作胀，时轻时重的患者。若情志不遂，肝郁气滞，导致胃失和降；或因饮食不节，饥饱失常而使胃气壅滞，其中挟食、挟湿、挟痰虽间或有之，但以气滞为主者，治宜理气通降。我在香苏饮一方的基础上，适当加入通降之品，如枳壳、大腹皮、香橼皮、佛手等，组成加味香苏饮，作为治疗气滞型胃痛的主方，疗效较好。本方以苏梗、香附、橘皮为主药。苏梗入胃，顺气开郁和胃，治胃脘胀满有效；香附入肝，解郁理气止痛，治胸脘胀满作痛效果良好；橘皮理气和胃化湿，为脾胃宣通疏利的要药，具有能燥能泻能补能和之功，同补药则补，合泻药则泻，配升药则升，佐降药则降，它与苏梗、香附为伍，既能和胃气，又可舒肝止痛。配枳壳以破气消积，利膈宽中，能消胃脘胀满，通大小便；佐大腹皮下气行水，调和脾胃；香橼皮、佛手二药具有宽胸除胀止痛之功。以上诸药互相配合，可以加强行气、和胃、通降、舒肝、止痛的作用。气行血亦行，气机通降了，胃气运行正常，胃脘胀痛也就消失了。如遇偏寒者，可加良姜或毕澄茄，行气散寒止痛；胀甚者，可加鸡内金；伴胁胀者，加柴胡、青皮、郁金舒肝解郁；食滞者加焦三仙；兼痛者加金铃子、延胡索；吞酸者加左金丸、乌贼骨、瓦楞子。

【病案】宋×，男，46岁。胃胀多气时伴隐痛，反复发作，将近1年，食后脘胀尤甚，不思饮食，二便正常。西医诊断：慢性胃炎，胃酸低。舌苔黄，脉象缓。病系气滞食阻，胃失和降。治宜理气和血通降，加味香苏饮主之。

处方：香附10g，橘皮10g，枳壳10g，鸡内金5g（炒），香橼皮10g，佛手5g，大腹皮10g，砂仁5g，焦三仙各10g，木香6g。

服药6剂，胃脘胀痛明显好转，食欲增加。后又按原方加减续进10剂，胃胀基本控制。

2. 化瘀通络

化瘀通络法适用于瘀血胃痛。症见胃痛日久，久则入络，以痛为主，痛点固定。胃为多气多血之腑，外邪内积郁于其中，气血必受其阻。一般初起在气，以胀为主；久则入络，以痛为主。当以化瘀通络止痛为治。病在气者，常用自己拟定的金延香附汤治之。药用金铃子、延胡索、香附、陈皮、枳壳，大腹皮等。金铃子行气中之血滞，延胡索行血中之气滞，香附入肝理气解郁止痛，主入气分，行气之中兼行气中血滞，为气中血药。金铃子、延胡索、香附三者配合，既能活血止痛，又能理气宽中，理胃气与调肝气。陈皮理气和胃化湿，与金铃子、延胡索、香附为伍，既能活血止痛和胃，又能舒肝理气；配大腹皮与枳壳二味，取其下气消胀除满，通利大小肠。胃主通降，“胃宜降则和，腑以通为补”，通则不痛。此方治疗血瘀轻型胃痛，效果一般均佳。

【病案】贾×，男，40岁。间断胃病，已10余年，最近半年，饥时胃脘痞闷疼痛，得食则缓，胃中灼热，食少吐酸，腹胀，大便不爽，喜暖畏寒，舌暗红，苔薄白，脉弦滑无力。肝郁化火，气滞血瘀，久病入络，治宜理气化瘀通络。方用金延香附汤加减主之。

处方：金铃子10g，香附10g，元胡5g，枳实10g，大腹皮10g，黄连3g，吴萸1.5g，香橼皮10g，煅瓦楞10g，白芍10g，柴胡10g，良姜10g。

上方加减连服20余剂，胃痛消失，大便畅通，饮食正常，临床治愈。

瘀久入络的瘀血型重症，我常以自己配制的猬皮香虫汤进行治疗，药用炙刺猬皮、炒九香虫、炒五灵脂、金铃子、延胡索、制乳香、制没药，香附、香橼皮、佛手等品。本方以炙刺猬皮、炒九香虫为主药。刺猬皮味苦性平，无毒，入胃与大肠二经，有逐瘀滞、疏逆气的作用，能祛瘀止痛，活血止血。《本草纲目》上记载能治胃脘痛，肠风下血、痔瘘下血等症；九香虫味咸，性温、无毒，能通滞气，壮元阳，对肝胃气滞疼痛及痞满胀痛均有良效。两药合用，祛瘀血，通滞气，止痛止血，效果良好。再配五灵脂、金铃子、延胡索、乳香、没药等行气活血化瘀止痛之品，是为了加强疗效。本方在临床中，治疗严重的瘀血型胃痛，如胃窦炎、十二指肠球部溃疡、急性胃痉挛、消化道出血等，都收到了良好的疗效。如兼胀者加大腹皮、枳壳，兼热者加山栀，阴不足者加沙参，便结加酒军，出血多者可加蒲黄、三七粉、乌贼骨、阿胶珠等化瘀止血。

【病案】于×，男，36岁。胃脘痛已有8年，两月前受寒复发，痛势较剧，呈持续性。钡餐造影：十二指肠球部溃疡。曾服普鲁苯辛等解痉药，痛势不减，饥时痛甚，得食亦不缓。剑突下压痛，不泛酸，大便干结，时有黑便。舌黯红，苔黄腻。隐血试验阳性。证属久痛入络，寒热错杂。拟化瘀通络，寒热并调。方用猬皮香虫汤加减主之。

处方：炙刺猬皮5g，炒九香虫5g，炒五灵脂10g，金铃子10g，延胡索5g，砂仁3g，丹参15g，赤芍10g，生蒲黄10g，半夏10g，茯苓10g。

上方进6剂，痛势大减。续进6剂，痛止，大便不畅，原方去刺猬皮、九香虫，加黄连3g，栝楼15g，再进6剂，药后纳增便调。守方进退调治月余，平如常人。随访5个月，疗效巩固。

3. **通腑泄热**

通腑泄热法适用于胃中积热，大便干结，舌红苔黄者。胃为阳土，不论外邪或内积，一有所阻，则气机郁闭，热自内生，此为有余之火。燥热相结，传导失司，则大便干结。治以通腑泄热，给邪火以出路，取效最捷。常用处方是：酒军、黄连、黄芩、枳壳、栝楼、大腹皮、香橼皮、佛手。气热口渴、大便不结者，去酒军，加生石膏、知母；阴伤合增液汤，服后可以续进。

【病案】梁×，男，54岁。胃脘痛史已有10余年，最近5年病情加重。胃镜及病理诊断：慢性萎缩性胃炎。胃脘隐痛，缠绵不休，胃酸甚低，纳食衰少，食则作胀，形体消瘦，面色萎黄。近日胃中灼热，口渴引饮，大便干结，舌红苔黄腻，脉弦。此乃胃痛日久，气滞化火，阴津内伤，先拟通腑泄热以祛邪，再予滋养胃阴以治本。津液来复，胃气下行，自有效验。

处方：黄芩10g，黄连3g，酒军3g，全栝楼15g，枳壳10g，竹茹5g，石斛10g，香橼皮10g，佛手5g，白芍10g，甘草5g。

上方进6剂，腑气已通，痛势亦缓，口渴大减，胃中觉舒，纳食渐增，舌红少苔。胃火已挫，津液未充，继以养阴通降为治。

石斛10g，沙参15g，麦冬10g，乌梅5g，甘草5g，天花粉10g，芦根15g，香橼皮10g，香附10g，枳壳10g，酒军5g。

上方加减进12剂，胃中灼热感解除，痛胀亦平，仍感口干口苦，大便时常干结，多食即觉胃中不适。守方加减调治4月，胃痛未作，口和，纳食增加，面色转润，体渐丰盈。

4. **降胃导滞**

降胃导滞法适用于胃失通降，胆汁上犯，湿热蕴结，食积阻滞。症见胃脘堵闷疼痛，口苦，舌红苔黄腻。胆木之气，有赖于胃气之降，才不得上逆。若饮食不节，饥饱失常，情志不遂等导致胃失和降，则胆汁逆而上犯，胃气愈加壅滞，食积胃脘，湿热蕴结。本证是胃失通降在先，胆汁上犯于后，降胃才是治本之图。治宜降胃导滞，药用苏梗、香附、陈皮、莱菔子、大腹皮、槟榔、焦三仙、连翘、荷梗、半枝莲。湿浊重者加半夏，热重加黄连，痰热加全栝楼，便秘加酒军，兼瘀加失笑散。

【病案】温×，男，47岁。胃脘痛10余年，最近1个月，饮食不节，胃痛加重。胃镜诊断：胆汁反流性胃炎、十二指肠球部溃疡。纳食减少，食后堵闷作胀，嗳气口苦，上腹压痛，大便干结，尿黄，舌质黯红，苔黄腻，脉沉细。此乃胃气失降，胆气上犯，湿热蕴结，食滞不化。治宜降胃导滞，化湿清热。

处方：苏梗10g，香附10g，陈皮10g，大腹皮10g，莱菔子10g，焦三仙各10g，连翘10g，半夏10g，半枝莲30g，全栝楼20g，黄连3g。

上方服6剂，堵闷大减，大便通畅。守方加减续进30剂，痛止，每餐能进食200g，无堵闷感，舌苔正常。胃镜复查：胃窦部炎症较前有明显好转，已无糜烂，未见胆汁反流。继续调治2月，症情稳定。

5. 滋阴通降

滋阴通降法适用于胃阴不足，症见隐隐灼痛，口干，纳少便干，舌红少苔。胃为燥土，邪客多热，易化燥伤阴。胃痛日久不愈，气郁化火，亦灼伤胃阴。胃阴一亏，胃失濡润，则失其和降。只有津液来复，胃气才能下行。治疗应以甘凉濡润（但又不可过用滋腻），佐以行气化滞之品最为灵验。我常用自己配制的加减益胃汤，药用北沙参、麦冬、石斛、白芍、甘草、乌梅、丹参、香附、金铃子等。沙参甘苦微寒，有养阴清热之功，能补阴而制阳；麦冬甘而微苦微寒，既能养阴清心，又能生津益胃；石斛甘淡性凉，能滋阴养胃，清热生津。三药相伍，可治阴液耗伤或久病胃阴亏损。方中丹参、白芍和血柔肝，乌梅、甘草酸甘生津，金铃子、香附行气活血，舒肝止痛。诸药配合，能养阴以益胃，通降以止痛。

【病案】路×，男，54岁。胃痛30余年，最近3年病情转重，屡经治疗，迄未见效。胃镜及病理诊断：慢性萎缩性胃炎。近来胃脘胀痛频作，纳食甚少（每餐50~100g），食则脘胀嗳气，胃中灼热，自觉有干燥感，口干津少，大便干结，倦怠无力。此为久病入络，营络枯涩，胃阴已伤，胃失濡降。先拟辛凉通络，服药12剂，痛势大减，精神大振。再以养阴通降缓图。

处方：北沙参15g，麦冬10g，丹参15g，玉竹20g，白芍10g，佛手10g，香橼皮10g，苏梗10g，荷梗10g，香附10g，半枝莲20g，陈皮10g，三七粉3g（冲）。

上方进12剂，痛止，口干灼热均减，大便通畅，纳增（每日可食500g）。效不更方，原法加减续进。继服20剂，体力增，精神佳，饮食香，惟稍有口干而已。胃镜复查：原胃窦部米粒大小之隆起及点状糜烂已全部消失。仍守原意出入，调治两月，巩固疗效。

6. 辛甘通阳

辛甘通阳法适用于脾胃阳虚，症见胃痛喜暖喜按，饥时痛甚，得食痛缓，舌黯苔薄，脉细弦或沉弦。胃病日久不愈，由实转虚，由胃及脾。中土虚寒，肝木来侮。由于气馁不能充运，营虚不能滋荣，此时非甘温不能扶其衰，非和营不能缓其急。其以辛甘通阳，培土泄木为重点。若有形之滞填塞其中，宜先标后本，积去方可议补。治疗此证，我常以自己配伍的加味黄芪汤为主，药用黄芪、桂枝、白芍、炙草、饴糖、良姜、大枣、金铃子、元胡、陈皮。方中饴糖甘平补中缓急，辛温之桂枝温中散寒。二药合用，取辛甘化阴之义，共为主药，以酸苦微寒之白芍私营敛阴，甘平之甘草调中益气。二药合用，取酸甘化阴之义。甘苦相须，能缓急而止痛。姜枣调和营卫，黄芪大补中气，金铃子行气通滞，元胡活血止痛，陈皮理气和胃。诸药合用，使脾胃阴阳平调，营卫协和，气血通畅，脾运胃健。

【病案】张×，男，51岁。胃脘疼痛，已有3年，每至秋冬加重，曾因上消化道出血而三次住院治疗。入冬以来，胃痛又剧。胃镜及钡餐造影诊断：慢性浅表性胃炎、十二指肠球部溃疡。隐血试验阳性。证见胃痛甚剧，牵掣后背，饥时痛甚，嘈杂如饥，得食痛缓，嗳气泛酸，形寒怕冷，大便溏薄。舌黯，苔薄黄，脉沉细。此乃胃病及脾，中宫虚寒，营络枯涩，肝木来侮。治宜辛甘通阳，培土泄木。方用黄芪建中汤主之。

处方：黄芪15g，炙桂枝10g，白芍10g，炙甘草5g，饴糖30g，生姜5g，大枣7枚（切），三七粉3g（冲），炒五灵脂10g，蒲黄10g，酒当归10g。

上方进6剂，疼痛明显缓解，仍有胀感。去当归，加丹参15g，降香3g，又进18剂，痛止，泛酸嗳气亦除，纳增，无嘈杂感。嗣后守方加减调治4个月，胃痛未作，隐血试验阴性。

7. 升清降浊

升清降浊法适用于中气下陷，症见体瘦纳少，食则不运，腹胀如坠，病久不愈。脾升胃降，合为后天之本。由于积劳积损，脾胃受损，清阳不升而下陷，浊阴不降而停滞，以致提摄无力，内脏下垂，脾虚运化无权，胃中水谷停滞不化，胃失和降，气机壅滞，此乃虚中挟滞。若一味补益升提，则胃气愈加壅滞；如单用疏理，则胃气愈加虚陷，胃亦随疏随滞。故应脾胃同治，升降并调，关键在于掌握分寸。若腹胀便稀，以升清为主；腹胀便干，以降浊为主。药用黄芪、党参、白术、甘草、酒当归、升麻、柴胡、大腹皮、枳壳。

【病案】王×，男，36岁。胃脘腹胀3年，伴有隐痛。钡餐造影：胃下垂（髂嵴下6cm）。纳食衰少，食则作胀，有下坠感，站立及行走时尤甚，嗳气频频，偶有吞酸，四肢倦怠，形体消瘦，大便经常干结，不服泻药则数日一行。苔薄，脉弦细。证属中气不足，升降失调。《经》曰："浊气在上，则生䐜胀"。标实之际，当先开胃，候胃气得降，清阳自可升发。

处方：太子参10g，马尾连6g，黄芩6g，生姜5g，酒军3g，大腹皮10g，枳壳10g，炒莱菔子10g，鸡内金5g，香橼皮10g，砂仁3g。

上方进6剂，胀减，纳增，大便调畅。守上方加减进60余剂，诸症均有好转。钡餐复查：胃在髂嵴连线1cm之内，升高5cm。仍以前方加减调治1个月余，腹胀消失，胃纳已振。随访1年，病情稳定。

8. 辛开苦降

辛开苦降法适用于寒热错杂，症见胃痛喜暖喜按，得温痛减，舌红苔黄。寒邪犯胃，胃阳被遏，气闭热自内生；但寒邪未尽，复又传脾，从阴寒化，成为上热下寒之证。纯用清热，则胃热未除而中寒更甚；一味温补则寒邪未散而胃火更炽。故宜寒热共用以和其阴阳，苦辛并进以调其升降。药用黄芩、黄连、半夏、党参、干姜、吴萸、枳壳、砂仁、陈皮。虚象不显者去党参，肠鸣便稀加白术、扁豆，泛酸加乌贼骨、瓦楞子，痰热者合小陷胸汤。

【病案】王×，男，24岁。胃脘胀痛2年余，伴肠鸣腹泻，受寒或饮食生冷，病情加重。近1个月来，胃痛较剧，泛恶酸水，口苦腹痛，大便溏薄，怕冷喜暖。舌红苔黄，脉象细滑。此乃胃中有热，腑中有寒，寒热错杂。治宜辛开苦降。

处方：黄芩10g，马尾连6g，姜半夏10g，党参10g，炮姜炭5g，木香6g，炒白术10g，香附10g，延胡索5g，炒川楝子10g，焦三仙各10g。

上方服6剂，胃痛止，腹痛亦减，大便转稠。守方加减调治1个月余，大便成形，胃痛未作。随访4个月，疗效巩固。

处方：良姜10g，香附10g，苏梗10g，陈皮5g，香橼皮10g，佛手5g，炒川楝子10g，延胡索5g，煅瓦楞子10g，乌贼骨10g，马尾连5g。

上方服6剂，胃痛即止。守方又进6剂，已不泛酸。饮食如常。随访4个月，胃痛未作。

四、治疗胃病必须调和气血

《灵枢·五味》指出："五脏六腑皆禀气于胃。"因而医家历来认为人以胃气为本，"有胃气即生，无胃气即死"。《灵枢·决气》上说："中焦受气取汁，变化而赤，是谓血。"脾胃又是血液的生化之源。由此可见，胃乃多气多血之腑，胃内气血的状况如何，直接决定着胃的强盛衰弱。胃内气血功能一旦发生了障碍，那么就会发生这样那样的病变。情志不遂，饥饱失常，劳累过度，冷热失节等内外因素，都能使胃的气血功能异常而发生种种病理变化。例如胃气壅滞不通，轻则为胀，重则为痛；胃气上逆则见泛胃嗳气，胃气久郁化火则见烧心、吐酸或大便秘结等症；气滞久延，导致血瘀，必伤经络，或痛如针刺，或症见出血；若胃痛日久不愈，必然由实转虚，或伤及脾阳，致使升运失常而见阳虚之候，或损及胃阴，造成津少液涸而见阴虚之证。这种由实转虚的病变，当然与每个患者的体质强弱、治疗是否得当有关。但究其根源，起因还是在于胃气壅滞不通。所以，我认为治胃病，抓根本，必须从调和气血入手。

根据胃脘痛的发展演变过程，在临床实践中把它分成气滞、血瘀和虚证（包括气虚和血虚）三种类型。本着郁结者解之，瘀积者行之，虚损者补之的原则，采取调气以和血、调血以和气、补气以温中以及和血以养阴的方法，分别制定了胀痛方、瘀痛方和虚痛方来调和胃中的气血，取得了较好的效果。

（一）调气以和血

调气以和血主要用于气滞型胃痛证的治疗。引起胃气阻滞的原因，临床上常见的，大致有两类：一是由胃本身引起的，诸如饮食冷热失节，饥饱失常；二是由于忧思恼怒，情志失调，肝气犯胃而影响了胃气的通降。气滞胃痛的临床表现，除了胃脘胀满外，常伴嗳气频作，大便不畅。如果是肝气郁结而犯胃，那么就伴有攻撑作痛，痛连两胁的感觉。气滞胃痛的关键虽然在气，但“气为血之帅”，“气滞血亦滞”。气的功能失常，必然会导致血的功能衰乱。所以治疗气滞胃痛常采取调气以和血的方法，通过调气（包括理气、行气）达到和血的目的。

调气的方剂是多种多样的，用哪一剂比较合适根据我长期的临床体会，认为“香苏散”一方，药少量轻（只有香附、苏梗、陈皮三味），不燥不腻，不寒不热，既能理气导滞，又能疏肝解郁，较为理想。我在临床实践中，以此方为基础，适当加入通降之品，如枳壳、大腹皮、香橼皮、佛手等，组成胀痛方。作为治疗气滞型胃痛的主方，疗效较好。本方以苏梗、香附、陈皮为主药，苏梗入胃，顺气开郁和胃，治胃脘胀满有效；香附入肝，解郁理气止痛，治胸脘胀满作痛效果良好；陈皮理气和胃化湿，为脾胃宣通疏利的要药，具有能燥能泻能补能和之功，同补药则补，合泻药则泻，配升药则升，佐降药则降，它与苏梗、香附为伍，既能和胃气，又可舒肝止痛。配枳壳以破气消积，利膈宽中，能消胃脘胀满，通大小肠；佐大腹皮下气行水，调和脾胃；香橼皮、佛手二药具有宽胸除胀止痛之功。以上诸药互相配合，可以加强行气、和胃、通降、舒肝、止痛的作用。“气行血亦行”，胃气通降了，胃的运行功能正常了，血的流行必然也就畅通无阻了。我在香苏饮的基础上自己配制了加味香苏饮（苏梗、香附、陈皮、枳壳、大腹皮、香橼皮、佛手）作为治疗气滞胃痛以胀为主的主方。如伴见胁肋胀痛，口苦泛恶，肝郁不舒症状者，可加柴胡、青皮、郁金等味以舒肝解郁；若伴便秘、腹胀、腑行不畅者，可入酒军或栝楼、莱菔子以导滞通腑；如伤食生冷，胃寒作痛者，可加良姜或毕澄茄等品以行气散寒止痛；如顽固腹胀，反复不愈，则可配用鸡金散（鸡内金、沉香或木香、砂仁、香橼皮等量研末，每服 3g，日 2 次），健胃消胀化滞（亦可用于汤剂）。

【病案】宋×，男，46 岁。胃胀多气，时伴隐痛，反复发作，时近 1 年，食后脘胀尤甚，不思饮食，二便正常。西医诊断：慢性胃炎。舌苔黄、脉象缓。病系气滞食阻，胃失和降，治宜调气和血。

处方：香附 10g，陈皮 10g，枳壳 10g，炒鸡内金 5g，香橼皮 10g，佛手 5g，大腹皮 10g，砂仁 6g，焦三仙各 10g，木香 6g。服 6 剂后，胃脘胀痛明显好转，食欲亦增。后以原方加减续进 10 余剂，胃胀基本控制。

（二）调血以和气

调血以和气主要用于治疗血瘀型的胃病。气滞日久，必然会引起血瘀，出现胃脘又痛又胀而以痛为主的症状。此病关键虽然在血，但它的发生是由气滞引起的，血滞气亦滞，气行血亦行。所以治疗血瘀胃痛，我常采取调血以和气的方法，通过调血行气，达到活血止痛，行气宽胀的目的。

调血的方剂也是多种多样的，究竟用哪一种好？我在长期的临床实践中体会到，用我自制金延香附汤（金铃子、元胡索、香附、陈皮、枳壳、大腹皮），治疗又痛又胀以痛为主的血瘀轻型胃痛疗效较好。金铃子入肝，舒肝气，能行气通滞；香附理气开郁，入气分，行气之中兼行气中血滞，为气中血药；元胡索活血利气，主入血分，行血之中，兼行血中气滞，为血中气药。金铃子、元胡索、香附三者配合，既能活血止痛，又能理气（胃气与肝气）宽中；陈皮理气和胃化湿，与元胡索、香附、金铃子为伍，既能活血止痛和胃，又能舒肝理气；配以大腹皮与枳壳二药，取其下气消胀除满，通利大小肠。胃主通降，“胃宜降则和，腑以通为补”，通则不痛。用此方治疗血瘀轻型胃痛，效果一般均佳。

如病人郁久化火，伴见烧心、吐酸者，可加黄连、吴萸清火解郁行气，入煅瓦楞化瘀止酸；如胃痛喜暖畏寒，可入良姜、甘松以行气散寒止痛；若心烦喜呕、舌红苔黄，有热象者可入栀子、竹茹。

【病案】居×，男，42岁。胃脘疼痛，已有多年，近20天疼痛加剧，呈阵发性，痛甚反射至肩背。呕吐酸水，空腹痛甚，口渴干苦，纳差，大便结，小便黄，经用中西药治疗2周，痛未缓解，经某医院钡餐检查，诊断为十二指肠球部溃疡。舌边紫，中心苔黄腻，脉弦，病属肝胃不和，气血瘀阻，治宜调血和气疏肝止痛。处方：金铃子10g，香附10g，元胡索5g，青陈皮各5g，枳壳10g，黄连2.5g，吴萸15g，乌贼骨10g，煅瓦楞12g，佛手片5g，炒五灵脂10g，上方加减连服18剂，胃痛消失，饮食正常，临床治愈。

血瘀轻型胃痛继续发展，瘀久入络，胃只痛不胀，或刺痛难忍，有的伴见大便隐血阳性。从临床观察疼痛的部位来看，大凡痛有定处的多为溃疡病，痛无定处的以慢性胃炎为多。此类症状，为血瘀胃痛的重证，当以化瘀止痛为主，用自制的猬皮香虫汤（炙刺猬皮，炒九香虫，炒五灵脂、金铃子、元胡索、制乳没、香附、香橼皮、佛手）调血以和气。凡出血多者，可加蒲黄炭、三七粉、乌贼骨、阿胶珠等以化瘀止血；或用白及粉单味，每服3～6g，日服2～3次。本方以炙刺猬皮、炒九香虫为主药，刺猬皮味苦，性平，无毒，入胃与大肠二经，有逐瘀滞，疏逆气的作用，能祛瘀止痛，活血止血，《本草》上记载能治胃脘痛，肠风下血、痔漏下血等症。九香虫味咸、性温，无毒，能通滞气、壮元阳，对肝胃气滞疼痛及痞满胀痛均有成效。两药合用，祛瘀血，通滞气，止痛止血效果好。方配五灵脂、金铃子、元胡索、乳香、没药等行气活血化瘀止痛之品，是为了加强疗效。

一般而言，瘀血型胃痛，痛势减轻或基本控制后，常有食少乏力等虚象。可用和胃健脾调补法治之，以枳术丸或香砂六君子汤之类收功，切忌早补或峻补。因胃腑以通为补，如补之不当，又会引起气滞血瘀，而使老病复发。

【病案】郭×，男，38岁。1972年开始胃脘疼痛，经钡餐检查，诊断为十二指肠球部溃疡，胃脘刺痛反复发作。1976年9月7日来院诊治，当时症见空腹胃痛，刺痛拒按，痛有定处，且伴烧心、吐酸、黑便、舌质微红、苔薄黄腻，脉弦细。病乃气滞血瘀，郁久化火，血络受伤，治以活血化瘀，调血和气。处方：炙刺猬皮5g，九香虫5g，佛手5g，元胡粉5g（冲），金铃子10g，甘草5g，马尾连6g，白芍10g，香橼皮10g，煅瓦楞12g，吴萸1.5g。服药6剂，空腹胃疼大减，吐酸亦止。惟脘胀纳差，原方去芍药、甘草、吴萸、马尾连，加砂仁、香附、大腹皮等品行气宽中，开胃醒脾。又服3剂，胃脘痛基本消失，食欲亦增。1个月后，因饮酒病情又发，复用前法治疗，也取得同样效果。

（三）补气以温中

补气以温中适用于脾胃虚寒证。胃痛久延不愈，由胃及脾，必然由实转虚成为脾胃虚证。若见胃痛隐隐，喜暖喜按，肢冷便溏，或见泛吐清水，舌淡苔白，脉沉迟。此系久病耗气伤阳的脾胃虚寒证，治当补气以温中，散寒以止痛，可用自制的加味黄芪建中汤（黄芪、桂枝、白芍、炙草、饴糖、良姜、大枣、金铃子、元胡、陈皮）主之。本方是在黄芪建中汤的基础上发展而来的，方以甘平之饴糖以补中缓急，辛温之桂枝以温中散寒，二药合用，取辛甘化阳之义，共为主药；以酸苦微寒之白芍和营敛阴，甘平之甘草以调中益气，二药合用，取酸甘化阴之义，甘苦相须，能缓急而止痛；姜枣调和营卫；黄芪大补中气；金铃子行气通滞；元胡活血止痛；陈皮理气和胃。诸药合用，能使脾胃阴阳平调，营卫协和，气血得通，脾运胃健。

【病案】沈×，男，成年。患溃疡病多年，反复发作。近日胃痛隐隐，喜按喜暖，凡伴食少、腹胀、时时嗳气，偶吐清水，乏力肢倦，大便溏薄，面色萎黄，舌淡苜白，脉弱。病系耗气伤阳，胃寒气逆，治宜补气以温中，散寒以止痛。处方：黄芪10g，桂枝10g，白芍10g，炙草6g，饴糖30g（冲），良姜10g，大枣4枚，金铃子10g，元胡索10g，陈皮10g。服药3剂，胃痛明显减轻，但稍遇寒冷又发，再服本方后诸证即解。

（四）和血以养阴

和血以养阴适用于脾胃虚热证。若胃痛日久不解，证见胃痛隐隐，灼热心烦，口燥咽干，舌红少苔或花剥，脉细数，此乃瘀热日久伤阴损津的脾胃虚热证，治宜养阴益胃，和血止痛。可用我配制的加减益胃汤（北沙参、麦冬、石斛、丹参、白芍、甘草、乌梅、香附、金铃子）主之。此方由益胃汤加减组成，沙参甘苦微寒，有养阴清热之功，能补阴而制阳；麦冬甘而微苦微寒，既能养阴清心，又能生津益胃；石斛甘淡性凉，能滋阴养胃，清热生津。三药相伍为用，可治阴液耗伤或久病而致的胃阴亏损。方中加丹参、白芍以和血柔肝，乌梅、甘草酸甘可以化津，金铃子、香附能行气活血，舒肝止痛。诸药配合，有利于养阴以益胃，和血以止痛。若患者胃胀反复不愈，且伴下坠之感，或有内脏下垂等脾气下陷的表现，此时就应该选用补中益气汤加枳壳，取其升补之中又有通降之意。

【病案】陈×，女，58岁。因患萎缩性胃炎久治不愈来院治疗。证见：胃痛隐隐喜按，不能进食，时有头昏，甚则晕倒，形体消瘦，心烦急躁，舌红无苔而干，脉沉细无力。此乃胃病日久气血均虚，阴伤尤甚。治以养阴益胃，和血止痛。处方：沙参10g，麦冬10g，花粉12g，石斛10g，乌梅5g，甘草5g，生地12g，元参10g，金铃子10g，元胡粉5g（冲），香附10g。上方加减连服20余剂，病势缓解，食欲增加，舌亦转润，且生薄苔，烦急症状亦除。

祖国医学理论认为：通则不痛，气血调和也；痛则不通，气血瘀滞也。胃脘痛胀，归根结底，也是气血不通造成的。上面讲的调气以和血，调血以和气，补气以温中，和血以养阴的种种方法，实际上都是一种通法。诚如清人高士宗在《医学真传》中说的："通之之法，各有不同，调气以和血，调血以和气，通也；上逆者使之下行，中结者使之旁达，亦通也；虚者助之使通，寒者温之使通，无非通之之法也。"治疗胃病采取这样多种通法，目的是为了使胃气通降，这完全符合胃气主降，胃宜降则和，腑以通为补的原则。

（杨晋翔　吴圣贤　整理）

第四章 杨甲三

一、杨甲三简介

杨甲三教授，（1919~2001），江苏省武进人氏。著名中医学家，中医针灸学专家。原为北京中医药大学终身教授，博士研究生导师。曾任北京中医药大学针推系主任，北京中医药大学学术委员会委员，学位评定委员会副主任；中国针灸学会常务委员；中国中医学会理事；国家科委医学专业组成员；卫生部医学科学委员会委员；全国高等医学院校针灸教材编审委员会委员，腧穴组组长；中国国际针灸考试中心委员会副主任；香港中国针灸协会顾问委员会顾问。历任第三届全国人大代表，第五、第六、第七届全国政协委员，第五届全国政协会议主席团成员。

作为一名医生，临证六十余年，杨甲三教授诊治过无数的病人。有寻常百姓，也有国家元首。曾为多国国家元首诊疾疗病，曾随国家领导出国访问，曾多次出国讲学，其学生遍布世界各地。杨老师总说他的运气好，但机遇总是垂青那些勤奋努力，厚积薄发的人。正是由于他的努力和勤奋所奠定的坚实浑厚的中医根基，当机会来临时，他才有可能牢牢地抓住它，充分展示自己的才华和技艺，从而产生了一个又一个的神话般的传奇故事。

1919 年 1 月，杨甲三教授出生在江苏省武进县。家境尚可，其父送他投师学技，时年 13 岁，师承吴中杏坛老学吴秉森。吴先生内外兼修，外科也极为擅长，因而年幼的杨甲三记忆最为深刻的就是磨药捣药，帮老师配置外用的药膏。后来因为专功针灸，在外用药方面没有继续研究，还深以为憾呢。每每回忆少时习医之事，杨老师总说现在的学生是幸福的，因为老师会为你讲解传授，而当时教会学生饿死师傅的观念使老师不可能也不愿意把自己的经验传授给学生，想要学东西只能靠自己用心揣摩，总结点滴发现，偷学经验。不过这种学习经历也培养了杨老师终身受益的习惯，在临床中爱琢磨，找规律，从而形成了自己独特的诊疗经验，成为中医界一代宗师。在三年苦读满师后，他不满足已学的东西，又去无锡，拜当代针灸大家承淡庵先生为师，就读于承淡庵先生主办的中国无锡针灸传习班，专修中医针灸。1935 年从中国无锡针灸传习班毕业后，杨甲三回到故乡悬壶济世。年轻的医生对自己的工作充满了热情，他勤奋而不懈怠，持之以恒，有求必应，不分白昼。应诊之余，杨甲三教授则把全部精力用在诵读医书、揣摩医理、演习医术上。就是在这样不辞辛苦的工作和不懈的钻研揣摩中，杨甲三成为当地颇有名气的年轻中医。

抗日战争爆发了，杨甲三的岳父来到他家和他们生活在一起。其岳父华庆云先生乃是常州市名医，尤擅内科、妇科。岳父的到来，给杨甲三带来了继续学习的机会。几年的共同应诊中，杨甲三认真求教，悉承衣钵，对妇科病的治疗水平有了很大的提高。解放初期，各县乡成立联合医疗诊所，杨甲三到联合诊所工作。南京成立中医专科学校，各地区推荐优秀青年医生到专科学校进修，杨甲三也被选送到南京。在这里，他遇到了以前的老师承淡庵先生，就是这样，杨甲三从学生转变成为教师，担任针灸教学工作并到江苏省各市县进行针灸巡回普及工作。南京中医专科学校后来发展成为南京中医学院。由于他工作认真，成绩突出，在 1957 年北京中医学院筹建时，被调入北京，开始了他人生中的黄金时代。

调入北京中医学院后，杨甲三教授开始专注于针灸的研究和发展。他一方面搞针灸教学，一方面坚持临床，并在教学中将临床实践融入课堂中，因而使讲课内容丰富有趣，学生爱听他的课，每堂课下来都有书本以外的收获。他的讲课就像他的著作一样，没有繁壅的废话，用读者的话说，就是都是干货。1982 年，北京中医学院针灸推拿系正式建立，杨甲三出任第一任系主任。在几十年的工作中，他多次被评为先进：20 世纪 60 ~ 70 年代，三次被评为北京中医学院院级先进；1977 ~ 1981 年，年年被评为东直门医院先进工作者；1983 年获得北京市教育系统先进工作者的嘉奖；1981 年先后被选为东直门医院及北京中医学院优秀共产党员。可以说，自 20 世纪 50 年代以来，杨甲三教授为北京中医学院的创建、发展及针灸学科的教学，临床和科研等方面，做出了巨大的贡献。

杨甲三教授在国内外有很高的知名度。20 世纪 60 年代初，印度尼西亚总统苏加诺患病，久治不愈，遂向中国求援。中国政府非常重视，严格挑选医学精英，组成医疗小组，于 1962 年 1 月赴印尼为苏加诺总统疗疾。小组成员中有西医外科泰斗吴阶平，中医专家方静，针灸专家杨甲三。医疗小组不辱使命，运用中医方药、针灸等综合治疗，圆满完成了医疗任务，为苏加诺总统解除了痛苦，深受苏加诺总统的赞赏。此后的两年中，医疗小组五赴印尼。1963 年，在印尼国庆大典上，中国医疗小组的医生们作为贵宾被请上了主席台，并被苏加诺总统亲自授予四级好儿男国家勋章。在印尼期间，除了为总统治病，杨甲三教授还为当地的政府官员及华侨诊病，均获得满意的疗效，在当地声名远扬。在刘少奇主席、陈毅老总出访东南亚四国时，随行人员中有个和首长一起吃小灶的医生，他就是杨甲三教授。他再一次来到了印尼、缅甸、越南和柬埔寨。这以后，杨甲三教授多次参加了重要的外事医疗工作。1974 ~ 1975 年期间他前后三次参加医疗小组赴斯里兰卡、朝鲜、罗马尼亚，为外国领导人诊病。20 世纪 70 年代先后参加了美国总统尼克松、日本首相田中、墨西哥总统来华访问时的医疗保健小组。特别是日本自民党代表团访华期间曾为十几名自民党委员治病，取得满意疗效，影响很大。20 世纪 80 年代又参加菲律宾及法国医疗小组为外国领导人诊病。由于工作出色，为此，法国某公司向杨甲三教授所在的北京中医学院捐赠美金 15000 元作为对中国中医及针灸教育事业的支持。此笔捐赠款项后作为北京中医学院建院三十周年校庆筹款。

杨甲三教授不仅凭自己的真才实学和超群的医术为中国的传统医学

在世界上扩大了影响，赢得了荣誉。而且在国内的医疗保健工作方面也做了不少工作，从20世纪60年代始至今他一直参加中央领导人的医疗保健工作，曾为很多中央领导治疗。从1984年开始，杨甲三教授被聘请到北京医院出诊，每周两个上午，为在北京医院就诊的高级干部作针灸治疗。杨甲三教授一共坚持了八年。不仅为病人解除痛苦，还为北京医院培养了八名中医大夫。1992年北京医院希望杨甲三教授继续出诊时，他婉言谢绝了。不仅是因为他年事已高，也是因为他已经为北京医院培养了数名针灸医师，可以担当起针灸治疗的重任了。鉴于杨甲三教授在中央保健方面做出的卓越贡献，1990年中共中央保健委员会授予其表彰奖励。杨甲三教授将这一荣誉看得很重，虽然只是一纸奖状，却是对他多年辛劳工作的褒奖。

杨甲三教授将全部精力倾注于中医事业，尤其对针灸医学有高深的造诣。他学识渊博，躬行实践，在研究腧穴的定位，主治性能，配伍应用及刺灸方法等方面多有建树。其中，既有继承前贤之余绪，又有发明古意，别出心裁之创见。临症处方，必循流讨源，察标求本，且机圆法活，通权达变，往往于平淡中见奇巧。对疑难沉疴专擅针药并举，多能心手相应获显效。

杨甲三教授注重腧穴研究。20世纪50年代，杨甲三教授根据历代有代表性的针灸医籍，对十四经经穴的分布位置详加考订，编制出版了针灸经穴挂图，该图为解放以后最早的经穴挂图之一，他不仅为针灸教学及临床提供了形象化的图画资料，而且还是有关腧穴定位的颇有价值的学术文献。20世纪60年代，杨甲三教授汲取各针灸名家的取穴经验，并结合本人多年临床和教学心得，编著针灸临床取穴图解一书，阐述189个常用穴的取穴方法，并针对某些重要穴位介绍了多种取穴方法，以便于综合运用。书中图文并茂，富于实感，很便于理解和掌握穴位的确切位置。其临床取穴法一经公布，轰动极大，在国内发行245万余册，并由外国友人译成英文、日文、西班牙文等文字在国外出版发行，至今仍行销海外，具有广泛的影响。杨甲三教授通过长期的临床和教学实践的积累，逐渐形成了一套独特的取穴方法。1979年，杨甲三取穴经验一书问世，对其取穴方法进行了较为系统的总结。其特点是以体表解剖标志为关键，结合骨度分寸折量，将相邻穴位分经分布，进行对比，定位。在剖析、厘定十四经经穴分布位置及特点的基础上，总结出经穴定位的种种规律。他的取穴方法，以简代繁，易懂易学，很适合临床和教学的实际需要。为此，外文出版社将该书译成英文和西班牙文，国外译为意大利文行销海外。以本书为脚本拍摄的教学电影针灸取穴法（杨甲三教授任主演，第一顾问），已作为各大中医院校的重要针灸电化教材。并于1985年获卫生部乙级科技成果奖。

除了研究穴位的定位外，杨甲三教授还对五腧穴进行了研究，创立了五腧穴辨证运用的程序。杨甲三教授在深入研究五腧穴主治特点的基础上，主张将五腧穴的主治作用于五脏病机统一起来，加以辨证应用。即在经络学说的指导下，通过先定其经，次选其穴，后行补泄的次序，初步形成一种专病、专经、专穴的诊治方法，拟定了一套比较完整而系统的十二经五腧穴辨证应用程序。这种诊治特点是把经脉所过，主治所及的治疗原则与五腧穴所具有的特定主治作用结合起来，以经脉病证纵向定位，以五腧穴的主治横向定位，扩大了五腧穴的治疗范围，可以进行比较规范和比较灵活的辨证治疗，从而使针灸疗效得以提高。

杨甲三教授对头部腧穴运用广泛，选穴配伍精当。根据临床资料统计，其运用头部穴位治疗疾病多达四十多种，涉及内、外、妇、儿、五官诸科及急症救治。他强调头部腧穴在治疗脑病、五官科疾病方面的作用，临症时凡遇脑病、五官科病症，必用头部腧穴无疑，且收到了较为满意的疗效。根据临床病历资料统计分析，杨甲三教授运用头部腧穴时特别重视头部腧穴的主治规律，如精神神志疾病多取前额发迹部位和头项部位腧穴治疗；风证（不论内风，外风）多取头项部腧穴；头顶部位腧穴无论是外感还是内伤杂症，均可运用，揭示了头部腧穴的主治规律，从而使头部腧穴的运用有规可循，解决了人们在教、学、用中感到腧穴主治病证复杂，实践运用较难的问题。此外，在头部腧穴运用时注重补泄兼施，针对性强。在针刺补泻方面，杨甲三教授认为首先是不同的腧穴穴性具有偏补或偏泻的作用，头盖部腧穴皮肉较薄，皮内浅刺为补法，皮下透别为泻法。而头项部位的腧穴相对头盖部位穴位来说肌肉较厚，如风府、风池等穴用深刺，当得气时，采用开提、右捻之泻法，以祛其风邪。如杨甲三教授临证治疗中风、震颤、郁证、失眠等疾病时百会、前后顶、通天、络却、本神、神庭等穴多用皮内浅刺补法，以补脑填髓治其本，风池、风府等穴深刺用泻法，以祛内外之风治其标，可见头部腧穴运用有补有泻，补泻兼施，标本兼顾。

杨甲三教授对经穴的配伍也十分讲究，其处方配伍既有严格的法度，又有灵活的变化，在继承前贤经验的基础上多有发挥。仅举原穴的应用及配伍为例，即可归纳为脏腑原穴相配、原腧相配、原络相配、原合相配等多种方法，有较强的规律性、实用性。

杨甲三教授的针法颇具特色。他在临床和教学实践中独创毫针单手进针法。它汲取了传统双手进针法的一些特点，将传统的“刺手”与“押手”归于一手，并将针的长短针具、进针的多种手势与角度相互结合，具备了准确、少痛、轻巧、快速、实用等特点。其进针方式有空压式、角度压式、捻压式、连续压式等四种。每式的持针、进针及操作都有严密的法度和适应范围。空压式主要适用于皮部不需得气的情况下采用及人体大部分穴位、各种长度的毫针进针。四肢腹部肌肉丰厚或平坦处的合谷、曲池、手三里、外关、足三里、三阴交及腹部等穴位需直刺或深刺时多用之。角度压式主要适用于皮部需得气时采用及全身所有穴位的进针、腹部诸穴尤宜之。使用 1 寸至 1 寸半长度的毫针行直刺。捻压式适用于皮部需得气及捻转补泻时采用，右捻进针是泻法；左捻进针是补法。连续压式多用于头面部皮肉非常浅薄部位，如四神聪、上星、百会、头维、率谷、丝竹空等穴位的进针，及需沿皮刺，皮内刻的各种病证。本法在国内已被天津中医学院等兄弟院校录像作为教学资料，在赴日讲学时亦被摄成教学片而加以推广。法国《中医》杂志译成法文。行销法国。

杨甲三教授巧立补泻手法，临证刺激轻重有度。他宗《素问·宝命全形论》“经气已至；慎守勿失”及《标幽赋》：“动退空歇，迎守右而泻凉，推内进搓，随济在而补暖”之意，将补泻方法及刺激轻重精辟地总结为“搓紧固定加震动，推内搓左随补功，动退搓有迎提泻，刺激妙在强弱中。”意即在得气的基础上，拇指向前努出，针左转搓紧，以慎守经气，而后推内为补法。进针后在得气的基础上，拇指向后，针右转搓紧，以慎守经气，而后震动为泻法，其特点是将捻转搓紧与震动固定相结合，目的是为了慎守经气，使气至病所。杨甲三教授对于刺激程度之强、中、弱也有独特的见解，临证时应根据具体情况灵活运用如下几项原则：①每日针刺时注意刺激要轻，间日刺激宜中等刺激。②针下不得气时，需强刺激。③引气向上或向下时，直强刺激。④要气至病所，需施强刺激后急性病需施强刺激，同时还应注意，强刺激时取穴宜少。

杨甲三教授在几十年的医疗保健工作中，不仅总结了一整套针灸手法，穴位配伍的经验，而且在这几十年中也总结了一套在治疗老年病方面的针药并举的独特经验。他治疗过各种各样的老年性疾病，如消化系统、呼吸系统、神经系统，心血管系统的疑难病和常见病，尤其对于老年性腹胀、肥胖、震颤麻痹、肺心病、更年期综合征、糖尿病、老年性痴呆等症，针药并施，辨证施治，多见奇效。

在治疗糖尿病方面，杨甲三教授认为糖尿病比较复杂，有许多合并症，不易根治。但可通过治疗减轻症状，控制其合并症的发展。糖尿病的发病原因是脾阴虚，脾阴虚势必会引起胃阳燥亢，从而影响到人体肺、肾功能，出现津液升降失常，口渴善饥；体内糖分不能正常吸收，反而通过小便排出体外，从而脏腑组织失养，并发各种器官的病症。如：合并脑血管病变，冠心病、肾病、脉管炎、末梢神经病变、视网膜病变，以及合并皮肤感染等。他针对这一病变发展的内在规律，在治疗中重点采取补脾阴，清胃燥之法。针灸取穴以手足阳明经、足太阴脾经、手太阳小肠经，腹部募穴、背俞为主并配合自制中药消糖丸，很快能控制病情，使血糖恢复正常。其合并症治疗则在此基础上，结合辨病，辨证施治，也能收到较为满意的疗效。

杨甲三教授治疗老年性哮喘多标本兼顾，针药并施。老年性哮喘为临床上常见而难治的病症。病人发病时呼吸困难，出汗多，易感冒，并发过敏性哮喘，更使医生感到棘手。杨甲三教授根据老年性哮喘的发病规律，多虚实并见之特点，在治疗上采取既治其本，又治其标；既治其里，又治其表的方法。在为病人针灸的同时加以中药汤剂配合，收效甚佳。

震颤麻痹又叫帕金森氏综合征，以进行性运动徐缓、肌肉强直和震颤为主要临床特征。病情发展到一定阶段则出现行走困难，生活无法自理。杨甲三教授以为此病多因肝肾阴亏，气血不足，脑髓失充，筋脉失养，虚风内动所致，治疗上以补益肝肾，益气养血，健脑填髓为主。针灸取穴以取任督脉经、阴阳二跷、足少阴、太阳经穴为主，临床疗效较为明显，并且克服了西药治疗的副作用。针灸不失为一种无副作用的有价值的疗法。

杨甲三教授在治疗中风病方面有独特见解。认为中风的病因病机为肾阴不足，水不涵木，横逆克脾，化风上逆，循太阳经，上头至脑，风阳伤筋，发为偏瘫。在治疗上采用分期辨证立法处方。即将中风一病分为急性期和恢复期两种治疗方案。急性期用“清上补下法”，即清心肝之阳热于上为主，兼以调肝肾之阴于下。恢复期的治疗以“补下清上法”，即以补肝肾之阴于下为主，兼以清心肝之阳于上。阴经阳经腧穴同时选用，充分体现了中医学中“善补阳者必欲阴中求阳，善补阴者必欲阳中求阴，则阳得阴助而生化无穷，阴得阳升而泉源无竭”，“壮水之主，以制阳光”，“益火之源，以消阴翳”的治疗原则。此外，杨甲三教授重视头部腧穴，补泻兼施。由于中风病病位在头部，所以头部腧穴很重要。百会、前后顶、通天用皮内浅刺补法，取其“从卫取气”之意；风池、风府用泻法，取其“从营置气’他意。可见运用头部腧穴补泻兼施，针对性强。在疾病的不同时期，采用不同的治疗方法，体现了辨证论治，整体现念等中医学的理论精华。他认为中风病病位在头而不在肢体，所以肢体取穴只是远道取穴，只取肘膝关节以下腧穴即可，并不一定要不取肩髋关节的腧穴。随证加减，用穴精当，配伍灵活。

杨甲三教授在潜心研究针灸学的同时注重人才培养。在本科班教学之外，1958 年开始参加卫生部外事局举办的苏联针灸班教学。1960～1961 年参加卫生部主办的东欧针灸班教学，同时在协和医院带教东欧留学生临床教学。20 世纪 60 年代，他多次参加了朝鲜、越南针灸进修班的教学工作，教学效果得到好评。20世纪70年代后期至今教学向西方开放，此间杨甲三教授一直担任外国留学生、进修生的基础及临床教学工作。20世纪80年代始杨甲三教授开始在国内招收培养针灸学硕士研究生，1987年开始培养博士研究生。他至今培养的学生已遍布世界各地，也为中国的传统医学事业培养了一批有真才实学的接班人。

二、杨甲三教授之辨证思想

（一）辨证论治，注重“五辨”

辨证论治是中医学的核心内容，凡谙中医者无不知晓，辨证论治乃中医学之精华也。衡量一名医师水平，即取决于其辨证论治的功底如何，看其辨证是否准确，其遣方用药是否得当。因此将辨证论治视为中医的灵魂丝毫不为过也。中医学的辨证论治体系是极其灵活又非常复杂的思维过程。千奇百怪的症状寓于各种病证中，可以组成极为复杂的排列组合关系。病人陈述的症状，医者通过四诊所获得的体征，往往缺少明确的定量标准，大多属于模糊信息。其中既有主观认识又有客观存在。在分析这些主客观兼容的信息资料时，往往会受到医家所承袭的流派学说、个人的思辨习惯、采用的辨证方法等诸多因素的影响。

杨甲三教授从医多年，其辨证思想在遵循古训、博采众家的基础上又形成了自己的一套思路。通过总结其辨证论治思想，可以发现，杨甲三教授以八纲为基础，兼顾其他，而尤为推崇仲景之六经辨证。杨教授以为，对病证的认识虽然是一个复杂的过程，但其中必有其规律可循。六经辨证以辨病和辨症相结合，通过对症状和体征进行综合分析。辨病在于发现每个病所特有的共同规律，辨症则是对其补充，反映出同一病下的个体特异性，因而才有辨的意义和可能性。张仲景在篇名的编次上也充分体现了辨病与辨症相结合的辨证思想，从其“辨太阳病脉证并治……”、“辨霍乱病脉证并治……”、“辨阴阳易病脉证并治……”等都可以看出辨病与辨症二者是并重的。

杨甲三教授深谙六经辨证之真谛，临证时辨共性与个性相结合，探寻疾病发生、发展的规律，从辨病、辨兼症、辨体质、辨季节气候、辨病程几个方面详加分析，辨明证属，在此基础上选经配穴、遣方用药，完成辨证论治过程。经杨甲三教授多年实践印证，这种方法是可行并有效的。现就以下几个部分详细论述。

（二）辨共性与个性相结合

共性与个性是哲学中的两个概念，是一对既对立又统一的矛盾体，反映了一个事物的两个方面。将共性与个性概念运用于辨证中，辨共性与辨个性即辨病与辨症的发展，这符合中医朴素的辩证唯物主义思想，也充分反映了中医理论的整体观念的特色。辨共性与辨个性又不完全同于辨病与辨症，前者是在后者的基础上将其认识上升到研究其规律的高度，因而其就有规律性。

每个疾病既然称为病，则必然有其特有的症状和体征，并有着基本的病理机制。譬如感冒，则必有恶寒、发热、头痛、流涕；譬如面瘫，则必有口眼歪斜。这种必然具备的规律即为病之共性。在此共性之下，具体到每一个病人，又因其可有感邪之不同，素体之差异，环境之区别，疾病发生发展的不同阶段，而使得同一个病又具有这样或那样的客观差别，这种差别则反映了病的个性。病的共性与个性的结合即为证。所谓证是指疾病发展过程中，在致病因素以及其他有关诸因素的共同作用下，机体所产生的临床综合表现。证既是对疾病临床表现的概括，又是在一定程度上对疾病本质的反映。证做为病在某一条件下某一阶段的反映，与病、症的关系非常密切。病、症、证是不同的概念，不辨病、症即无从辨证。

杨甲三教授在临床实践中始终遵循这一原则，其关于失眠证治即充分体现了辨共性与辨个性相结合的辨证思维方法。

失眠共有的症状为入睡难，或睡而易醒，醒后不复入睡，甚则彻夜不眠。并可有烘热、心烦、自汗、纳食欠香等症状。治疗本病杨甲三教授以调和阴阳为大法。背为阳，阳中之阳心也；腹为阴，阴中之阴肾也，心肾阴阳相交，其枢在胃。故以调和胃气为法，务使阴升阳降得以相交，而失眠除矣。

1. **针灸处方** 头二神（本神、神庭）。向肌肉浅层沿皮向下深刺。

杨甲三教授认为神庭为督脉、足太阳、阳明三经之会穴。“脑为元神之府”，以上三经均可以到脑。《灵枢·动输》言：“胃气上注于肺，其悍气，上冲头者，循咽上走空窍，循眼系入络脑……”足太阳膀胱经“……从巅入络脑……”（《灵枢·经脉》），督脉“……贯脊属肾，与太阳起于目内眦，上额交巅上，入络脑，……”（《素问·骨空论》），取神庭为主穴，以和胃气，交心肾。本神为足少阳胆经经穴，可疏肝胆，健脾和胃，为佐穴。

2. **中药处方** 酸枣仁汤合丹参饮

枣仁20g，知母10g，川芎10g，茯苓10g，炙草5g，丹参15g，檀香10g，砂仁（后下）5g。

枣仁甘酸而润，生则能导虚热，疗肝热好眠、神昏躁倦之症，熟则收敛津液，疗胆虚不眠，烦渴自汗之症。其气香味甘，而又能舒太阴之脾。按肝虚则阴伤而心烦，而魂不能藏，是以不得眠也。知母味辛性苦，性寒，沉中有浮，降中有升，既能下泄肾水，治膀胱邪热，又能上行以润心肺，解虚烦口渴。茯苓，味甘淡，上可渗脾肺之湿，下可伐肝肾之邪，其气先升，清肺化源，后降利水。甘草味甘性平，炙用补脾是能缓其中气不足，调和诸药不争。川芎辛温升浮为肝胆心包血分中气药。金·张元素曰：川芎其用有四，为少阳引经一也；行气理诸痛，二也；助清阳之气，三也；去湿气在头，四也。丹参味苦色赤，性平而降，色赤以入心，味苦而主降，可以调经除烦，养神定志。砂仁辛温而涩，醒脾调胃之要药。白檀香入肺胃脾，兼入肾，气味辛温，凡因冷气上结，饮食不进，气逆上吐，抑郁不舒，服之能引胃气上升。阴虚火盛者忌用。

观此合方用药，有如下特点：调和胃气为其一也；胃居中焦，胃气和则阴阳升降平衡，病无所生也；调和气血为其二也，气血运行至身，无所不到，濡养全身，维持人体生理功能活动，气调血和则病愈也。

以上所论乃失眠之共性，基于人体素质的虚弱强实，偏阴偏阳，及病变发展之程度，尚需辨以下兼症。

①兼阳虚：睡时易醒，面色萎黄欠华，心悸健忘，饮食无味，脉弱舌淡。

针灸处方：原方加取肝、胆、脾、肾俞及承山、三阴交。

中药处方：原方加党参10g，白术10g，黄芪15g，陈皮6g。

②兼阴虚：睡不能入眠，易醒，头晕目花，耳鸣，掌热，咽干唇红，脉细数，舌红或绛。

针灸处方：原方加取列缺、通里、足三里、三明交、太溪。

中药处方：原方加二地各10g，白芍10g，珍珠母（先煎）20g，山栀10g，去檀香10g。

③兼湿痰积滞：头眩失眠，胸脘痞满，心烦不安，大便干燥，脉滑数，苔厚腻。

针灸处方：原方加内关、公孙、四门穴（气海、中脘、双天枢）、足三里、曲池、合谷及行间。

中药处方：原方加半夏10g，陈皮6g，大黄3g，枳实10g，厚朴10g。

（三）辨季节气候

中医的基本理论建立在“天人相应”这一朴素的唯物主义思想的基础上，这种整体观念是中医学的基本特色。人生活在自然界这个大环境中，一年四季的气候变化势必对人体生理病理造成重要的影响。每个季节发病与其主气有密切关系，春多伤风，夏多伤暑，秋多伤燥，冬多伤寒，长夏多伤湿，风寒暑湿燥火此六淫之邪为致病的主要外因。尤其是外感病、疫病有着明显的季节性特点。《内经》曰：“必伏其所主，而先其所因。”（《素问·至真要大论》）六邪伤人在《内经》中有很多论述，后世医家也把病因作为识病辨证的重要内容。《医说·外感内生诸疾》中说：“四时之中，有寒暑燥湿风气相搏，喜变诸疾，须予察之，稍失防闭则并能中人。又有时行疫疠，瘴疟等疾，遽相传染者。……良工必审察其由，先知病者脏腑经络，受病之所由，又别外感内生之所致，则可举万全矣。”这充分说明季节气候与疾病发生密切相关，在一定程度上反映疾病发生发展的客观规律，因而辨证时不可不辨，也不能不辨，而且需要审时度候，明察秋毫。

四季节气虽有一定的规律性，但由于自然界的变化万千，季节气候又受运气影响，而有“太过”或“不及”，或相挟致病，因而在辨证时又不可默守成规，执古不化，唯有因时因地而制宜，才能做出准确的辨证，尤其对流行性传染病，更应根据发病时的季节特点，邪气之偏盛，症候之差别，详加辨审。

譬如乙脑为夏季好发之传染病，虽同发于夏季，其治法却有多种。1955年乙脑流行时，石家庄地区以白虎汤治疗，大获良效。1956年又发乙脑时，简单地推广石家庄经验，概以白虎汤治疗而未果。追溯历史，明·吴又可在《温疫论》中记载了舌上“苔如积粉，满布无隙”属湿热兼秽的疫病，投以“达原饮”透达募原而获良效。清·余师愚在《疫病篇》记录了当时疫病流行“大小同病，百人一辄”，以火毒论治，立“清瘟败毒饮”，功效甚佳。这些表明，一种疫病都有其发行病邪、季节、症候的特点而有其特殊性，辨明其特殊性才能制定相应的治疗方法。

1963年杨甲三教授在怀柔带教学生时，恰遇当地乙脑流行。初以常法治一孕妇未果，旋即更弦易辙。乙脑流行的季节为七、八、九三个月，恰值长夏湿土当令。长夏之季酷热而多雨，湿热交蒸，蚊虫和秽浊之气易于滋生蔓延，造成温疫流行的重要条件。主要临床表现为高热恶寒，肌表无汗，头重痛，项强几几，困倦嗜卧，恶心呕吐，口干不饮，小便清或微黄，舌红，苔薄白或薄黄腻，脉浮数兼濡。其病情变化急骤，三四日即转入昏迷、抽风，如不及时治疗则会死亡，或非死即残。

杨甲三教授仔细分析季节特点及症候、体征，最终将此病辨为温疫，病因为湿浊挟暑热之戾气，病位在太阳经表。湿为阴邪，其气秽浊，其性黏腻，最易伤人阳气；暑为热邪，其性急暴，最易耗伤人之阴津。湿浊挟暑，如油入面，胶黏郁蒸，秽浊蔓延，为害暴戾。乙脑初起，大都有恶寒发热，头重头痛，身困项强等足太阳经症候。湿浊阴柔，首遏太阳，太阳经气为阴湿所遏，卫阳受损，则可见发热恶寒，头重项强，身困重而肌表无汗，头重困倦而嗜卧，以阴湿困表，清阳为湿浊所蔽，神明受蒙之故。它如恶心呕吐，苔薄黄腻等为湿秽暑热侵扰阳明。太阳主筋所生病，痉者筋病也，牙关紧闭，项背强直，抽风之谓，乙脑的症状与太阳经生理、循行部位及病理相合。将病位定于太阳经表是符合中医理论的。湿遏太阳与太阳伤寒之恶湿发热脉浮紧及太阳温病之发热，微恶风寒，脉浮数皆不相同，前者为寒凝疼痛为先，后者以温热伤津为著。

湿浊与暑热为属性不同的矛盾。不同矛盾就要采用不同的方法来解决。湿为阴邪，非阳不运，非芳香不化，非淡渗不利；暑为阳邪，非阴不退，非寒凉不解。湿浊挟暑，阴阳邪气同存，其治疗便不能简单地施以燥湿或清暑之剂。试想：一味地投以辛香燥烈走窜之品易使湿从燥化而与暑热之邪相挟，热邪更彰，作风火上弦之变；而一味地单纯以寒凉之品非但暑热不解，更能凝闭阴湿，致湿热交蒸，充斥内外，易成痉、厥之变。

既已辨清湿浊挟暑伤人具有阴阳邪气共有的特点，又已明了湿遏太阳之表，暑伤阳明之里的病位所在，杨教授经过认真思索，不循常法，而立温解清里之法，选穴定方，温凉并用，使得湿浊去而暑热清，及时控制了疾病的发展，使病人在乙脑初期即得到及时恰当的治疗而不会发展到高热神昏，抽搐为痉的阶段，不仅减少了病人死亡的人数，也避免了病邪深入，脑络受损而致的后遗残症的发生。其治疗方法挽救了许多乙脑病人的生命，当时在当地人们多说，治乙脑只要杨大夫的一张方子，可见其疗效如何了。不过，在多少年之后，杨老师向我们谈及此事时，绝没有得意满足之态，反倒是为没能挽救最初治疗的那个孕妇的生命而惋惜，因为那是两条生命呀。

杨甲三教授的这一医疗实践不仅说明了其知常达变，权宜变通的灵活思辨能力，更充分证明了辨季节气候而明致病邪气在中医辨证论治中的重要性和必要性。正如经曰：知标本者，万举万当。本知标本，是谓妄行。

（四）辨病程

疾病的发生和发展具有一定的阶段性，每个阶段疾病的主要矛盾都有所变化，表现在病变部位的深浅上下之不同，正邪消长趋势之不同，症状和体征也各有特点，当然每个阶段所属之证也就不同了。因而在中医辨证中辨明病程所处阶段是很重要的一个方面。张仲景在六经辨证中就非常注重病程的变化，在关于六经病变的各篇中，基本都根据疾病发生发展的演变过程进行论述，揭示了外邪侵袭人体致病后由于人体内正邪斗争，相互消长，疾病随之而变化传变的规律，体现了较强的时间性。不仅外感病如此，内伤杂病也有新病与宿病之辨。《金匮要略》中就有新咳与久咳证治各有所施的论述。其他辨证方法中，三焦辨证和卫气营血辨证也很强调疾病不同阶段，病变层次也有上下表里，气分与血分的变化。杨甲三教授的辨证方法中非常清晰地显示了这些辨证思想。在辨证时注意辨病程的内容，根据每一阶段疾病的主要矛盾进行分析，辨明其归属、病位，而后立法施治。

譬如杨甲三教授治疗中风病，其根本大法有清上补下与补下清上之不同。所谓清上为清在上的邪实，补下乃补肝肾之不足。中风乃老年常见病，肝肾不足为其病变之本，风痰瘀血阻络，蒙敝头窍而病为其病变之标。病变初起邪实为盛，治则当清上祛邪为主而辅以补下。当邪渐平，进入恢复期时，治又当补下扶正为主而兼清余邪。这种辨治思想符合疾病发生发展变化规律。我们从清上补下与补下清上这两种立法在次序上的更变，对杨甲三教授的重辨病程的辨证思想可以窥见一斑了。

以上重点从辨共性与个性相结合、辨季节气候、辨病程三个方面论述了杨甲三教授的辨证思想。应当指出的是：首先，以上三方面内容虽分别论述，实际上不可能截然分开，三者相互关联和渗透。临床实践中此三方面的内容势必均有涉及，只是各有侧重。其次，中医辨证的内容当然绝不只限于这三个方面，辨证具有非常丰富的内涵，凡与病相关的因素都属可辨之范畴。例如南北区域之不同，人体素质之强弱，男女之别，老幼之分，生活环境之优劣，工作性质之差异，饮食烟酒之偏嗜，等等。这些客观存在的因素，都会对疾病造成一定的影响，因而也就需要在辨证时予以辨别参考。

（五）论治方法灵活

辨证论治做为一套完整的体系，实际上它包括了辨证与论治两个方面的内容。必须明确，辨证与论治虽然关系密切，常相提并论，但绝不相等同，不能互相替代，二者有着内容上的区别。辨证是论治的前提，论治是在辨证基础上进行的再思行为，论治是独立于辨证而存在的中医学极为丰富的一个重要组成部分。

我们在以上论述杨甲三教授辨证思想时，也同时介绍了有关的论治方法。总的来说，杨甲三教授的论治思想有以下几个特点。其一，杨甲三教授在临床治疗中体现了专病专方专药专穴的精神。可以说这种治疗思想是建立在辨病、辨症的基础之上，与其注重辨共性和个性相结合的辨证思想相一致。专病专方专药专穴的治疗精神既取决于对病、方、药、穴的深刻而透彻地认识和理解，又来源于对临证经验的高度总结和概括。这种“专治”并不与中医辨证相矛盾，实际上是对辨证前提下施治的补充，完善于中医治疗体系。其二，杨甲三教授在临床治疗时善于针药并用。杨甲三教授常论及此，用药如用兵，用穴亦如用兵，都是在中医基本理论思想的指导下进行的，只是治疗方法内外不同罢了。杨甲三教授早年习医之始，即内、外兼修，后虽专攻针灸专业，但用药处方始终没有荒疏，临症时每遇疑难杂症，则以针药并举，常可起沉疴而救痼疾，颇有效验。其三，杨甲三教授治疗时思路敏捷，方法灵活，善于变通，而不为常法所困。疾病发生、发展的过程往往是很复杂的过程，有些疾病或因得之有奇因，或因迁延日久而不愈，这种情况下以常法难以治愈，需以变通或新立之法才可收效。杨教授曾治一六旬妇人，夜间口干渴难忍，常需饮水以解，曾辗转求治多时而不愈，经人介绍前往杨甲三教授处治疗。初投生脉散加味而不效，复又细问病情，病人诉舌尖常有辛辣之感。杨教授思忖辛味入肺金，据此而辨为肺热伤津，而投以泻白散加味，竟获全效。

三、探索经穴主治规律

穴位是针灸疗法的刺激部位，一般称为“经穴”或“腧穴”，是人体经络脏腑之气输注、聚集在体表的地方，所以又叫“气穴”。十四经共有360多个穴名，要想在短时间内正确、熟练的掌握其主治及其配伍是较为困难的。古人对经穴主治非常重视，曾进行过长期摸索、探讨，总结了它的内在规律性，并在此基础上形成了一套比较成熟和已为临床所习用的配穴方法。杨甲三教授在继承前贤基础上对十四经经穴的主治及其配伍有独特的见解。

（一）经穴主治与经络的关系

经穴，顾名思义是经络之穴。它分布在各条经脉上而归属于十二正经与任督二脉。《灵枢·禁服》篇说：“通其营输，乃可传于大数。”即强调了经穴主治与经络的密切关系。如手太阴肺经的穴位，一般都主治肺脏、支气管、咽喉及相应体表部位的疾病，而手太阴肺经所出现的病候，又同该条经脉的穴位主治基本一致。此外，临床上常取合谷治疗牙痛，内关治疗胃脘痛，后溪、中渚治疗颈项扭伤，足三里、上巨虚治疗肠胃疾患等，都是根据经络循行选取适当的穴位。其他如上病下取、下病上取、中病旁取、左右交叉取以及前后对刺等，同样是基于经络学说的原理。经络的循行有表里相合、交叉、交会、根结、标本、气街等多种联系的特性，这种特性也反映在穴位的主治上。如针灸治疗发热疾患，一般取大椎穴退热，因为大椎穴是诸阳之会，外感发热，病邪又多在阳经。遗尿、久泄常可针刺或温灸关元穴，因关元为足三阴经之会，是肾间动气（原气）密切联系的穴位；又如头顶痛可取足小趾至阴穴，是依据标本、根结理论，而至阴则为太阳经的“根”穴；其他如呼吸系疾患，即可取肺经穴位，也可取大肠经的曲池、合谷等穴；肝病并可取胆经的阳陵泉、丘墟等穴，则是根据经络的表里关系决定的。

（二）经穴主治的普遍性与特异性

经穴的主治存在着相对的普遍性（即共性）和特异性（即个性）。

经穴的普遍性，指所有的经穴同相应的内脏及其他部位有内在的共同联系，在主治上有着共同的规律性。经穴的特异性，是指穴位与非穴位或这一经穴与那一经穴在主治性能作用上所具有的不同特点，也就是每一个经穴对不同的脏器与部位所发生的各种病变具有特殊的作用。

1. 经穴主治的普遍性

（1）本经的经穴都可主治本经的病候

根据经络学说“是动病、所生病”的叙述：每条经脉上所分布的穴位，是该条经脉脉气所发的部位，如果这一经脉发生了异常变化，即出现各种病候，就可以通过刺激这条经脉的穴位，调节这条经脉、脏腑的气血而把这条经脉所产生的疾病治愈。针灸书中常有：“经脉所过，主治所在”的论述，即指出十二经脉病候同所属穴位的密切联系。《内经》在论述针灸治疗时，往往只列举经名而不列举穴名，即以经络来概括穴位主治。如《灵枢·寒热病》篇：“振寒洒洒鼓颔，不得汗出，腹胀烦满，取手太阴。”《灵枢·杂病》篇：“齿痛，不恶清饮，取足阳明；恶清饮，取手阳明”等，这种详经而略穴的作法，说明某经的穴位都可治疗某经的病候。根据《内经》的记载，经脉病候的内容可以分为外经病候和脏腑病候两个方面。外经病候是指邪气侵袭经脉体表循行部位，导致经脉发生病变而反映出的各种症状和体征，故又称本经体表病候。脏腑病候则为邪气沿经脉体内循行侵犯至所属、络及相关联的脏腑所表现的症状与体征。因此，每个经穴的主治都可以体现在本经的外经病候和脏腑病候两个方面。如手太阴肺经的尺泽、孔最、列缺、鱼际等，均能主治咳喘气逆等肺脏病候，同时又能主治肘臂肿痛、胸痛等外经病候。其他各条经脉的经穴也都有类似的情况。据此，则可以进一步总结出十四经经穴的主治概要：

①手三阴经经穴主治胸部（心肺）疾患：手太阴肺经经穴主治胸、肺（包括气管、咽喉、鼻）疾患；手厥阴心包经经穴主治胸、心（包括脉管、舌、神志）、胃脘痛；手少阴心经经穴主治胸、心（包括舌、脉管、神志）病。

②手三阳经经穴主治头及热病：手阳明大肠经经穴主治头额、面、

眼、耳鼻、口齿、喉、上肢外侧前线、里热等疾患；手少阳三焦经经穴主治头颞、耳、眼、咽喉、胸胁、上肢外侧中线及半表半里热等疾患；手太阳小肠经经穴主治头项、眼、耳、喉、上肢外侧后缘、表热及神志疾患。

③足三阳经经穴主治头、躯干、腑病、热病：足阳明胃经经穴主治头面、口齿、喉、胃肠、躯干及下肢前侧、里热、神志等疾患；足少阳胆经经穴主治头颞、耳、眼、胁肋、胆、下肢外侧、半表半里热等疾患；足太阳膀胱经经穴主治头项、眼、躯干后侧（腰背）、下肢后倒、膀胱、表热及神志等疾患。

④足三阴经经穴主治腹、生殖及泌尿病：足太阴脾经经穴主治脐腹、脾、胃肠、泌尿及生殖疾患；足厥阴肝经经穴主治胁腹、少腹、巅顶、肝、生殖及泌尿疾患；足少阴肾经经穴主治腰腹、咽喉、肾、发育、生殖及泌尿疾患。

任脉经穴主治胸、腹疾病，少腹部穴位均有强壮作用。督脉经穴主治腰、背疾病，头、项部穴位均有醒神及治风作用。

总之，不同经脉的经穴主治，都同各经脉所分布的部位和关联的内脏有密切联系，它不仅可以治疗本经所循体表部位的疾患，还可以治疗所属、络及有关脏腑的疾患。

（2）经穴可主治局部体表及邻近内脏疾患

经穴主治的另一个普遍性就是可以治疗局部体表或邻近内脏的疾患。以足少阴肾经经穴为例：足底的涌泉可治足心热；足跟的大钟可治足跟痛；腓肠肌下端的筑宾可治小腿内侧痛；少腹部的横骨、大赫可治生殖、泌尿病；上腹部的幽门、通谷可治肠胃病；胸肋部的俞府、神藏可治肺脏病。也就是说，每个经穴随着经脉循行部位的不同，其主治重点也随之转移。由于每条经脉的经穴都存在这个共性，因此，应用经穴治疗局部体表及邻近内脏疾患，往往可以不受经脉所循路线的约制。即头、面、耳、目部疾患都可取头部经穴；四肢部疾患都可取四肢部经穴；各个内脏疾患都可从胸膺腹背的有关部位取穴。面肿虚浮取水沟、前顶；耳聋气闭取听会、翳风；治偏头痛取悬颅、颔厌；目内红肿取丝竹空、攒竹等，都是取头、面、耳、目部经穴治疗局部疾患的例子。它如上肢病可取肩颙、曲地、合谷；下肢病可取环跳、委中、阳陵泉等；取肺俞、风门、天突、膻中等穴治疗肺部疾患；取心俞、巨阙、脾俞、章门等穴治疗胸胁心脾疾患；取中脘、天枢、胃俞、大肠俞等穴治疗胃肠疾患；以及取肾俞、关元、中极、维道等穴治疗泌尿、生殖系疾患等，都是经穴治疗局部体表和邻近内脏疾患的例子。

临床上，经穴主治具有的这些规律已被广泛的应用着，“局部取穴”与“远道取穴”就是依据经络学说正确的掌握经穴主治的普遍性加以具体应用的范例。

2. 经穴主治的特异性

（1）某些经穴对治疗本经的疾病特别有效

如睛明能疗多种目疾；天突利咽平气逆；膻中宽胸调气通乳；中统和中降逆调胃；天枢理肠调泻痢；中极治遗尿癃闭；人中开窍清热拧神；太冲平肝理血通络等。经临床实践证明疗效可靠，几乎形成“专病专经专穴”。这充分说明经穴主治确有它的特异性，也就是说，经穴对某些脏器、部位在功能上有它一定的特殊联系。

（2）某些经穴对治疗他经多种疾病特别有效

一些经穴不仅可主治本经的某种病候，而且对他经多种疾病也比较有效。由于经脉循行分布于人体是错综复杂的，而每条经脉同内脏即有属络的表里关系，又有通连其他内脏的关系。此外，还存在着经脉同经别、奇经、络脉等的特殊联系；经脉的循行并有交叉与交会、标本、根结与气街的关系等，这就决定了某些经穴本身具有上述的特殊性能。因此，不少经穴主治不局限于本经病候而广泛的适应于他经多种病症。如通常取百会治疗“厥证”，是因为这个穴位是手足三阳经和督脉交会的缘故；又如灸关元可以治疗“脱证”，是因为关元是足三阴经和任脉交会的地方，施灸能起到温阳固脱的作用。再如足三里、合谷穴是由于阳明为多气多血之经，五脏六腑之海，而且足三里是合穴，合谷是原穴，都是经气比较集中的部位。

十四经经穴中有一部分穴位是根据其位置、主治性能的特异性而给以特别的称号，如五输穴、十二原穴、十五络穴、十六郗穴、背俞穴、募穴、八会穴、交会穴等。这些穴位在临床上各自有超越一般穴位的作用，故又称“特定穴”。此类穴位有其特定的治疗作用。

杨甲三教授认为，经穴有其普遍性和特异性，但经穴的普遍性和特异性是相对的而不是绝对的。“由于每一个事物内部不但包含了矛盾的特殊性，而且包含了矛盾的普遍性，普遍性即存在于特殊性之中。”故每条经脉的穴位在具有共同作用的基础上，又各有其特异性存在。十四经穴主治概要是从整体和纵向的角度总结了经穴主治的普遍性，各个经穴尤其是特定穴，则从局部及横向的角度体现了经穴的特殊性。如上所述，肺经经穴都能主治本经病候，但其各个穴位的主治又有侧重于某一部位或某一方面的特点。如井穴少商（属水）长于开闭醒神，解郁熄风，可用于昏迷急救、癫狂、心下满闷、小儿惊风、乳娥等；荥穴鱼际（属火）功在泄热清火，可用于咽喉肿痛、身热等；俞穴太渊（属土）具有和胃降逆、化痰利湿之效，可用于气逆善哕，湿阻经络所致的体重节痛；又因阴经以俞代原，太渊又为肺经原穴兼能扶正祛邪，同时太渊又为八会穴之脉会，故可用于气虚喘咳、无脉症等；经穴经渠（属金）专于宣肺降气，多用于外邪袭肺致咳喘、寒热；合穴尺泽（属水）长于育阴清热降泄，故多用于肺痨潮热咳血、小溲不利等。另外从每条经脉所具有的作用来说，该条经脉经穴主治体现的是共性，若与他经相比，则这条经脉的共性又具有特异性的意义。即使具体到每条异经的异穴，也有相对的普遍性和特异性，如脾经血海穴与肝经曲泉穴都可治疗腹部和泌尿、生殖、下肢及局部病。但血海穴主治则侧重于调经及脾胃病，曲泉穴主治则侧重于外生殖器及肝病。这些都说明经穴共性之中具有特性，特异性寓于普遍性之中。这也是许多穴位对某些病位和疾病在主治上会有共同作用，同时又在共同作用中又各有其特异性的原因。

（三）经穴的配伍

针灸治疗是通过一定的经穴来进行的。用穴和用中药的道理一样，都要根据复杂的、变化的病情在中医理论尤其是经络学说的指导下辨证立法，选穴处方。并进一步掌握穴位的配伍应用。只有通过穴位的配伍，才能适应多种复杂的病证，更好发挥穴位的性能，以增强疗效。杨甲三教授对传统配穴方法选经用穴上有以下独特见解。

1. 远近配穴法

此法即近代所称的局部与远道相配合的一种取穴方法。根据经络学说的标本、根结理论配穴，标、结都在头、面、胸、膺、背、腹等部，本、根都在四肢下端部。标本、根结存在着上下、内外相互对应的关系。远，即远道，指本、根部四肢的穴位；近，即局部，指标、结部躯干的穴位。针灸文献中有关远近配穴法的记述很多，主要可分为两个方面：一是本经的远近配合，一是异经的远近配合。如痉病项强，取膀胱经天柱穴配束骨穴（《百证赋》）；肢体佝偻不伸，取少阳经风池穴配绝骨穴（《玉龙歌》）；痞块疝气，取厥阴经期门配大敦穴（《玉龙赋》），均为本经的远近穴相配。它如耳鸣取手少阳耳门穴配足少阳地五会穴(《席弘赋》)；舌下肿痛取任脉廉泉穴配心包经中冲穴（《百证赋》）；昏厥取督脉百会穴配脾经隐白穴（《杂病歌》）等，都是异经远近配穴的例子。

目前，临床上还应用着一种募合、俞原配穴法，即分别将本脏腑的募穴与合穴相配，背俞穴与原穴相配，也属于远近配穴法。由于募穴主治偏重于阳性病证（包括腑证、实证、热证），背俞穴主治偏重于阴性病证（包括脏证、虚证、寒证）；合穴主治内腑，偏于通降，原穴主治内脏，偏于扶正祛邪，故募穴与合穴相配对于治疗腑证、实证、热证效果较好，而俞穴与原穴相配，则对脏证、虚证、寒证较为适宜。这是取募穴与合穴、俞穴与原穴在主治上存在的共性，以相互协同增强疗效的一种配穴法。如取肺的背俞肺俞穴与肺经的原穴太渊治疗气虚喘咳；取肾的背俞肾俞穴与肾经的原穴大溪治疗遗精滑泄；再如取大肠募穴天枢配大肠下合穴上巨虚治下痢腹痛；取胃的墓穴中院配胃的合穴足三里治急性胃院痛等。

2. 上下肢配穴法

这种配穴法临床应用很广。如咽喉痛、牙痛，上肢取合谷，下肢取内庭；胃病上肢取内关，下肢取足三里等。除了一般的上、下肢穴位相配外，古人特别提出了八脉交会配穴法。八脉交会穴是分布在上、下肢肘膝以下八个交会于奇经八脉的经穴，分为四对，上、下配和能主治本经及其有关奇经八脉的病症。具体配穴法是：取阴维的手厥阴心包经内关穴配通冲脉的足太阴脾经公孙穴，主治胸、心、肝、脾、胃疾患；取任脉的手太阴肺经列缺穴配通阴跷的足少阴肾经照海穴，主治胸、咽喉、肺、膈、肝、肾疾患；取督脉的手太阳小肠经后溪穴配通阳跷的足太阳膀胱经申脉穴，主治目内眦、颈项、耳、肩膊、腰背疾患；取阳维的手少阳三焦经外关穴配通带脉的足少阳胆经足临泣穴，主治目外眦、耳后、颊颈、肩、胁肋疾患。总之，阴经两对配穴主治五脏病变，阳经两对配穴主治肢体及其体表器官病变。

此外，还有一种上、下肢脏腑原穴配穴法。为五脏原穴与六腑原穴阴阳，上下相配的方法。适用于内脏有病而症状主要反映在体表器官的疾患。从部位上讲，内脏属阴、体表器官属阳，阴经经穴主治偏重内脏疾患，阳经经穴主治偏重于体表器官的疾患。在内脏有病主要反映在体表器官的情况下，取阴经原穴的同时，需再配以阳经原穴以增强疗效。其配穴原则是：少阴配少阳，太阴配太阳，厥阴配阳明，取上下肢相应，阴阳经同气相求之意。例如肝肾不足所致的头晕目弦或郁怒伤肝出现的手足拘挛，其病位主要责之于肝，症状大都反映在头面及四肢，故取足厥阴经肝经原穴太冲，配手阳明大肠经原穴合谷，称“四关”，是临床上所常用的一种配穴方法。

3. 同肢取穴法

此法是取同一上肢或下肢的穴位相配合的方法，主要有原络配穴和马丹阳十二穴配穴法。

“原络配穴法”，适用于某经有病，兼有表经或里经的病症者。具体配穴方法是：某经的病症，取其本经的原穴为主，配用有关表、里经的络穴为辅。因以原为主，络为客，故又称主客原络配穴法。如手太阴肺经发病，出现咳喘、气急、胸满、吐痰涎，兼见腹胀、肠鸣、大便溏泻等手阳明大肠经病候，可取肺经原穴太渊为主，辅以大肠经络穴偏历为客；又如足少阳胆经发病，出现胁肋疼痛、口苦、呕吐、耳聋，又见头痛、眩晕、目糊等足厥阴肝经病候，可取足少阳胆经原穴丘墟为主，辅以足厥阳肝经络穴合沟为客。这种配穴法在临床上确有一定疗效。

“马丹阳十二穴”配穴法，适用于多种内伤、外感疾病。具体配法是：足三里配内庭，曲池配合谷，委中配承山，太冲配昆仑，环跳配阳陵，通里配列缺。如足三里配内庭主治脘腹冷痛，腹胀肠鸣，大便溏泻，腿肿膝酸，虚损羸弱，四肢逆冷，咽痛，牙龈肿痛，疟疾不食等；曲池配合谷主治上肢拘急或弛缓，上肢关节疼痛，发热，喉闭，头痛面肿，齿龋鼻衄，口禁不开，风癣癞疮，疟疾寒热等。

4. **腹背配穴法**

腹背配穴法为腰背和胸腹部的穴位相配的方法。胸膺腹背为脏腑经气汇集的地方，五脏六腑的疾患都可取治腰背胸腹的有关穴位。如肺俞、风门、膻中治疗肺脏疾患；肾俞、关元、气海治疗肾脏疾患等。在特定穴中，五脏六腑于背部各有背俞，胸腹部有募穴，故腹背配穴法，可以俞募配穴为代表。如《灵枢·五邪篇》说：“邪在肺，则病皮肤痛，寒热，上气喘、汗出，咳动肩背，取之膺中外俞，背三节五脏之旁。”即为肺病取肺的募穴中府配肺的俞穴肺俞。它如胃病取胃的募穴中腕，配胃的俞穴胃俞等。此外俞募配穴在临床上还可以应用于既有阳证，又有阴证，而病情比较错综复杂的患者，如《素问·奇病论》说：“胆虚气上溢，而口为之苦，治之以胆募俞。”因即有本虚之阴证，又有标实之阳证，故取胸腹部胆募日月穴配腰背俞胆俞穴以治疗胆病。

（胡　慧　整理）

第五章 刘弼臣

一、刘弼臣简介

刘弼臣教授，男，汉族1925年6月6日出生，中共党员、农工党员。主任医师、中国著名的儿科专家、儿科教育家、研究生导师、北京市人大代表、全国政协科教文卫体委员会委员、国家教委首批确定的全国九位中医终身教授之一、国务院首批享受政府特殊津贴的专家、北京中医药大学东直门医院儿科研究室主任、中华中医儿科学会名誉会长、全国中医药高等教育学会儿科分会理事长、全国中医儿科研成果评审会主任、高等中医院校教材编审委员会委员。刘老对中医理论造诣极深，对《内经》《伤寒论》《温病条辨》等研究有精深体会，继承和融合历代医学之长，对钱乙、万密斋的学术尤为重视，不断深入细致的钻研和探索，不但全面的继承和掌握而且有重大的发扬和创新，逐步形成了“精于五脏证治突出从肺论治”的学术思想。从事中医临床、教学科研60多年，具有高超的医疗技术，擅长儿科的疑难病症的诊治，所治海内外患儿难以数计，所教育的学生遍布世界50多个国家，因医术精湛医德高尚享有“东方小儿王”、“中医儿科之父”的美誉。现为东方和平医科院儿童研究所名誉所长、高级顾问、首席专家。

刘弼臣是全国著名的中医儿科专家，是国家教委确定的全国9位中医终身教授之一。北京中医药大学学术顾问，主任医师、研究生导师。国务院首批享受政府特殊津贴的专家。全国中医药高等教育学会儿科教学研究会终身名誉理事长，全国中医儿科科研成果评审会主任。江苏省扬州市中医院名誉院长，鉴真医院名誉院长，山西中医学院名誉院长。

全国首届继承工作的500位名老中医之一。曾任中华中医儿科学会名誉会长，第八届全国政协科、教、文、卫、体委员会委员。第八、第九、第十、第十一届北京市人大代表。被广大人民群众誉为“小儿王”。

刘弼臣教授是中医儿科“臣字门派”的传人。中医理论造诣颇深，是我国现代中医儿科事业奠基人之一。他在中医儿科基础理论上，倡导“少阳学说”。以“少阳学说”涵盖“纯阳学说”和“稚阴稚阳学说”。在临证之时强调“从肺论治”，从而创立了近代中医儿科四大门派之一的“调肺学派”。

二、学术传承源流

（一）“臣字门派”简介

“臣字门派”由清代太平天国时期名震长江南北的中医儿科江苏名医——朱冠臣所开创。“臣字门派”推崇钱乙，以《小儿药证直诀》的“五脏证治”的学术思想为“核心思想”，临床疗效卓著。深受长江南北两岸人民群众的欢迎，朱冠臣先生也被冠以“小儿神医”之称。而后有姜树臣、姜继臣、孙瑾臣继承其衣钵，均成为当地之中医儿科名医，使中医儿科“臣字门派”扎根于扬州，繁盛于苏北。

（二）刘弼臣教授师承“臣字们学派”

1. 幼年多病，信仰中医

刘弼臣教授学名刘世仁，男，汉族，江苏省仪征人。公元1925年6月6日出生。刘弼臣教授幼年体弱多病，4岁时方能站立行走。每次患病，皆得益于其姑夫——孙谨臣先生调治，往往随手而瘥。由是体质日强，身体日壮，为后来的健康长寿打下了良好的基础。

孙谨臣先生神奇的医术给幼年时的刘弼臣打下了深刻的烙印，心中对其姑夫崇拜致极，放学之后，闲暇之时，总喜欢到其姑夫堂前身旁玩耍嬉戏，耳濡目染其姑夫谈论和诊治病例，崇尚中医之情油然而生。

2. 国难当头，立志为医

刘弼臣教授聪慧过人，学习成绩优秀，曾两次跳级升学。但是，好景不长。旧中国军阀混战，民不聊生，民贫国弱，为强虏所欺。在他中学毕业之际，由于日寇入侵，学校迁移，家境贫寒而辍学。目睹日寇侵华和反动派的黑暗统治及疫病流行的悲惨景象而忧心忡忡。品学兼优的童年刘弼臣在国难当头之际，受范仲淹"国家兴亡，匹夫有责"之言的感召，从古人"不为良相，当为良医"之训，立志学习中医，济世活人，以增强民族素质。遂于14岁中学辍学后而拜其姑父孙谨臣先生为师，师取医名"弼臣"，成为"臣字门"的第五代传人。从此刘弼臣步入中医这个神圣的殿堂，走上了从事中医事业之路。

刘弼臣拜孙谨臣先生为师后，尊师苦学，悉听庭训。孙谨臣先生尝语："医者仁术也，济世活人，不为良相，当为良医；曾以"治世以文，弼亮之臣攸赖"寓有深意地为刘弼臣教授和其表弟立医名。严格要求弟子勤于书斋，苦心探索，深明医理，知常达变，不可执一方以论病，不可执一病以论方，不可循一家之好而有失，不可肆一派之专而致误，必须论证中的，方药简而有效，守法严而不拘，变法活而不乱。孙谨臣先生常说："医者意也，治病者法也，主治者意也。择法而不精，徒法也，语意而不明，徒意也"。谆谆教导弟子求"意"的关键是在人的思维，就是说要在精细分析因证的前提下，认真思辨而获得的证治概念，用意治来加以体现。严防审因者略证，审证者昧因，以贻知常而不达变，循变而反舍常之讥。

刘弼臣教授白天侍诊于桌前，抄方诊病，倾听老师教诲。夜晚则勤于书斋，整理笔记，攻读医书，背诵了《药性四百味》《汤头歌诀》《濒湖脉学》等中医基础书籍。苦心钻研，刻意在"意"字上下功夫，认真思索。每于临证之时，都仔细分析，认真思辨，以获得证治概念，突出体现"意"治，从而避免了"审证昧因，知常而不达变，循变而反舍常"的错误。在老师的指导下，从一药一方一病学起，学习师门艺技，逐渐步入中医明堂。蒙师孙谨臣毫不保留地把师门经验和特色倾囊传授，遂学有所成，为刘弼臣教授后来的业医之路打下了良好的基础。

（三）多方拜师，博采众长

蒙师孙谨臣虽为当地名医，却从不固步自封，尤其反对把弟子禁锢在自己的门派内。他常教导弟子要不拘一门，要广学博采。当刘弼臣教授3年满徒出师后，适逢名医时逸人创办上海复兴中医专科学校，当即推荐其前去学习。刘弼臣教授从孙谨臣学医时为传统的师徒教授法，而在上海复兴中医专科学校学习则是多学科的系统学习法。时逸人请了几十名上海的名中医给学生上课，其中有外科的张赞臣，中药的陈存仁，内科的程门雪，儿科的钱今阳等。授课的老师中有的是相互对立的学术派别。在讲课时各执己见，旁证博引以示其正。例如，同为儿科的奚晓岚和徐小圃，一为寒凉派，一为温热派，势不两立。但刘弼臣教授经过仔细观察，发现一种有趣现象，即常常奚晓岚看不好的病，徐小圃治好了；而徐小圃治不好的病，反在奚晓岚处见神效。因此，悟出一个道理："过于寒凉则应温热，过于温热则需寒凉，因人而异，不应拘于一门之见"。此时更感蒙师孙谨臣教诲的正确。同时也深深体会到"学习中医悟性是十分重要的"。悟就是理解，理解了才能掌握。上海复兴中医专科学校的学习虽然只有一年的短暂时间，但收获颇丰，吸收了各家各派的精华，开阔了眼界，丰富了知识。1954年刘弼臣教授到泰州参加扬州地区中医进修班。1955年又到南京中医药大学的前身——江苏省中医学校举办的首批师资培训班培训。经过反复多次进修学习，为刘弼臣教授为未来的行医之路打下了深厚的中医根基。

（四）崇拜"钱乙"，注重"万全"

刘弼臣教授全面的继承了"臣字门派"的学术思想，十分重视钱乙的《小儿药证直诀》，对其中的"五脏证治"理论体系更是推崇有加。但是刘弼臣教授在临床实践中，清醒的认识到对于古代经典医籍不能盲目照搬，而应与当时的实际情况相结合。后世发展中医儿科"五脏证治"的医家首推明代的万全。《幼科发挥》在继承"五脏证治"的基础上，充分吸收了金元四大家之"滋阴学派"代表人物——朱丹溪的学术思想，进一步提出了"三有余，四不足"的理论，对中医儿科临床更具指导意义。这一理论特别受到刘弼臣教授的青睐，每每提起，其赞美之意溢于言表。并对万全和张锡纯提出的"少阳学说"全面继承之，这为刘弼臣教授日后将“少阳学说”、“五脏证治”理论与北京地区的地理、气候等客观实际结合起来，最终为中医儿科“调肺学派”打下了坚实的基础。为此，刘弼臣教授认为继承是名医之路的基础，俗云：“千里之行，始于足下”，他认为这是名医走向成名漫长道路的第一步。没有继承的基础，根本谈不上什么发扬，对创新更是“莫知其乡”了。

此外，刘弼臣教授还对《黄帝内经》《伤寒论》《金匮要略》《温病条辨》等经典著作都进行了仔细的研究，细心玩味，体会颇深。尤其对孙思邈、钱乙、万密斋、龚廷贤、吴谦、叶天士等诸家著作和学术成就成果有深入的研究。

三、学术创新与理论创新

刘弼臣教授创立的“调肺学派”在中医儿科基础理论上形成了在中医儿科基础上以“少阳学说”的理论核心，在临证之时形成了“从肺论治”的学术思想与临床医疗特色。现就“少阳学说”简介如下：

刘弼臣教授则认为“纯阳”是根据小儿“生机蓬勃，发育迅速”而提出的，“稚阳稚阴”是根据小儿“脏腑娇嫩，形气未充”而提出的，是对立统一的辨证关系。各有千秋，互有偏颇，不能强调某个侧面，而否定另一个侧面。刘弼臣教授基于“纯阳学说”和“稚阴稚阳学说”长期并存到今天，已经影响了中医儿科基本理论进一步发展。因此，率先倡导用“少阳学说”取代“纯阳学说”和“稚阴稚阳学说”。

（一）“少阳”主春

“少阳学说”在天象征着春天，主小儿生长发育。明代万密斋说“春乃少阳之气，万物之所资发生者也。小儿初生，曰芽儿者，谓如草木之芽，受气初生，其气方盛，亦少阳之气方长而未已”。生机蓬勃，发育迅速，是处于不断生长发育中的小儿不同于其他年龄阶段的最显著的特点。小儿无论在机体的形态结构方面，还是各种生理功能活动方面，都是在迅速地、不断地向着成熟完善方面发展。小儿初离母体，来到世上，有如旭日之初生，草木之方萌之嫩芽，年龄越小其生长发育速度也就愈快。这种特点在人的一生中好似自然界的春天，万物争荣，生机盎然，洋溢着蓬蓬勃勃、欣欣向荣的气象。充分体现了小儿体禀“少阳”，阳气偏盛，蒸蒸日上，生机勃勃的生理特点。

（二）“少阳”主肝

“少阳学说”在脏象征着肝，亦小儿主生长发育。《幼科发挥·五脏虚实补泻之法》曰：“云肝常有余，……盖肝乃少阳之气，儿之初生，如木方萌，乃少阳生长之气，以渐而壮，故有余也。”肝者，象征着东方，象征着春天，主少阳之气，为发之始，为有余之藏，称为“肝常有余”。《素问·金匮真言论》曰：“有东方青色入通于肝，开窍于目，藏精于肝，……其味酸，其类草木，……其应四时，上为岁星，是以春气在头也。”

（三）“少阳”主心

“少阳学说”亦主心，心主“少火”，亦主小儿生长发育。心者，象征着南方，象征着夏天，主君火。为阳中之阳，君火实为少火，少火生气。故亦称为“心常有余”。心为君主之官，主神志和智慧，小儿智慧的发育与心之功能密切相关。《素问·金匮真言论》曰：“南方赤色入通于心，……其类火，……其应四时，上为荧惑星。”《素问·阴阳应象大论》云：“少火生气”之意。少火实乃少阳也。“少阳”在人体，象征着少火，少火是维系生长发育之生生之气，是人体生命之原。

（四）“少阳”主肾

“少阳学说”亦主肾，《灵枢·本输篇》云：“少阳属肾”。而肾主骨生髓通于脑，为先天之本，而小儿的生长之机皆源于肾，是小儿生长发育之根本所在。故又有“少阳主骨”之说。《素问·上古天真论》云：“女子七岁肾气盛，齿更发长；二七而天癸至，任脉通，太冲脉盛，月事以时下，故有子；三七肾气平均，故真牙生而长极。……丈夫八岁，肾气实，发长齿更；二八肾气盛，天癸至，精气溢泻，阴阳和，故能有子；三八肾气平均，筋骨劲强，故真牙生而长极。”小儿时期肾气尚未强大，肾之阳气在小儿时期较为充盛，小儿时期，身体的迅速生长发育主要靠肾中阳气来维系。随着肾气的生长发育，小儿肾中之阳气也在不断的强大，不断的成熟。

（五）小儿“阳气”偏盛

“少阳学说”通过突出“少阳”主春、“少阳”主肝、“少阳”主心、“少阳”主肾。强调小儿阳偏盛，在生理特点上展现小儿“生机蓬勃，发育迅速”。小儿不同于成人的最显著的生理特点就是处于不断的生长发育当中。小儿身体不断的生长发育必需依赖阳气的不断生发，阴液的不断补充来实现。因此，在小儿时期阳气显得尤其重要。小儿体禀“少阳”，阳气偏盛，有利于小儿不断生长发育的需要。小儿出生时身高仅为50厘米，体重为3公斤。到了1岁，其身高已经达到75厘米，增加部分相当于原来身高的二分之一；而体重则增加了3倍以上，达到了10公斤。这些具体数据足可以证明“生机盎然”、“阳气偏盛”的状况。在病理特点上，在阴阳、表里、寒热、虚实证候中，阳证、表证、热证、实证所占的比例明显高于成人。特别是小儿“热病居多”的特点充分体现了小儿“阳气偏盛”。此外，由于小儿“阳气偏盛”，还充分体现了小儿“脏器清灵，易于康复”以及“修复能力极强”的病理特点。“少阳学说”突出体现了小儿“阳气偏盛”的客观现状。因此，“少阳学说”不但可以涵盖“纯阳学说”所表现的正确一面。而且，还纠正了“纯阳学说”所谓“纯”的错误的一面。充分展现了小儿“阳常有余”的生理特点。

（六）“少阳学说”强调小儿“阳气”稚嫩，“阴”更稚嫩

《素问·阴阳类论》云：“一阳也，少阳也。”王冰明确地注曰：“阳气未大，故曰少阳”。《素问·阴阳离和论》云：“厥阴之表曰少阳，少阳起于窍阴，名曰阴中之少阳。清代张锡纯在《医学衷中参西录》中更明确提出“盖小儿虽为少阳之体，而少阳实为稚阳”。充分说明了小儿相对成人而言，阳气仍处于稚嫩和脆弱的状态。

对于“阴”来讲，少阳学说与“稚阴稚阳学说”的看法也是不同

的。其不同之处在于“不是把小儿阴、阳二气等同起来，看成同样的稚嫩”。“少阳学说”强调小儿之“阴”相对阳气而言，则更加稚嫩。在生理特点上强调小儿脏腑娇嫩，形气未充，充分展现小儿机体各个器官的发育不完全和脆弱、嫩弱的一面。这与《灵枢·逆顺肥瘦篇》：“婴儿者，其肉脆血少气弱”。巢元方在《诸病源候论·养小儿候》：“小儿脏腑之气软弱。”《小儿药证直诀》“五脏六腑成而未全……全而未壮”。《小儿病源方论·养子十法》中将小儿比喻为“草木茸芽之状，未经寒暑，娇嫩软弱，今婴孩称芽儿故也。”“小儿一周之内，皮毛、肌肉、筋骨、髓脑、五脏、六腑、荣卫、气血皆未坚固。”明代万全《育婴家秘·发微赋》认为小儿“血气未充……肠胃脆薄……精神怯弱。”等看法完全一致。在病理特点上突出反映小儿“发病容易，传变迅速”的特点。

根据中医“阴阳互根，相互依存”的理论。“少阳学说”不但可以阐明小儿“阴”与“阳”二气皆属稚嫩，同时还进一步说明，小儿之“阴”相对“阳”而言，则更显稚嫩。因此，“少阳学说”不但可以涵盖“稚阴稚阳学说”所表现的正确一面。而且，还体现了“稚阴稚阳学说”所未能体现小儿“阴更加稚嫩”的一面。充分体现了小儿“阴常不足”的生理特点。

（七）“少阳”是指在小儿“阴阳平衡中”中“阳气”始终占主导地位

从表面上看，“少阳学说”只强调了“阳”并未提及于“阴”。但是，根据祖国传统医学阴阳互根，相互为用，相互依存，独阳不存，孤阴不长的阴阳观来看，小儿出生之后就存在着自身的阴阳平衡。人体的阴阳平衡是维系人体生命的基本要素。小儿也是如此。《素问·宝命全形论》云：“人生有形，不离阴阳”。小儿自从离开母体，就开始了自身阴阳平衡的过程。

小儿的阴阳平衡是阳气占主导地位的阴阳平衡，处于不断的发展变化中，是维持小儿健康生长的基础。随着阳气不断迅速生长，阴气随之生长，既所谓“阳生而阴长”。由于“阳气”的生发，旧的阴阳平衡不断被打破。随着“阴”的补充，又形成新的阴阳平衡。因此，小儿的“阴阳平衡”相对成人来讲是不稳定的，是动态下的“阴阳平衡”。小儿这种“阴阳平衡”的不断更迭和替换构成了小儿生长发育的全过程。小儿阴阳平衡更迭替换快，小儿生长发育也快。小儿“阴阳平衡”更迭和替换不是均速进行的，而是有时快，有时慢，具有一定的规律性，从而形成了小儿生长发育规律。而且具有年龄越小，生长发育越快的特点。小儿的“阴阳平衡”是阳气始终占主导地位的阴阳平衡。因此“少阳学说”体现了小儿阳气虽盛，但尚稚嫩，而“阴”相对“阳”来讲，就显得更加稚嫩和不足。

（八）“少阳”为枢

“少阳学说”理论的核心是“少阳为枢”。“少阳为枢”，枢是机枢、枢纽、枢转之意。太阳为开，阳明为阖，“少阳为枢。少阳之枢机具有阳气枢转、变化、调节的机能。“少阳为枢”在小儿基本的生理特点与病理特点都集中体现在一个“变”字上。

1. “少阳为枢”体现小儿生理特点上的“变”

（1）“少阳为枢”在小儿生理上体现小儿“阴阳平衡”的动态性变化

小儿的阴与阳在不断的枢转、变化。小儿的“阴阳平衡”在不断的由旧的“阴阳平衡”枢转、上升为新的“阴阳平衡”。

《素问·宝命全形论》云：“人生有形，不离阴阳”。小儿自从离开母体，就开始了自身阴阳平衡的过程。从表面上看，“少阳学说”只强调了“阳”并未提及于“阴”。但是，根据祖国传统医学阴阳互根，相互为用，相互依存，独阳不存，孤阴不长的阴阳观来看，小儿出生之后就存在着自身的阴阳平衡。小儿机体的“阴阳平衡”是维系小儿生命的基本要素。

由于小儿正处于不断生长发育的状态，阴阳之间消长十分活跃，阴阳平衡处于不稳定的状态。“少阳为枢”在小儿生理上集中表现为小儿“阴阳平衡”的动态性，不稳定性。小儿的阴阳平衡是阳气占主导地位的阴阳平衡，处于不断的发展变化中，是维持小儿健康生长的基础。随着阳气的不断迅速生，阴气随之长，既所谓“阳生而阴长”。由于“阳气”的生发，旧的阴阳平衡不断被打破。随着“阴”的补充，又形成新的阴阳平衡。因此，小儿的“阴阳平衡”相对成人来讲是不稳定的，是动态状的“阴阳平衡”。小儿这种“阴阳平衡”的不断更迭和替换构成了小儿生长发育的全过程。小儿阴阳平衡更迭替换快，小儿生长发育也快。小儿“阴阳平衡”更迭和替换不是均速进行的，而是有时快，有时慢，具有一定的规律性，从而形成了小儿生长发育规律。而且具有年龄越小，生长发育越快的特点。小儿的“阴阳平衡”是阳气始终占主导地位的阴阳平衡。因此“少阳学说”体现了小儿阳气虽盛，但尚稚嫩，而“阴”相对“阳”来讲，就显得更加稚嫩和不足。小儿阴阳频繁互相转换与变化充分体现了小儿体禀“少阳”之“少阳为枢”的枢转特色。

（2）“少阳为枢”在小儿生理上体现小儿形体与智慧的发育集中体现在“变”

小儿形体与智慧的发育集中体现在“变”上。西晋王叔和在《脉经》中提出的小儿“变蒸”之说对小儿形体与智慧的发育和变化进行了阐述。以后隋代的《诸病源候论》和唐代的《备急千金要方》对此也有类似的描述，特别是《小儿药证直诀》中列有专篇，“变蒸”篇对此描写的更加详尽。此后在“变蒸”学说在一个很长的时期内，曾是小儿生长发育的理论根据。

小儿不同于成人阶段的最显著的特点就是处于不断的生长发育变化之中。古代医家认为，由于小儿生长发育旺盛，其形体、神智都在不断的变易，蒸蒸日上，逐渐向健全方面发展谓之“变蒸”。变者，变其情智，发其聪明；蒸者，蒸其血脉，长其百骸。通过“变蒸”，小儿的情志就有改变，血脉与筋骨更充盈和坚实，脏腑功能也逐渐趋向完善。

“稚阴稚阳”学说充分体现了小儿“脏腑娇嫩，形气未充”、“体质柔弱”的特点。但是无法解释小儿生长发育讯速的生理特点。而“纯阳”学说虽然能够体现小儿生长发育讯速的特点，如果用于解释小儿生长发育规律变化的“变”就远不如用“少阳”学说的“少阳为枢”来解释更加透彻和自如。

2. **“少阳为枢”体现小儿病理特点上的“变”**

（1）“少阳为枢”充分体现了小儿发病容易

小儿由于体禀“少阳”，特别是“阳气”尚未强大。小儿初离母体来到一个陌生的环境。生理上脏腑娇嫩，肌肤薄弱。在病理上则表现为发病容易。正如《温病条辨·解儿难》所云：“脏腑薄，藩篱疏，易于传变，肌肤嫩，神气怯，易于感触。”又云：“邪之来也，势如奔马，其传变也，急如掣电。”《片玉心书》亦云：“肠胃薄弱兮，饮食易伤；筋骨柔弱兮，风寒易袭；易虚易实兮，变为反掌。”小儿由于神气怯，肌肤薄，肠胃嫩，筋骨弱而又神识未发，寒暖不知自调，乳食不知自节，不懂卫生常识，不知危险，缺乏自我保护能力。所以发病率和病死率都远远高于成人时期。

“稚阴稚阳”学说在病理特点上虽然也可以解释小儿这种“发病容易”的病理特点，但是较之“少阳”学说的从小儿在生理状态下讯速转化成病理状态的变化来讲则显得不如用“少阳”学说的“枢转之机”来解释的更加完满。“少阳学说”不但强调小儿阳气稚嫩，阴液更加不足，因而发病容易，而且“少阳为枢”又指出了小儿由生理到病理的枢转和变化特别讯速上。而“纯阳学说”强调的是小儿“阳气”偏盛，难于解释小儿的这种“发病容易”病理特点。

（2）“少阳为枢”充分体现了小儿易于发热的病理特点

小儿体禀“少阳”，强调小儿阳气偏盛，一但患病，易于从阳化热。临床以热病居多。正如《河间六书》所云“大概小儿病在纯阳，热多冷少也”。小儿无论感受风寒、风热，还是疫疠之邪，皆可化热；风热和疫疠之邪皆为阳邪，两阳相并，则发高热。风寒之邪闭郁肌表，而小儿又阳气旺盛，一旦为寒邪所闭，不能外达，蒸腾于内而发热。诚如《幼科要略》所云：“按襁褓小儿，体属纯阳，所患热病最多。”《素问·阴阳应象大论》亦谓“阳盛则热”。相应而言，清热之法和清热之药，在儿科临床的使用率也相应的较高。“少阳学说”解释小儿这一病理特点与“纯阳学说”相一致。但是“少阳学说”的“少阳为枢”则更能体现小儿从阳化热，枢转变化讯速的临证特点，因此“少阳学说”较之“纯阳学说”更胜一畴。而“稚阴稚阳学说”所强调的是小儿阴阳二气同样稚嫩，所谓“阳胜易热，阴胜易寒”的解释相对用“少阳为枢”的枢转之机来解释小儿易于发热的病理特点则有相当的差距。

(3)“少阳为枢”充分体现了小儿患病后“传变迅速”的病理特点

由于“脏腑柔弱”，小儿一旦患病后，变化特别迅速。阎季忠在《小儿药证直诀·原序》中说小儿疾病“易虚易实，易寒易热”是对这一特点的高度概括。

小儿患病后可迅速传变引起其它脏腑的病变；或两脏并病。例如，感受外邪后，首先出现肺系症状。若小儿体质较差或感邪较重，则病邪可迅速传变，可传之于心，或传之于脾，或传之于肝，或传之于肾等。亦可出现肺心同病、肺脾同病、肺肝同病、肺肾同病等。

小儿患病后则邪气易实而正气易虚，所谓“邪气盛则实，精气夺则虚”。实证往往可以迅速转化为虚证，或虚实并见。例如：小儿肺炎出现发热、咳嗽、气急、鼻扇等，表现出一派实热证的现象，若失治或误治，则很快出现面唇及肢端紫绀，四肢厥冷，冷汗淋漓，脉微细疾数等虚脱之象。这种变化是在很短的时间内发生的。所谓“朝实暮虚”的描述并不为过。

易寒易热也可理解为易热易寒。小儿体禀“少阳”，临床表现出两重性，一方面阳气偏盛，易于化热；另一方面阳气稚嫩，易于受损而寒化。如小儿过食生冷，或寒邪直中，损伤小儿之阳气，使阴寒内盛，亦可出现寒象。如《素问·阴阳应象大论》所云；“阴盛则寒”。同时，由于小儿阳亦未盛，阴亦未坚，阴阳之间的平衡亦不如成人稳定。因此，在病理条件下易于出现阴阳之偏盛偏衰；寒热之间的转化亦较迅速。热证可以迅速转化为寒证；反之，寒证也可以迅速转化为热证。“少阳为枢”很容易解释清楚小儿病理上“易虚易实，易寒易热”的变化。例如，有些小儿患感冒后可瞬即转变为肺炎喘嗽，若治不及时，或因传变，常可朝呈实热，暮转虚寒；或在实热内闭的同时，瞬即出现内闭外脱，表现为面色苍白，神倦肢冷，溲清额汗，脉象细促等阳衰征象，甚则变生仓猝。若一经阳回，正气渐复，邪正相争，实证又现。这种邪正消长，虚实转化在临床上非常多见。运用“少阳为枢”的理论阐发小儿这种传变讯速的病理特点尤为适当。

（4）“少阳为枢”充分体现了小儿的易趋康复的病理特点

儿科疾病在病情发展、转归过程中，虽有传变迅速，病情易于恶化的一面。但小儿为“少阳之体”，阳气偏盛，生机蓬勃，活力充沛，脏气清灵，反应敏捷，修复能力极强。而且，病因单纯，又少七情伤害。在患病之后，即使出现危重证候，只要救治及时、正确，经过及时恰当的治疗与护理，阳气一回，往往可以转危为安，病情就会很快好转，其转枢之机比成人要快，容易恢复健康。正如张景岳在《景岳全书·小儿则》中所提出的“其脏气清灵，随拨随应，但能确得其本而撮取之，则一药可愈，非若男妇损伤积痼痴顽者之比。”充分体现了“少阳为枢”，小儿康复转变讯速的客观现实。

3.“少阳为枢”充分体现了小儿的治法特点

小儿由于具有病情变化讯速的临床特点，在临床用药上往往会出现“朝用麻桂，暮用白虎；朝用承气，暮用理中”的现象。这种现象如果用“纯阳学说”和“稚阴稚阳学说”就很难解释。“纯阳学说”强调小儿阳气偏盛，临证热病居多，治疗应用清热之法为顺；使用“麻桂和理中”一类的温热方药就难于解释。而“稚阴稚阳学说”强调小儿阴阳二气皆属不足，临证之时采用温补之剂为顺；若使用“大苦大寒”之剂则属罕见。更何况在同一个患儿身上，转舜之间，即出现清热与温补或温补与清热治法变化的状况，使用“纯阳学说”和“稚阴稚阳学说”来解释，都不如使用“少阳为枢”来解释其变化更为恰当。“少阳为枢”是“少阳学说”的理论核心，用“少阳为枢”来解释小儿的生理特点与病理特点，较之“纯阳”和“稚阴稚阳”更为左右逢源，灵巧自如。因此“少阳学说”可以概括“纯阳学说”和“稚阴稚阳学说”。

综上所述，“少阳学说”既避免了“纯阳学说”对于小儿阴阳二气稚嫩和不足阐述不清的缺点，也避免了“纯阳学说”之“纯阳”易被误解为“纯阳无阴阴”的不足。而且，“少阳学说”还避免“稚阴稚阳学说”单纯强调小儿机体嫩弱和不足。对小儿生机蓬勃，发育迅速，机体自身修复能力极强的生理特点。同时，“少阳学说”集中体现了“纯阳学说”小儿生机蓬勃，发育迅速；生机盎然，修复能力极强的生理特点，反映了小儿热病居多的病理特色。同时“少阳学说”也体现了“稚阴稚阳学说”的小儿阳气虽盛，但尚稚嫩和不足；“阴”相对“阳”更显不足和稚嫩。展现了小儿脏腑娇嫩，形气未充的生理特点。表现了发病容易，传变迅速的病理特点。因此“少阳学说”可以概括“纯阳学说”和“稚阴稚阳学说”。

四、“调肺学派”的临床应用

“调肺学派”在临证上形成了“从肺论治”的医疗特色。

（一）从肺论治肺系疾病

1. 泻肺法治疗小儿慢性咳嗽

小儿慢性咳嗽长期不愈，喉中有痰，时轻时重，有的甚至经年累月。刘弼臣教授认为小儿慢性咳嗽虽然有多种因素所致，《内经》云：“五脏六腑皆可令人咳，非独肺也。”但是刘弼臣教授在临床实践中发现，相当多的慢性咳嗽患儿，其咳嗽往往与“痰”有着极其密切的关系，而“痰”在小儿慢性咳嗽中具有共性的特点。因此，刘弼臣教授认为痰浊恋肺，肺气不利，宣肃失司，是小儿慢性咳嗽的基本病机。为此，刘弼臣教授采用清肺祛痰法为主，以钱乙的泻白散为基本方，加减治疗小儿慢性咳嗽，获得良好的临床疗效。

2. 补肺祛痰法治疗特发性肺含铁血黄素沉着症

特发性肺含铁血黄素沉着症是肺泡毛细血管出血性疾病，以含铁血黄素沉着于肺为特征。西医多采用激素疗法，但易复发，迁延难愈。中医传统治法多采用清热止血法，使咯血症状得到缓解，但根治较困难。

刘弼臣教授认为特发性肺含铁血黄素沉着症属于本虚标实，虚实夹杂。本虚是指肺气虚，标实是血液沉积于肺。因此关键是气不摄血，血不循经，溢于脉外，沉积于肺。用补肺阿胶汤加减，益气补肺，清热化痰，活血祛瘀。既可补气摄血，使血循常道而不溢于肺，从根本上治疗本病；又能清除沉积之瘀血痰浊，使其较快痊愈。急性期以咯血或痰中带血为主，治疗配以凉血止血；缓解期以咽干痰黏难出为主，治应清咽利喉，润肺祛痰；恢复期则以肺脾气虚症状明显，必须健脾益肺，化痰止咳。

3. 调肺平肝，化痰平喘治疗小儿哮喘

小儿哮喘，一般认为是外因诱发，触动伏痰，痰随气升，气因痰堵，相互博结，闭阻气道所致。刘老提出，诱发小儿哮喘的因素虽然较多，但主要是感受风邪。这主要是由于小儿肺常不足，卫外功能不足，而又寒温不能自调，易感外邪。而风为百病之长，故小儿哮喘以感受风邪为主。刘老认为小儿哮喘，内因风痰内伏，外因感受风邪，外风引动内伏之风痰作祟所致。刘弼臣教授基于痰涎伏于肺，内风伏于肝，外风始受于肺的病机认识，积多年临床经验，匠心独运，创制治疗小儿哮喘的基本方。组成：辛夷10g，苍耳子10g，玄参10g，板蓝根10g，山豆根5g，钩藤10g，地龙10g，紫石英15g，秦皮10g。本方具有调肺平肝、温肾降气、化痰平喘的功效。方中辛荑、苍耳子、玄参、板蓝根、山豆根5味药，最能体现刘老从肺论治的学术思想，具有宣肺通窍畅气机，祛邪护肺安内宅的作用。

（二）从肺论治肺外其他脏腑疾病

1. 从肺论治小儿病毒性心肌炎

小儿病毒性心肌炎是病毒侵犯心肌所致。以胸闷胸痛，体虚乏力，心悸不安，脉律不整等为特征。其病位在心，既往多从心治，使用炙甘草汤等方剂以温通心阳，虽有一定疗效，但由于小儿病毒性心肌炎早期多有外感症状，或在恢复期由于感受外邪每易复发和加重，致使病情迁延。

刘弼臣教授认为小儿病毒性心肌炎是由于小儿正气虚弱，感受外邪所致。外邪无论由口鼻而入，还是由皮毛而入，必内归于肺而出现肺系症状。肺与心同居上焦，肺主气而心主血，气行则血行，肺气贯于心脉。外邪犯肺后，可迅速由肺袭心而出现胸闷憋气，悸动不安，脉律不整的心脏症状。而慢性阶段由于肺心均被邪犯而更加虚弱。肺虚则卫外不固，易被邪侵；心虚也易受邪犯而加重病情，形成恶性循环。

刘弼臣教授“小儿病毒性心肌炎大多由于呼吸病变而引发，但病情轻重不同，轻者属于痰热内羁，重者可导致心阳虚脱”。是说该病重点应清肺利咽，咽喉为肺之门户，清咽即清肺也。邪毒必经咽喉而入肺系，“温邪上受，首先犯肺，逆传心包”。当邪毒尚在咽喉与肺系之间而一举歼灭之，则可避免邪毒内侵心脏。故提出从肺论治小儿病毒性心肌炎。具体来讲包括两个方面：一为祛邪，一为扶正。早期以祛邪为主，后期以扶正为主。所谓祛邪，即采用疏风解表，清肿化痰，利咽通窍等法驱除外邪，使邪去正安，截断邪气由肺传心的途径，使心不受邪侵。所谓扶正即以补益肺气为主，增强机体抵抗外邪的能力，少受或不受邪气的侵害。扶正与祛邪是辨证的统一，通过祛邪清肺以利气血运行，得以养心复脉。

2. 从肺论治小儿过敏性紫癜

刘老根据小儿具有肺常不足与脾常不足的生理特点。肺主皮毛，脾主肌肉。肺常不足则卫外功能不足，一旦调护失宜，则易于感受外邪，外邪由肺袭脾，脾被邪困，统摄无权，血不循经，溢于脉外，循肌肉溢于皮肤而发皮肤紫癜。因此刘老对于婴幼儿过敏性紫癜，采用调肺利窍为主，辅以补脾摄血之法治之。调肺利窍以截断邪气内传，补脾摄血达到和血止血之目的，肺脾同治而收全功。

3. 从肺论治小儿抽动－秽语综合征

抽动－秽语综合征属儿童行为障碍性疾病，临床以头部、躯干、上下肢不自主抽动，喉中发出奇特叫声或詈骂不避亲疏为特征。西医多采用氟哌啶醇等药物治疗，虽有一定疗效，但有锥体外系不良反应及动作减慢，肌张力增高等不良反应。中医传统多采用平肝熄风，镇静止痉等法治之，亦有一定疗效。

刘弼臣教授经多年临床观察，发现患有抽动－秽语综合征患儿多伴有鼻腔不利，鼻腔黏膜发红，鼻塞痛痒，鼻流浊涕及咽喉不利，咽干咽痛，咽部红肿等鼻咽部症状。且于感受外邪后症状加重。此因风痰鼓动，外风引动内风所致。宜从肺论治，采用疏风宣肺，清肺化痰，利咽通窍等法治之，使风邪得散，痰浊得清，则抽动－秽语自然消失。

4. 从肺论治小儿肾病综合征

小儿肾病综合征的发病与感受外邪有密切关系，本病早期往往伴有流涕，咳嗽，发热，咽喉不利等肺系症状。恢复期则以脾肾两虚症状较为明显。刘弼臣教授认为小儿肾病综合征与肺脏关系极大，提出从肺论治。采用清肺利咽、清肺通窍等方法，清除肺中之邪气，截断邪气下传脾肾的通道，使脾肾不受邪侵，保持水液代谢功能的正常。特别强调清肺要彻底，而关键在于清利鼻咽，使肺之门户得清，不使邪气留恋。

从肺论治，并不只是治肺，而是以治肺为重点，兼顾脾肾，尤其是肾病恢复期，脾肾气虚症状明显时，则以脾肾为主。维护和恢复肺、脾、肾三脏调节体内水液代谢的功能，促进肾病患儿的早日康复。

（三）“调肺学派”的用药特色

1. 强调清肺利窍

（1）通利鼻窍：通利鼻窍刘老常用辛夷、苍耳子。

（2）清利咽喉：清利咽喉常用元参、板蓝根、山豆根。

（3）刘弼臣教授创立了“调肺论治”的基本方：其方由辛夷、苍耳子、元参、板蓝根、山豆根组成。“调肺论治”的基本方不但具有通鼻利咽之功效，而且具有截断邪气内传之通路，达到治疗肺外其他疾病的作用。

2. 不可滥用苦寒

刘老认为小儿体禀“少阳”。一方面生机蓬勃，另一方面阳气尚未壮实。王冰日：“少阳者，阳气未大也。”小儿脏腑功能较脆弱，对疾病的抵抗力亦差，故凡大苦大寒，易伤阳气，因此，临床当用则用，或尽量不用或少用，而用之中病则止。清热药中的生石膏多为25g，黄连1～2g，山栀量不超过3g。如滥用苦寒攻下，寒凉药过量或久用，弊端之大不言而喻，不但伤津败胃，还会伐伤小儿的生发之气，而影响小儿的生长发育。

3. **慎用温热药**

刘老认为“小儿体禀少阳，阳气偏盛，易于化热上火。”刘老对温热药的药剂量控制亦十分严格，若确定为寒证，当用则用。但是，要控制用药量，特别对于大辛大热之品，使用尤须谨慎，非用不可时，亦当严格控制使用剂量。例如：刘老使用干姜、细辛，一般仅为1g。临证之时若寒象不明显，则决不可使用，防止大辛大热之品助阳化火。

4. **慎用泻下攻伐之法**

刘老认为小儿体禀“少阳”，脏腑娇嫩。强调不能妄用泻法，对于攻伐和有毒之品，皆应慎用，以免酿成大祸，即使是有可攻之证，也要三思而行之，遵循中病即止的原则。其他如逐水利尿等剂，作用峻猛，常易损伤肝肾功能，均不宜过量或久服。故凡大苦大辛，大热攻伐和有毒之品，当用则用，尽量不用或少用，用之中病则止。因此提出“慎用苦寒，勿滥攻伐”。若滥用苦寒攻下，弊端之高不言而喻，既会伐伤小儿的生发之气，足以伤津败胃。如刘老临床用黄连，一般只用1～3g左右。

概括起来，刘弼臣教授的用药经验是“量少力宏而不伤正；勿滥攻伐，慎用苦寒、大辛大热之品”。

中医儿科“调肺学派”是“燕山医学流派”中具有代表性的一朵绚丽的奇葩。中医儿科“调肺学派”的形成对于中医儿科的发展具有重要的历史意义和现实意义。

五、发展创新，名扬世界

刘弼臣教授率先提出的“体禀少阳”和“从肺论治”的两大创新观点以发前人所未发。从而在理论指导方面除《颅囟经》创立的“纯阳”学派，吴鞠通创立的“稚阴稚阳”学派外，又创立了“少阳学派”，以统代“纯阳”和“稚阴稚阳”。在儿科领域中，近百年来，在20世纪50年代，前上海奚晓岚以寒凉派而著称，徐小圃以温热派而闻名。解放以后，南京姜育仁是以运脾派而享誉中外，刘弼臣教授是以调肺为擅长，形成四大学派，对儿科学术发展起到了直接的推动和促进作用，这是刘弼臣教授对近代中医儿科发展所做的贡献。国内外送了刘弼臣教授“东方小儿王”、“中国儿科之父”的绰号。《人民日报》《光明日报》《健康报》《北京日报》《北京晚报》《北京科技报》《中国中医药报》等20家报纸及中央电视台、北京电视台均有专访及报道。并载《共产党人》《中国当代名人录》《名医之路》《中华名医》《名医名方录》《人民公仆》等几十种书籍中。

近年来，刘弼臣教授走访了东南亚地区及欧美数十个国家，广交朋友，推动中医儿科走向世界。在许多国家进行学术交流，得到国际上的认可，获得国际人体科学大会论文金质奖，国际21世纪中西医结合研讨会金杯奖，美国东方医学会学术交流会金奖，国际远程医疗大会金牌奖，99国际学术交流金奖，2000年度世界医坛首脑才华奖，世界医坛创新医学理论奖，美国柯尔比科技情报中心授予“国际著名替代医学专家”证书，被美国ABI学会评为20世纪90年代世界500名人之一。

刘弼臣教授所创立的中医儿科“调肺学派”在学术上属于“燕山医学流派”，因此，我们说中医儿科“调肺学派”是“燕山医学流派”中一朵艳丽的奇葩。

（徐荣谦　王洪玲　张虹　王俊宏　孙洮玉　整理）

第六章 宋孝志

一、宋孝志简介

宋孝志先生，字鸿禧（1911～1994），湖南省宜章县人，主任医师。始龀之年读塾书，天资聪明，过目不忘。慈父训广公认为，出生在稻香村的小儿虽无雄心大略，但思精敏捷，稍有名医之才，故出巨资聘请湘粤名医朱先生家教，每月月薪三十担谷子，讲授“四大经典”，诵背“四大经典”。开课前老师陈述以下规定，必须严格遵守：每年只放一天假，欢度大年初一，平时每日三餐饭都得在书房用，关门读书，不准会亲戚朋友，老师日夜为伴相陪，布置的作业完不成，不能入餐就寝。如此三年磨一剑，终生受益。在他八秩之年后，仍记忆不衰，不管你提到“四大经典”哪一句，他常脱口而出，在哪一篇，哪一章，甚至哪一页；他在门诊看病，病人复诊时他不询问病人姓名，姓名和年龄已记在他心中。

宋老自幼在舅舅刘希盛教导下学习《伤寒》《金匮》《外台》《千金》，追随舅舅出诊看病。舅舅乃湖南名医，15 岁考上秀才，17 岁应试举人落榜，弃儒就医，对《伤寒论》临床应用特别擅长，精通内妇二科。四诊上擅长望闻，对望色有很深的造诣。宋老给我讲起 1924 年随其舅出诊，主人家有两个儿子，请大夫给小儿子治病，但在闻诊时，听到另一个小儿说话之声，舅舅告诉主人说，有病之儿病并不重，吃副药就会好，未病之儿已有病，将要发作，发作就难医。病家以为医者好利，应之一笑而已，不久此儿发病，果病重难治，此例可见舅爷闻诊之精熟，断疾之准确。宋老接着对我说：“临床上，重视五音的研究，五音配五脏，当五脏有病时，人之声音随五脏所病不同，声音也不一样，这是古人数千年临证的经验结晶，亦是伟大宝库之一宝。平素你要发五音正常之声，临证才能辨别何脏有病，音之不正常，以判断疾病在何脏腑。”

宋老在弱冠之年，便在广州市考取了行医执照，悬壶羊城，三年后已成粤地名医之一。

全国解放后，宋老在宜章县中医院工作，任中医院院长，县卫生工作者协会主任，县第一届人大代表等。因治疑难杂证名噪湘粤二省，受卫生部和中宣部的青睐，1956 年调到北京，筹备成立北京中医学院，他是六人小组成员之一，组员还有方鸣谦、李建勲等。学院成立后，先后在内经教研组、伤寒教研组、金匮教研组任教，曾参与《各家医说》讲义、《金匮要略》讲义的编写及修改工作，并与著名中医学者余无言等共同完成了《中医十部经典分类汇编》工作，现已出版。

1966 年至 1994 年，他在北京中医学院东直门医院从事临床教学工作。

宋老是一位经方临床大家，传承舅业，善用经方治疗疑难杂症，他用经方正如陈修园所说“愈用愈神奇”，时方喜用《千金》《外台》方，以及《内科学》《妇科学》中常用的时方。宋老不惑之年，留有临证医案 389 例，经方只占 15%。1966 年至 1994 年，宋老从事临床教学以来，为了“聊将桃李股勤植”，临证必留底方，让徒弟们带回去研究学习。在家为病人看病也留底方，供我（女婿）做临证指南，让我继承好父业。

我在宋老身边几十年，他每天都手不释卷，阅读名老中医医案、医话，非常谦虚好学。年轻时我用推骨散推出几条腐骨，他都亲眼看看，把蜣螂虫（一种叫倒退牛的虫）仔细看了好几天，笑着说：“这叫验方气死名医。”

宋老临证潇洒大度，笑迎每一个患者，且百问不厌。他有百分之百把握治好的杂病，也只告病人一句话：“吃了不好，你再来看”。他很看不起那些水平不高好说大话的医生，“我保你好”、“几副药就治好……”，他说古人云：“人有旦夕祸福，马有转缰之灾”，做医者必须牢记，一天都不能忘记。

他老人家幼操舅业，作为《伤寒论》的继承人，从不在人前彰显，对经方大家陈慎吾、胡希恕、刘渡舟、余无言等十分尊敬，什么时间都把自己当学生。全国著名的伤寒大家刘渡舟教授对《伤寒》《金匮》不解之处，常到家中请教宋老，刘老家谁病了都请宋老给看看。刘老非常谦虚，院内老师找他看病，个别他治不好，便风趣地说：“我看不好的，你去找宋老看，宋老治不好的，那就谁也别找啦”。1996 年参加“第三届中国当代名医集萃”，住在太原迎泽宾馆，一日晚餐后散步，我和刘渡舟老走了个对面，刘老说：“你是宋老门生，请问一下宋老开防己地黄汤时，生地的剂量最多用多少?”我告诉刘老师，最多用150克。因为刘渡舟老是我《伤寒》课的辅导老师，又是近邻，同住在一个小院，所以师生之间很亲热，又很随便。

宋老青年时代谦虚好学，曾多次上蟒山，下少数民族地区访名师、采药，时常向民间医、铃医求教。由于他虔诚，为人厚道，善帮人解难，资兴著名的民间医袁国华先生执业宜章，年逾古稀。宋老常给他家送米、送肉，照顾他，老人识字不多，不收徒弟，身怀绝技，为民治病，不计报酬，宋老说：“他和我性情相投，他怕师传良方“三两三”失传，便口授给我”。这和蒲辅周先生青年学医时一样，由于蒲老殷勤帮助眼科名医龚老，在老人去世前几个月，老人才把祖传秘方“九子地黄丸”传授给蒲老，此方治疗眼底病变是不可多得的良方。

一代经方临床大家，享年八十有四乘鹤西去，是我院巨大损失。为了缅怀恩师，学生我为他赠了一副哀联：“德比董奉，超于戴籍，辛勤耕耘杏林，鞠躬尽瘁；术同苏耽，略高一筹，终生执教桔井，死而后已。”

二、学术篇

宋老先生，终生忙于就诊，查阅典籍，翻阅名老中医著作，下班后一杯茶一本书，从不外出散步，很少和儿女们聊天，把精力全部用在中医事业上。他是衡阳师范毕业生，善古文教学，文笔犀利，但却很少见他动笔，自嘲自己“久不操觚”。

他说要想进步快，临床上要会博采众家之长，把他变为己有，尤其年逾古稀的老大夫，处方的含金量很高，要妥善积存他们的底方，从中吸取养料。例如秦伯未先生善治脑髓病变，地黄饮子、小续命汤他用得炉火纯青；胡希恕善用经方，一个小柴胡汤加减席卷内妇儿外，治病如神；方鸣谦先生精通内外科，他的补中益气十用，弘扬了东垣学说，泄露东垣之密；张志纯先生溶经方与时方于一炉，被誉为“治内科病的泰斗”；焦树德先生研讨历节“尪痹”，几十年如一日，为治痹开辟了一条新径……。

宋老一生治学，大体可分为四个阶段。

（一）初出茅庐

宋老18岁悬壶羊城，当时少年气盛，有点初生之犊不怕虎，对所学的经方和时方都只有感性知识，没有实际的临床经验，加上年轻，一时不为当地民众所认可。前几年，虽面带笑容，把病人奉为上帝，病人还是不多，再加上广东人排外，经多年努力，才打开局面。直到不惑之年后，才从实践上把经方、时方在临床实践中筛选了优劣，临证开药已得心应手，但无任何建树，唯舅舅刘希盛口述“桂枝去桂加茯苓白术”医案，非常敬佩，崇拜吴秉贵、刘希盛、周公萍、刘家云、李泽民等医家，盼望自己晚年能赶上或达到他们的诊治水平，故把舅舅遗赠的医案，背得烂熟，以鞭策自己。

1977年宋老把这一清朝末年的医案，让我记录了下来。宋老说：“一日吴秉贵与老同学周志仁闲坐聊天，周半开玩笑地说：‘老吴，你今天说两湖总督请你去看病，又说二广总督又要接你去看病，你到底会看病吗？’吴大夫笑着说：‘当然会看一点，不然他会抬轿来接我？’周一边伸过手，一边笑着说：‘那你也给我看看。’吴老说：‘行，要早上看。那你明天在家等我，我来看。’第二天天亮，周尚未起床，吴老就上门来诊脉，诊完笑着说：‘从脉上看，你现在还没有病，要到明年清明后你当病，我给你开个处方留着。’周忙说：‘那你忙什么，病了我去找你看。’吴老说：‘不行啊，明年清明节两广总督张之洞（1837~1909）要看病，那时他把我接走啦，我给你留方，保存着。’吴老提起笔，写了处方，并写了可能发生的反应，顺手将家书封好递给周，周不在意的将信随便扔在书架上的书中。

翌年清明刚过，周不舒服，以为伤寒，找著名伤寒家刘希盛（舅老爷），见周鼻鸣干呕，恶寒发热，稍感胸闷，予桂枝汤二剂。服药后病情加重，马上去找治温病擅长的名医周公萍。周见其服桂枝汤，四肢厥冷，以为汗出亡阳，给四逆汤二剂。服后寒去热盛，以为病并非伤寒，去到擅治温病的刘家云大夫。刘见其服四逆辈，寒去热盛，几日未大便，处以大承气汤一副。服完汤药，增胸胁苦满，寒热错综。找到擅长柴胡汤的李泽民大夫，李见其先服附子汤温阳，又服大承气汤涤荡热法，必当寒热互结中焦，给以四逆散协调阴阳，服四逆散还不见效。先后吃了几个人的药都不见好，这时想起老朋友吴秉贵曾给他留着一个方，还有一篇文章，不知写了些什么，赶忙在书架上找出信一看。吴老说：‘周应病伤湿，当用桂枝去桂加茯苓白术汤，服一帖后当小便利，胸闷顿减，再服一帖病愈。’又翻开下一页，上面写着周病后投医治病的过程，果如吴所料，服二剂病已痊愈，周始信服吴老高明。他将先后给他看过病的老中医请在一起，酒酣之际，谈起治病经过，读了吴老去春所书处方脉案，真不出所料，大家更是欢笑高兴。”

席间，大家让吴老讲讲当时是如何预料周必在清明之后病伤湿。吴老说：“周好饮酒，有里湿表湿，清明时节梅雨纷纷，露吃陵前，里外夹攻，病湿则必不可免。”

谈笑间，刘希盛责问说：“老周，你为什么服完桂枝汤不再来诊，你若来，我也一定会给你开桂枝去桂加茯苓白术汤。”刘又对吴老说：“你写对了没有？”吴老说：“我已注明，服刘氏桂枝汤不效，再去找刘复诊，一定会看出你是桂枝去桂加茯苓白术汤证。”周打开信，果然下面括号里是写得清清楚楚，可惜未早翻开一阅，逗得大家哄堂而笑，酬酒别谈他事（1977年高齐民笔录）。

三、锦上添花

在宜章中医院工作，每天下乡巡回，一年要看成千上万的病人，危重、疑难的病人多起来，又有很多要急救的人，宋老说：“我的中医水平，在宜章6年，超过在广州的29年，摸索出了很多有效的经验。至今还流行宜章民间，有以下三方。”

1. 药物流产避孕方

流产“红曲麦芽汤”：红曲30g，生麦芽60g，黄酒一杯，水二杯，煎服三副，即达到流产的目的。我的一个朋友的夫人怀孕，如法服三副达到流产的目的；他随女儿出国，为华侨流产，用的就是宋老方。

避孕“神曲麦芽汤”：六神曲9g，生麦芽9g，三副即可，月经净后第三天开始服药，进三副就不会再怀孕。

2. 男性不孕方

男性不孕，精液检查有成活精子，但数量少是适应症，化验检查无精症则无效。

促精汤：仙茅15g，仙灵脾15g，韭菜根24g，菟丝子30g，锁阳15g，金樱子15g，地骨皮15g，甘草5g，九副。

送麟丸：熟地60g，白术60g，当归45g，枸杞45g，炒杜仲30g，仙茅30g，巴戟天30g，山萸肉30g，仙灵脾30g，制附子15g，肉桂15g。红参10g，鹿茸10g，炼蜜为丸，每次9g（一丸），每日服2~3次。

汤丸服法：汤丸并用，汤药服9副，休息6天，丸药不停。丸药服一月，休息6天，3个月为一个疗程。若中途已怀孕，则终止服药。

3. 治脚跟痛方

杜仲10g，附子10g，猪肾3个，将猪肾切开去净中心白物，洗净放入附子、杜仲，然后用苎麻捆住放锅上蒸，每日吃一个猪肾。三日服完，不效，再服1~2次。

4. 医海拾遗

（1）痢疾危证案，1954年6月13日

（摘自宜章县卫生工作者协会统一处方笺，诊字第1073号）

刘海兰，女，69岁，初诊，宜章县桐木湾村人。

少腹引痛，下利赤白，已经十余日，口不渴，头微痛，恶寒，发热，38.6℃，发黄，舌绛，有紫色斑，脉见洪数，欲呕，自汗。属胃肠炎（急性渐转慢性），烦躁，因失于调治，渐趋入险境。

处方：川连4.5g，西党12g，干姜9g，北楼（栝楼）21g，条黄9g，法半夏9g，生姜三片，红枣三枚，服此方一剂得效。

按语：宋老用半夏泻心汤治下利险症。湘粤两省秋季此病多发，且治痢喜用白头翁汤、葛根芩连汤、桃花汤。治肠炎，轻度肠炎喜用黄芩半夏生姜汤，慢性肠炎喜用半夏泻心汤，急性肠炎喜用甘草泻心汤，有脱水亡阳之虑用生姜泻心汤，胃热脾寒用附子泻心汤，有热出血当用大黄黄连泻心汤。汉代以前，把痢疾、肠炎统称为下利，病机相同，方可通用。如白头翁汤治痢疾，也同治泌尿系感染一样。

此案乃半夏泻心汤加全栝楼，和胃降逆，消痞除满，临床上痢疾危证见胸心窝痛、大便不畅加全栝楼，则有小陷胸汤之意。

（2）胃脘痛案，1954年6月7日

（摘自宜章县卫生工作者协会统一处方笺，诊字第994号）

王英明，男，36岁，初诊，宜章高桥王家。

胃气痛，胀满，受寒则发，煎服皂角冲酒，每每增剧，脉转濡紧，味蕾突，二便如常，欲呕，吐清涎，药后痛止，胀满消。

处方：砂仁6g，法夏12g，香附12g，高良姜9g，枳壳9g，广木香3g研末，生姜汤下，服本方痊愈。

按语：这是宋老20世纪50年代初，初创砂半理中汤时的雏型，应知此方首创在50年代。1990年应《名医名方录》征稿，刘小北、王芬整理发表。

（3）心绞痛案1954年3月3日

（摘自宜章县卫生工作者协会统一处方笺，诊字第622号）

程杏杨，女，23岁，初诊，黄沙堡乡人。

心下痛，舌苔白。

处方：丹参24g，砂头3g，檀香3g，痛甚加五灵脂、蒲黄、红花。

按语：20 世纪 50 年代初，人们对冠心病、心绞痛形成知者甚少，直到 1958 年以后，西苑医院郭老才把冠心病研究提到日程上。

（4）头痛案，1954 年 6 月 7 日

（摘自宜章县卫生工作者协会统一处方笺，诊字第 1859 号）

刘爱莲，女，8 岁，初诊，后洞刘家。

头痛、呕逆、手足冷、脉沉细。

处方：吴茱萸 4.5g，西党 9g，生姜三片，红枣三枚，一剂愈。

按语：宋老用经方，年青时常用原方，不加减，观察经方的疗效。40 岁以后，才开始加减一、二味药，有时也不需要加减，就用原方。

（5）水肿案，1954 年 6 月 10 日

（摘自宜章县卫生工作者协会统一处方笺，诊字第 1058 号）

刘文，男，33 岁，二诊，车田刘家。

周身浮肿，服一剂肿大消，胀亦减，只脚跟部尚浮肿。

处方：大戟 3g，甘遂 3g（面裹煨），芫花 3g（醋炒），大腹皮 9g，槟榔 9g，苏叶 9g，木瓜 12g，青皮 6g，茯苓 12g，枳壳 6g，苍术 9g，台党 6g，本方一剂痊愈。

按语：水肿用利水药不稀罕，但同时用三味虎狼之品，要用胆识，否则不敢用。最常见用一味，最多二味而已。宋老三味同用，夺关斩将，一战收功。

（6）四用麻黄细辛附子汤案

①余万超，男，24 岁，第五区公所，1954 年 6 月 12 日

（摘自宜章县卫生工作者协会统一处方笺，诊字第 1066 号）

尚时作痛（头梗部），浮肿，舌苔仍微黄。

处方：麻黄 9g，细辛 6g，附子 9g，服本方后痊愈。

②宋梦干，男，51 岁，宋安村人，1954 年 6 月 20 日

（摘自宜章县卫生工作者协会统一处方笺，诊字第 1096 号）

右边下腭牙龈痛，微浮，摇动，已一周夜不能眠，腹鸣，头痛亦有引痛，舌苔白腻。

麻黄 9g，细辛 9g，附子 9g

③董享莲，男，21岁，蔡家，1954年3月3日

（摘自宜章县卫生工作者协会统一处方笺，诊字第519号）

头痛，眼花，舌苔白，脉迟缓。仍用原方。

麻黄12g，细辛6g，附子6g

④周云柳，男，40岁，堡城人1954年4月8日

（摘自宜章县卫生工作者协会统一处方笺，诊字第850号）

血停后，体温低不足，周身仍痛，头痛，咳嗽，胸部痛，脉转迟，舌苔白。

处方：麻黄9g，细辛3g，附子12g，玄参24g。

按语：此例系肝癌，导致食道静脉曲张吐血，故云“血停后”。此方在《伤寒论》301条后，“少阴病，始得之，反发热，脉沉者。”原用于助阳解表，症状很少，是一个治疗范围极广的经方，凡肝肾阳虚之症，用本方稍加减疗效都很好。宋老用此方治疗阳虚头痛，周身痛，以致阳虚牙龈肿痛。宋老说：“上龈乃足阳明之脉所贯络，下龈为手阳明大肠所贯络”，“牙痛有喜寒热之不同，其治有从标从本之异法”。宋老40岁时，适逢一老人说：“我过去每逢牙痛，都是买点生大黄，泡水喝，服后定能止痛，你试试看。”从此宋老有了治牙痛的寒热二法，详见《燕山医话》144页“牙痛拾余”。

《十全良方》一书，在麻黄细辛附子汤中加川芎、生姜，名为指迷附子细辛汤，治冷风头痛。

（7）小调经汤治奇疾

（宋老口述，1977年高齐民笔录于东塔楼）

邝××，女，26岁，宜章县后洞张家人，1950年8月初诊。

患者素来身体健壮，二七月经来潮，初潮后数月地道又闭而不通，渐在关元处生一大疔，红肿痛热，请来外科郎中，先服仙方活命饮三剂，肿未消，以为脓成，用三棱针从疔头刺入排脓，但刺后流血少许，未出脓，不久疔疮渐愈。二年后，媒人上门为少女找对象，邝女闻后昼夜痛哭流涕，并说：“誓不出嫁”。母亲担忧，问其原因，方知近半年多来旧疾重发，原长疔疮处针眼重新溃破，脓流腥臭，并从疮内长出黑毛

3~5根不等，一昼夜可长5~6寸，正因如此，所以“拒婚”，心中郁闷不乐，泪涕交加。翌日其父知其女拒婚之故，遂请宋老往诊，诊毕见是疮疡，非已所长，本不想治，因病家殷切恳求，盛情难却，初用“仙方治命饮”三副，服后脓由清稀变稠，吉象，腥臭味稍逐，疮内生出毛发，每日拔出，第二天复出如故，夜间疼痛较甚。因见患者低头不语，郁闷非常，必因患奇疾难以出口，所以肝郁不舒，遂更方予“逍遥散”二副，服药后少女感到心里舒畅，但痼疾如旧，真有点“野火烧不尽，春风吹又生”，这是什么原因？沉思良久，方悟《内经》有“发为血之余”的论述。此少女初潮应期而至，后因地道不通而生疮，至今经水未再来，疮内长毛发，每日5~6寸，当是瘀血所化，遂改用“小调经散”（麝香5分包冲，川芎9g，当归9g，琥珀3g冲服，丹皮9g，红花9g）三副，“十全大补汤”三副，晨服“十全大补”，晚服“小调经汤”。服完3剂，疼痛止，月经来潮，疮口愈合，毛发消失，奇疾霍然而愈。

按语：无独有偶，2003年我去洛杉矶看望女儿，有时应针灸协会邀请，讲授《伤寒论》《金匮要略》经方临床应用。课余，针协秘书宋静宜大夫邀我去她诊所，会诊一个“怪病”病人。

一个美国妇女，41岁，望之身体丰满健壮，红光满面，不像有病。宋静宜大夫翻译说：“她得了一个怪病，两手臂汗毛粗大猛长，每周需用剃须刀刮两次，饮食睡眠如常人，我给针灸两个月，不见效。”我诊其六脉沉而涩，问其月经多少天来一次？病人说：“一年多不来了。”她说完，我马上想到宋老治少女“疮内长毛”案。此乃经水不至，地道干涸，瘀血化为毛发，从两臂长出，当活血化瘀调经，我开了“桃红四物汤”。病人不会煎中药，宋大夫代煎送药上门，五副药服完后，经水通，臂毛不再滋长，一切恢复正常。

（8）治愈肠癌案（宋老口述，1974年5月高齐民笔录）

刘××，男，40岁，湖南宜章县武装部部长。患肾结核、腰肌劳损、慢性肝炎、风湿性心脏病、心衰三度，在广州军区总院住院，后因大便不通，尿血，触诊腹部有肿块如鸡蛋大小，先后两次剖腹探查，经广州肿瘤医院确诊为肠癌，预计尚能活六个月，因无法医治，遂回宜章老家养病，每日注射抗癌药物，如此过了四个月，病情逐渐加重，精神已不正常，上街后自己找不回家来，所以警卫员老跟着他。他的爱人和同志们说："不能坐以待毙，找老中医看看，即便看不好，延长点寿命也行，解除点痛苦岂不更好。"

初诊：见患者神情痴呆，沉默寡言，小肠癌给其沉重的打击，六脉弦而有力，胸满腹胀，大便不畅，舌苔厚腻，舌润。

处方：柴胡18g，白芍30g，半夏9g，黄芩9g，枳实12g，大黄15g，滑石9g，萆薢30g，生姜三片，大枣三枚。三副，水煎服。

二诊：服前药大便通，神志也清楚一些，遂改用早服大柴胡汤（分量同前）加桃仁9g。晚服蒲灰散（蒲黄9g，滑石6g）加萆薢30g，两方各三副，早晚轮服。

三诊：进前药，神志日渐清醒，外出已能自归，不要再跟伴随，尿血已大为减少，效不更方，继续服用。

四诊：服上药达三个月之久，病愈过半，遂用早服蒲灰散，晚服八味地黄丸收功。

五诊：因心衰影响睡眠，去八味地黄丸，改用归脾汤，月余，诸症悉愈，经肿瘤医院检查，肿块消尽，肠癌痊愈。

半年后退伍回东北，至今尚好。

按语：宋老治肠癌，其大柴胡主证为胸满腹胀、大便不通，用蒲黄散主证为小便不通、尿血。妙用萆薢重剂，分清浊，治小便不利。在口述此案时，提及他单用射干麻黄汤治胃癌一例：病人在广州诊断后以为无生之希望，回宜章中医院治疗，因咳嗽，痰鸣，开了药，先后服了30多剂，再去广州复查，胃癌消失，真是"无心插柳柳成荫"。

宋老不惑之年，亦是医术思想成熟之时，对经方、时方的临床应用，已达炉火纯青。都说跟宋3~5年，还掌握不了他用方用药的辨证规律，如果把宋老遗留的389个脉案，一个一个加以研究分析归纳，找出规律，一定能把宋老学术思想摸透、掌握好、继承好。什么地方继承，什么地方有发展，什么地方超越前贤，只有分析透彻其壮年留下的医案，才学到了宋老的真传。

（三）学院执教

宋老先后担任伤寒教研组、金匮教研组主讲，上午授课，下午带学生实习。由于教学任务的需要，善用经方治杂病的功夫无人能超越。如果不是带学生，他临床用经方大约占50%。

宋老诊病时的底方，绝大多数让学生带走，只在家中看病时，留下底方应副复诊，传授女婿阅读学习。他因身体关系，第三届58班学生《伤寒论》课，已由陈慎吾老师主讲，助教是刘渡舟先生。

1. 草河车汤

从1958年起，甲肝多起来，宋老自创了“草河车汤”治疗转氨酶高的迁延性肝炎，功同茵陈蒿汤。

药物组成：草河车30g，青皮12g，苏木6g。

功能：清热活血，舒肝止痛。

加减运用：如热毒较甚，将草河车改为凤尾草30g；大便溏，减草河车，加贯众30g；有黄疸者，加茵陈15g，栀子10g；在肝硬化早期，加山楂3g；腹水较明显，加郁金15g，槟榔30g；伴见脾胃虚弱，加茯苓15g，白术12g，党参12g。

草河车汤验案（宋老处方底方）：

泮世华，男，23岁，1981年4月17日初诊。

化验检查：黄疸指数11单位，转氨酶208单位，麝香草酚浊度12单位，胃区痛，纳谷不香，脘腹胀，六脉弦。

初步诊断为肝炎，当清热活血，舒肝止痛。

处方：贯众15g，青皮9g，党参9g，苏木2g，白术15g，茯苓12g，生姜6g，大枣4枚。3剂，有效可服36剂。

两个月后复诊，各种化验都恢复正常。

按语：早期肝经湿热多有黄疸；而慢性迁延性肝炎，转氨酶高，黄疸轻；从国外潜入的乙肝、丙肝病毒所致，症状少，但危害极大，无特效药，很难治愈。从1972年起，我把宋老“草河车汤”加减，用来治疗乙肝，命名为“小金楼汤”。脾胃虚弱者，“见肝之病，当先实脾”，上方加党参、炒白术15g，焦山楂12g，神曲10g。我把“草河车汤”治甲肝偷梁换柱治乙肝，汇报给宋老，他不但不生气，还夸奖说：“我带了这么多学生，齐民的悟性最高。在‘草河车汤’上锦上添花，这就是青出于蓝而胜于蓝。”解决了乙肝无方可治的问题。

小金楼方：草河车30g，贯众12g，苏木6g，水煎服，每日一剂，每30天为一个疗程。一般要服1～3个疗程，乙肝的化验指标才能恢复正常。草河车又名蚤休，亦名金线重楼，缩写为金楼，故名曰小金楼汤；若加入党参、白术、焦山楂、神曲，则名大金楼汤。为了加强本方的解毒护肝之力，常加茵陈10g，蒲公英15g。

2. 秘传“三两三”

记得1961年新年，我在谈起《江西中医》熊梦“冷庐医话”载“三两三”用于一切久治不愈之皮肤病经验有卓效，熊梦说：“吾之开业期中，曾用此治疗数例患荨麻疹，病程达十余年之久的患者，服用此方月余，收到根治效果，诚良方也。”

我好奇地问宋老，“三两三”方出自何书？为何人所创？图书馆能否借到？宋老说，“三两三”是民间医秘传镇宅之宝，无创作者和书籍流传于世。你这一问，使我回忆起1936年资兴民间医生袁国华先生，他在宜章执业，与我性情相投，交往年余，因其年已古稀，没有著作，也不带徒，因恐家中秘传良方失传，才把“三两三”口传心授给我，今年我挤时间把它整理出来。

1962年第2期《广东中医》刊登了宋老整理发表的袁国华先生的“三两三”，全文抄录如下：

“三两三”，亦称“三两三钱三”，很可能因为方剂分量而命名。名为“三两三”的方剂很多大都属于秘传，多捷效，一般掌握在民间医师手里，草药医掌握的更多，所以在群众中流传这样一句话，“病要好的快，须用三两三”，可见群众对“三两三”的评价。

“三两三”的组成，一般都是四味药，君臣佐使配合很严谨，每一个“三两三”的汤方，都有三分保密药，由医师亲自加入汤内，虽然加的只是三分药，而疗效就高很多了。

（1）“疮疡三两三”

全方组成列下

生黄芪30g，金银花30g，全当归30g，生甘草9g，川蜈蚣0.1g。

①方解：金银花治一切风湿气；当归治一切风，除湿痹；黄芪能止诸经之痛；甘草通经脉，利血，坚筋骨，长肌肉；蜈蚣善走祛风。蜈蚣辛温有毒而能除风攻毒，主治丹毒瘰疮，便毒瘰疬，用于迁延日久之疮疹，更具殊功，此物虽有毒，但在能解百药毒的甘草协调之下，无不良反应。黄芪、甘草宜生用，不宜炙用，炙则纯属内补，排毒之力转微。

②功用：此方养气血解毒。

③主治：疮疡，肌肉风湿，风疹。用于久治不愈的皮肤病及荨麻疹等。

④医案两则

刘×，男，40余岁，患肌肉风湿已十余年，更历多医，迄未根治，甚以为苦，后更生黄水疮，自以为疮疹小毒，未曾就医，迁延二年余，形体日惫，前来就诊。详其病情经过，按辨证施治标本先后原则，先治其新病，与“疮疡三两三”六剂，药后不但黄水疮结痂告愈，肌肉风湿痛亦随之大减，遂教再将原方服六剂，肌肉风湿痛亦获痊愈。后经访问未复发。此后，每遇肌肉风湿痹痛之久治无功者，转予本方，莫不获效。

邱氏，女，20余岁，经闭三年余，多方疗法无效，时发风疹来诊，予本方服三剂后，风疹愈而经行。后曾多次用于体弱经闭患者，均得奇功。

（2）“首风三两三”

发病有时的头痛或偏头痛是临床上常见的顽固性病证，不易根治，如果气候有变化，或将要起大风时，先一日必出现剧烈头疼，正如《内经·风论》所说：“首风之状，头面多汗，恶风，当先风一日则病甚，头痛不可以出内，至其风日，则病少愈。”

麻黄30g（打碎节先煎去沫），桂枝30g（去皮），罂粟壳30g，甘草9g。

痛偏于左的加龙胆草0.1g。

痛偏于右的加钩藤钩0.1g。

痛头不偏的加陈细茶0.1g。

①煎服法：用水约四碗，先煎麻黄，沸后去净沫（或连水都去掉），再用600g水纳诸药同煎，取水240g，分温作三服，一服痛已即止后服。

②禁忌：服药六日内禁生冷、油腻、鱼腥酸辣，36日内禁房事，男女同法。

本方剂量不可减轻使用，否则患者容易产生抗药性，以后再足分量，亦不生效。

③注意事项：麻黄必须打碎节，先煎去沫，或去头煎，桂枝必须去皮，不然会有鼻衄的后果。

④头痛的原因

头痛、偏头痛久而不愈的主要原因是风寒入于骨髓，一般性头痛，其痛不会逾月的。

正如《素问·奇病论》中说："帝曰：'人有病头痛，以数岁不已，此安得之，名为何病?'岐伯曰：'当有新犯大寒，内至骨髓，髓者以脑为主，脑逆故令头痛齿亦痛，病名曰厥逆。'"又如《素问·风论》中所说："风气循风府而上，则为脑风……所沐中风，则为首风。"

⑤法则：祛风逐寒为主。

⑥方解：凡风寒之邪，皆由皮毛而入，故必使之从皮毛而出。本方麻黄散寒，桂枝祛风，更以罂粟壳固表止痛，甘草和中。痛偏于左为肝气上逆，用龙胆草泻肝火；偏于右者为百肺失清肃，以钩藤钩平肝风（左右以先天八卦定位：东方震木为肝；右为兑金为肺）。陈细茶解结止痛，服之鲜有不效者。轻者一服即愈，重者二剂必愈。如服一剂不效，不可再服。因尚有不属于风寒入里之头痛，如梅毒蕴结、胃热熏蒸等，就不是本方所可治疗的。

⑦医案

邓×，男，50多岁，患偏头痛10年，发则头面汗出，每遇气候将变，疼痛必甚，适有袁国华医师在宜章执业（时在1936年），我即介绍予之医治。袁医师予“首风三两三”，服药一剂，其痛即止，后屡经访问，迄今未复发。

(3)“跌打三两三”

病者从高树或楼上失足跌下，伤重垂危，看伤者没有破皮折骨，只用“跌打三两三”就行啦。

全当归30g，金银花30g，大川芎30g，穿山甲9g，滇三七0.1g（研冲）。

①煎服法：此药将酒一碗，水两碗，合煎取一碗半，分两次温服。服第一次约经四小时后，伤者必然大便，若便中带血，不必惊讶，继续二煎服下，次日必渐能行动，再将原方配服一副，静养2~3日就可以劳动了。

②用药的理论依据

《素问·玉机真脏论》说：“急虚身中，卒至五脏闭绝，脉道不通，气不往来，譬于坠溺，不可为期……。”就是说，扑跌、溺水这一类外伤，就由于本身虚竭，仓猝支不住而出现失足沉溺，以致五脏闭绝，脉道不通，气不往来，这在诊脉上是不可以预期的。如由高坠下，必须一时出现目眩心悸才会失足跌下，这就是所谓急虚身中。

③治则：通经脉，活气血。因为是气虚，所以着重通气活血；因为是身中，所以着重在解结去瘀。

④方解：本方当归除客血内塞，温中止痛，破恶血，生新血，协同川芎理一切血，去瘀血，养新血；金银花通行十二经，消诸肿痛；穿山甲出阴入阳，通串经络，能直达病所；三七散血止痛，于跌仆未出血者，更为要药。君臣佐使配合得宜，真有起死回生之妙。如果骨断筋折，就不属于本方范畴了。

⑤论真脏脉

《素问·玉机真脏论》“急虚身中”一段，句读不明，历来注家都解释为“内伤”，不想想在临床上的“内伤急中”是没有不出现真脏脉的，只有坠溺之类的外伤，虽由气虚所引起，但不会出现真脏脉。古人正恐人误会内伤，所以举例“譬于坠溺，不可为期”。其脉绝不来，若人一息五六至，其形肉不脱，真脏脉虽不见犹死也。这里要指出的内伤脉象，一息5~6至是决不会死人的。外伤就不同了，血伤之后，应当脉见迟涩，若有数象，证明瘀血入心，舌中必见瘀点，这就很危险。

第二天我特地访问伤者，他说："昨日吃了药后，大便下了两次血，当时觉得周身舒服，疼痛减轻。"我问："你怎样在树上摔下来的?"他说："我在树上，忽然心中悸动，头眩眼花，手脚支持不住，就跌下来了。"这样对照袁医师所说，确实和事实相符，不能不令人心折。

以后这一"跌打三两三"，我常在临床上应用，都收到了如期效果。

⑥验案

1947年，有一曾姓者，由高楼跌下，牙关紧闭，气绝无声，其家中人请村中一跌打医师诊出，该医师见病危重，连摇头表示不可救药，当时我正在该村出诊，遂请同往救治，检查伤势后即处原方予之，那位跌打医师不信，并有激词，我即对伤家说："吃了这三副药便可挽救"。药煎好，即将滇三七末调入汤中与服。药后腹中雷鸣，过了三个多小时，伤者渐知人事，再将二煎药服下，又过一时许大便一次，便中纯为紫色血块；第二日原方继续服一剂，又下紫黑血块二次，疼痛消失，已能步履；第三日再服一剂，便中已无血，伤势也基本好了，那位跌打医师方才信服。以后三四年当中他用此方治疗15例，没有不收到效果的。

按语：1976年五建老工人队为中医研究院盖房，墙高2米多，夜间施工，一老工人失足从铁架跌下，上午八点多用担架抬至门诊，神志清醒，跌下已五个小时，不见出血征象，受了点惊吓，臀部先着地，地下是从根基翻上的湿土松软，所以伤的不重，脉无涩象，方处以减半"跌打三两三"五副，七天假满就能来上班了。

(4)"溃疡三两三"

①主治：痈疽溃后，久不敛口，或远年近日之溃疡均可敷贴。

②处方：赤小豆30g，栝楼根30g，浙贝母30g，大冰片0.1g。

③用法：上药各研成极细末，称足分量后，再将药末和匀，视疮口大小分为二或三包，每包用鸡蛋清调敷，日换一次，换下之药，不可扔掉，将脓血放置净土上，(地气)吸去其毒，次日仍以鸡蛋白合前药匀

调包敷，以一料交替使用，至愈为止，药力始可用尽。

此药用后可保存，使用次数越多，效越大，看来不符合卫生和科学原理，但在实践中确是如此，原理在哪里，仍不可得。

④医案

彭××，男，60余岁，中医师，足生痈毒，冬愈春发，往始20余年，内服外敷，百药不效，后来求诊时自称为臁疮，遂予本方敷贴20余日，即告痊愈。

吴氏，女，患手背发一年余，溃后肉腐见骨，更历十余医，均未见效，因家贫寒异常，遂教向彭××家乞其余药，敷贴十余日，即生肌敛口而愈。其邻居家有小孩，头部生一疖毒，已三年余，医药未效，吴氏以余药予之，敷贴六七日，亦获痊愈。

按语："三两三"在《广州中医》发表后，还赠了一本杂志，即1962年第2期，我一口气将"三两三"读完。晚饭后和宋老闲聊，问其是否全部把"三两三"发表，他说还有一些"三两三"，在临床上未验证，所以没有发表，加之已过26年，也忘掉一部分。如：

A. "热痹三两三"：益母草30g，透骨草30g，仙鹤草30g，知母9g，制马前0.1g。

主治：热痹及类风湿性关节炎，以及痛风等。

按语：我从此方化裁出一个痛风丸，专治痛风。

B. "安眠三两三"：生地黄30g，酸枣仁30g，茯神30g，防己9g，朱砂0.1g（分冲）。

主治：少寐易醒（即神经衰弱症），但朱砂不能多服，6~12副即可。

按语：本方有防己地黄之意，若温服后加白酒或黄酒一杯，则会"不安神而神自安"。

C. "自汗三两三"：生芪30g，生龙牡各15g，黑豆30g，炒白术9g，灯芯0.1g。

主治：自汗出。宋老常用此方，惜未将底方保存下来。笔者也常用，常去炒白术，加桑叶9g。

按语：1964年，在汨罗为了治急性血吸虫病导致顽固性鼻衄，中西医皆束手无策时，我创制了“镇衄三两三”（生地30g，桑叶30g，白茅根30g，党参10g），用于治疗除阳虚以外的各种衄证，如鼻衄、耳衄、齿衄、眼衄、唇衄、指衄、肌衄（血小板减少）、精衄（精索炎症）、胭衄、乳衄等。特别令我高兴的是，“镇衄三两三”，每服一副，可提高血小板一万，一般七副，衄血可止。若阳虚则用甘草干姜汤（甘草6g，炮干姜15g），五副即可，再用附子理中丸善后。

（四）专家门诊

1966～1994年，宋老在北京中医学院东直门医院从事临床教学，每周出专家门诊，尤其为老红军、部长、兵种司令员出诊看病，从出诊回来留的底方看，他的医疗水平抵达高峰，已无人可以超越，但他认为给高干看病“如临深渊，如履薄冰”，处方用药要万无一失。我在广州、湖南喜用经方，用药少则二、三味，多时六、七味，群众少花钱，能治病；给部长、司令员、长征的老红军看病，他们个个都是有卓越功勋的人，对他们绝对负责，所以处方药味多一些，贵重药也多，这才迎合他们的心理，处方用药也得“与时俱进”。名医吴秉贵说：“御医当久了，不如走方医”，由于出诊为首长诊病，所以从他的底方可以看出，每剂药都是溶经方时方的精华于一炉，重铸新篇，他晚年的底方，显得格外珍贵，方方含金量极高。

附：医案医话五则（宋老口述，高齐民笔记）

1. 冬温转春温案

女，40岁，711医院住院病人。自诉突然感冒，未出现恶寒，就发高烧41℃，住了30多天医院，烧才退下来。出院不久又高烧39℃～40℃，又住院50天，经服中西药，高烧退到38℃多，再也无法退下去。经711医院反复检查什么都没查出结果，细菌培养（－），但人日渐消瘦，食纳极差，也服了一些中药，胃口不开，舌上无苔，质淡红色，无表症，少津起刺，形体消瘦，疲倦，每日饭量3～4两，大便4～5天一次，不腹胀，脸色淡红（非真阳外越之象），脉沉细但不快，略带涩象。

因为什么都查了，不像伤寒，但也定不下什么病名，热势目前多在38℃以上。医院说："但愿先生诊断明确，予以调治。"

按中医辨证论治来分析，本病开始为冬温初好，出院后又适经水来潮，所以又开始发烧。这时季节变化，立春后发病，病由冬温转春温，当用四物汤合调胃承气汤（当归，川芎，白芍，生地，大黄，芒硝，甘草，重用大黄）。"温病下不厌早"，服药后大便通，体温下降至37.2℃（开药三副，大便通，止后服）。

二诊：因患者又见轻度泌尿系感染，改用四物汤合五苓散（生地，当归，川芎，白芍，泽泻，茯苓，白术，桂枝，猪苓），服一副，体温降至36.9℃。医院再次做细菌培养，说培养出伤寒杆菌，将她收入传染病病房。不久又开始发烧，体温37.5℃，因已查出病原，院方认为不再烦请宋老，但热势日渐递增，病人经大夫同意，民主任批准，来宋老家中求诊，处以柴芩四物汤（柴胡，黄芩，生地，当归，川芎，白芍），开三副，服完二剂，热退出院。

宋老说："若不服四物汤加调胃承气，血室之热不能清除，当初是里症，里证不能用柴胡，最后来求方是因胸满才改用柴芩四物汤，病若再晚服中药四物调胃承气汤，几天病将趋于难治。为什么用四物汤呢？因为本病舌质红口干，口不渴，这是瘀血证，又大便4~5日一行，温病无表证，非用下法不能起沉疴。温病下不厌早，有表证也能用下法，大便稀也能用下法。

我问宋老"肠伤寒"如何治？宋老说："我在江南行医三十多年，那时农村卫生条件差，得伤寒则常见，概而言之，初起有表症，用麻桂之类，入阳明则用大承气，在少阴则用附子汤，若肠穿孔当用桃花汤。"

按语：此案例在711医院轰动很大，属一个特殊病例，又是冬温转春温案例，很有研究价值。宋老前后三次叮咛我，一定仔细推敲此案例。怕我不重视此案，所以在1977年4月10日那一天，他亲自将此案口述，让我笔录下来，认真学习领会此病辨证论治之精华所在。

2. 下痢危重案

周×，女，50岁，航天部职工家属。不知何时饮食不洁，突发急性胃肠炎，吐泻交作，送到职工医院治病，服中西药不效，病情日渐加重，日下痢数十次，完谷不化，呕逆难以进食，消瘦，因脱水眼内陷，若不治疗，病人将危在旦夕，因对抗生素过敏，医院也束手无策，想请宋老出诊。时值宋老身体欠佳，病人住在医院还算放心，在问清病人现状后，宋老根据多年治急性胃肠炎的经验，处以甘草泻心汤加葛根。炙甘草 12g，黄芩 9g，干姜 9g，半夏 9g，黄连 3g，大枣 10 枚，党参 15g，葛根 30g。三副，水煎服，每日两次。服药后，一剂知，二剂效，三剂痊愈。

三日后，病人家属来电话说："这么危重的肠炎，几副药就给治好啦，谢谢宋老!"宋老风趣地说："我没有什么可谢的，要谢，谢张仲景吧。"

按语：下利属里证，不能用柴胡，但能从小柴胡汤中化裁出一方。因下利有湿重热重，有脾胃气虚，有脾胃阳虚，则又变成三方。其特点一，三方药物完全相同，主证不同，则君药不同。其特点二，君药不同，则方名不同。特点三，下利因湿热不同，清热之黄连用量不同；因阳虚之轻重，鲜姜、干姜合用或单用。

宋老治下利善用半夏、甘草、生姜泻心汤。此案属下利危证，"日数十行，完谷不化"，脾胃之气大伤，故用甘草合人参补中益气，培植胃气之本，加葛根则有葛根黄芩黄连汤之意，有锦上添花之妙，更可防湿热之火复燃。

3. 一窍不通脉见结代案

本邑两个老中医，李××与周××，道同又互相为亲。一日闲坐，论及脉有时可断病之予后，谈毕，相互诊脉以为戏，周脉 7~8 跳一歇，《脉经》云："脉七八跳一结代，百日死。"周为医，知脉之结代不善，独有炙甘草汤可缓其急，故每日服一副；并担心百日之后若归天，羊城、县内账物将被别人所赖占，为了子女今后有家养生，又奔羊城、县衙将一切账目点清，交副证人，带着凭证，回乡待毙。日复一日，已过百日，身体犹健而不衰，复有百日仍健康，但脉仍 7~8 跳一结代。自思死证难免，不妨求宋老一诊。问其何苦？自诉无他病，偶相戏诊脉，发现结代，疑百日必死，又逾百日仍无恙，特来一诊，以断生死，盼能否另开生门，转危为安。宋老问诊时，闻其言谈鼻音重浊，问鼻窍可有所苦，曰：鼻常流黄涕。遂用瓜蒂 2 个碾细为末，布包塞鼻，日一换。塞后鼻流黄水甚多，药后黄涕已止，语音清晰，再诊其脉，结代消失。

4. 二两生地脉结代消失案

亦有一老医师患脉结代，自知不过百日，每日服炙甘草汤，逾百日，身体健康如初，求宋老一诊，以断阳寿之长短。宋老问其所苦，自言有时心悸，左半身麻木，睡眠时好时坏，其他均无恙，观其所服炙甘草汤，诸药分量尚可，独生地之量欠足，又少清酒之升发，故将生地数钱改为一两，加入清酒。服后，脉由 7～8 跳一结代延至 10 余跳一结代。复诊又将生地改为一两半，脉由 10 余跳一结代改为 20 余跳一结代。后又再将生地加至二两，脉变为 50 跳一结代。年逾花甲，五十跳一结代为常脉，不足为怪。

按语：宋老告诫我，仲景《伤寒杂病论》254 个经方中，必须牢记：炙甘草汤必加黄酒，小建中汤必加饴糖；若不加，成了画虎无须，亦非二方之旨意。宋老说："我初行医，也常犯这错，后知之，马上改过，一生则慎之。闻齐民你在读大学一年级时，就用小建中汤原方治愈表弟张企峰胃溃疡案，自感后生可畏，这是读书认真的结果。"

5. 治愈四年每日导尿案

由广东、上海检查确诊的一例右肾丧失功能的患者，经服起废汤（串雅方），口干好转，小便增多，转告知宋老。宋老记起，1943 年，一伪军长的母亲60 余岁，病小便淋漓不通，每日上午8 时和晚9 时必导尿两次，不导尿点滴难下，如此已四年有余，遍请羊城名医处方无效，处方之多已寸厚许；从清热利湿到补气补血，以及补肾温阳等等，丝毫无功。

一日请宋老（当时宋老 32 岁）诊治，诊六脉寸弱尺盛，小便点滴不通，不导尿则少腹胀满不舒，翻阅桌上数以百计名医处方，诸医从各方面都试治过，一时定不下治则，要求病家能否借以前所用之方回去一览，研读后再处方图治。病家以为医嫌钱少，忙给解释说："只要能把老夫人病治好，不管多贵的药，我们都可以买得起，你只管放心开。”

宋老想起病家所讲，当初家中十分贫苦，又早失丈夫，全靠她出劳力养生，今儿居高官，一步登天，就把她接到广州深宫大院，什么都靠保姆料理，由于长期养尊处优，原每日出汗出力，气血代谢旺盛，现在每日闲坐不劳，腠理不再开泄，气化失常，水府闭塞，故小便难以排出。

隔日请复诊，病家见宋老面带难色，问曰：“需要什么尽管讲”，宋老笑着说：“要你老人家每日去攀登屋外小山两次。”病人因素在农家，今要她登山锻炼，不胜高兴，并说每天保证登两次，配合药物治疗。宋老执笔处以越婢汤加肉桂，初服一剂微得汗，到晚上 9 点来导尿时，也不感到像以前那样少腹胀得难受。嘱其将药煎好，放凉再服，麻黄凉服利尿。服药后尿虽未通，但已有尿感。又将麻黄加重到五钱，嘱其将导尿时间往后拖 2 小时再导尿。服前药患者遗尿少许，虽然没有什么感觉，但患者很高兴。又将麻黄加重分量，加上肉桂末一钱冲服，服后得周身汗出，桂鼓膀胱之气化，自排小便一次，导尿延至子夜，少腹亦不觉胀，从此不再导尿，尿已能自排如初，病家不胜欢喜，并要登报以酬谢。

总之，病的原因很复杂，除六淫七情外，还不能忘记“医者，意也，在人思虑。”前例右肾无功能病例，当年未问他干什么？不问，对分析病情不利。如上所举病案，不了解她当年是劳苦人家，就想不出越婢汤开腠理、洁净府，发汗以通调水道。

按语：越婢汤为治风水之主方，治病有效否，不在全方托出，而在麻黄之用量。治风水，麻黄用量当在 15g 以上，才能利尿。我曾治岳阳一青年，无汗，冬不着棉，我用麻黄 30g，生石膏 50g，服 10 剂仍不出汗。此案，导尿四年，膀胱气化功能丧失，宋老加上肉桂一钱，“一石打破水中天”，膀胱气化恢复，小便自出。

宋老说：“临证要刻苦钻研药性，审证用药，务求其当，对常用之药，尤要熟练掌握其性能，掌握其用量，掌握药后的反应。仲景这么伟大，仅用药 160 多种。研究 254 个经方，每一味药都不能从本草书和

《中药学教材》中去寻找答案。例如‘桂枝’，仲景在《伤寒杂病论》中共用130余处，用在77个方剂中，怎么能用‘概而言之’几句话说得清楚呢！要从桂枝在方中的位置（君臣佐使）、主证和作用入手分析，才能深入掌握桂枝的功用，余皆如此。”

读宋老医案，当品味他的加减。如半夏泻心汤，加栝楼则有小陷胸汤之意；甘草泻心汤，加葛根则有葛根芩连汤之意；越婢汤，加肉桂，尤为妙哉，助膀胱气化；麻黄细辛附子，再加玄参30g，方义大变，取意“善补阳者，从阴中求阳”之名言……。善读书者，就从经方之加减“沙中掏金”，以开悟自己。

（五）论文两篇

宋老天天忙于应诊，用他的话说，“久不操觚”。他很少动笔写文章，但他很乐观，“自喜桂姜辛在老”。在我整理他的遗物时，发现他在养病时写的两篇手稿：《论虚劳》和《论白血病》。为迎接建院50年大庆，作为贺礼献出来，使大家先读为快。

四、论虚劳

（一）虚劳的概念

虚劳是虚损劳伤的概括（气血、脏腑、形体、精神），精气夺则虚，邪之所凑，其气必虚，不是一种病，是多种病的总名。虚证不定是劳，积劳没有不虚的。“五劳，久视伤血，久卧伤气，久坐伤肉，久立伤骨，久行伤筋，此五久劳所病也。”

（二）虚劳的脉象

大脉：烦劳则张，大则为虚，大则病进。

虚脉：劳则气耗，二脉失精所致。

芤脉：血虚不营。

革脉：失血。

（二脉亡血所致）

浮大：脱气。

微涩：元气耗微。

（二脉脱气所致）

还有迟、代、小、细、沉、紧、弦，结合症状。

通过实践分析，“去掉我们认识的盲目性，必须提倡思索，学会分析事物的方法，养成分析的习惯。”

（三）虚劳的症状

形色晦黯，戴阳，面色白。

舌质淡，齿痕，紫，苔净。

渴，喘，悸，短气，里急，小便不利，目瞑，衄，小腹痛，手足烦（春夏剧，秋冬瘥），阴寒，精滑，足软，精清冷，发落，清谷，亡血，失精，盗汗，四肢冷，马刀夹瘿。

（四）虚劳的病因

“五藏元真通畅，人即安和”；“勇者气行则已”。其人本虚，则著而为病。

先天：禀赋不足，本质偏阴虚，阳虚，阴阳俱虚。

后天：起居失常，醉饱不时，思虑劳倦、色欲过度等。

（五）虚劳的病机

以阴虚、阳虚、阴阳俱虚为纲，以五藏精气血为目。将五藏生理功能及其病理变化，综合研究。

生理功能：肺主人身之气，而肾为元气之根，内含真阴真阳，受五藏六府之精而蔽之，心主人身之血，藏于肝而统于脾，脾为生化之源，阴阳升降的枢纽。若脾肾功能正常，他藏虽有病变，尚不致牵涉根本问题；若脾肾发生病变，往往各藏之证都伴随出现，这在临床上是比较现实的。

病理变化：大都牵涉到真阴真阳的根本问题。具体为“失精”、“亡血”、“耗气”等，这些都和五藏有关，主要归之于脾肾，有人总结为“肾为先天之本，脾为后天之源。”脾肾失调，五脏阴阳就不能相互维系，所以多种多样的症状都能出现。所以虚劳的病机，当以脾肾为中心，在治疗上也体现了这一点。后世论先后天关系，先天授我以元气，而元气输精于肾，肾气通于脾，则为我之生气；后天养我以水谷，而水谷输精于脾，脾气通于肾，则为我之胃气。是胃气也，我之生气所使也；元气，百生气之先天，则我为后天；胃气为生气之所使，是我为先天，而脾气为我之后天矣。是我无肾气不生，无脾气不立，脾肾合和，则阴阳相抱，精神乃固。

（六）虚劳的治疗

损其肺者益其气，损其心者调其虚，损其脾者调其饮食，适其寒温，损其肝者缓其中，损其肾者益其精；形不足者，温之以气，精不足者，补之以味。

1. 阴阳俱虚

首先考虑失精，有精液耗失、营养不足两方面。

能出现小腹急满，阴头寒，四肢凉等阴虚证状，及目眩瞑，发落等阴虚证状，结合脉象，极虚，重点在失精；芤重点在亡血；迟涩重点在耗气。同时出现，大有阴阳离决现象。可采用桂枝加龙骨牡蛎汤，可达到阴平阳秘的目的。

或采用天雄散。天雄强筋骨，长阴气，补腰膝，益精明目；白术健脾消食，精生于水谷，脾健则能生化输精；桂枝通阳益营；龙骨益阴精涩精；用酒调服，酒有行气和血的作用。

有盗汗的用二加龙骨汤，推广运用。

若见里急腹中痛，梦失精，四肢酸疼（阳虚阴不振），悸，衄，手足烦热。咽干口燥（阴虚阳不盛）等证，调以甘药，可采用小建中汤。冲脉为病，逐气里急，随阳明、厥阴、少阳经脉上行，肝脾不和则腹中痛，上逆为短气，为衄血，肝阴不藏则多梦，相火妄动则失精，乘脾则四肢疲疼，手足烦热侮于肺则口干咽燥，袭于心则悸。本方可调阴阳。

若形气不足，病气不足，病后不复，四肢沉重，骨肉疲疼，动则喘悸，胸中懑满，饮食无味，头重不能仰，多卧少起等，可采用黄芪建中汤。此三方均在于调。

2. **阴虚**

首先考虑肝、肾之虚，虚劳虚烦不得眠。一般说法，人卧则血归于肝，血不归肝则心烦，肝肾同源，肝不足则求助于肾。

采用酸枣仁汤，方中酸枣仁养肝阴，益心气，收浮阳；知母清肺胃以滋肾，使火下降而水得上交；茯苓宁心；川芎和血；甘草和中，建阴阳枢纽。用于外感不眠。

虚劳腰痛，小腹拘急，小便不利，多数认为阳虚，实际是肾阴虚。可采用八味肾气丸，所以用桂附是为了益阳助阴，地黄八，山萸、山药各四，泽泻、茯苓、丹皮各三，桂附各一。

3. **阳虚**

当考虑心肺之虚。

若见无寒热、喘、悸、脉小、沉迟、动则气病而喘，痹夹背行，汗出而减，可采用炙甘草汤、天雄散、黄芪桂枝五物汤。

此外，虚劳通用剂：

大黄䗪虫丸：方义，血主濡润，重用地黄以养血（十两）；坚者削之，故用大黄（二两半）以推陈致新，安和五脏，调中化食；脾是至阴之脏，主统血，是生化的来源，脾欲缓，以甘缓之，故用甘草（三两）；酸苦涌泄为阴，用桃仁、杏仁（一升）、芍药（四两）以滋阴；咸活血，故用䗪虫（一升）、水蛭（百枚）、蛴螬（一升）、虻虫（半升）之咸以行血去瘀；瘀积日久者，非干漆（一两）不能化，同时漆有安五脏的作用；又恐浊阴不降则清阳不升，瘀血不去则新血不生，酒服所以通阳行血。

薯蓣丸：只为虚劳平调之剂。方中以人参、白术、茯苓、甘草扶正气；配以杏仁、白敛、桔梗撤其邪热，开其郁逆；更用当归、川芎、芍药、地黄以和血；配以干姜、柴胡、防风疏其风寒，遂其调达；恐心不能化赤，配桂枝通阳益营；恐肺不肃降，用麦冬以滋阴润燥；更用阿胶滋肾养肝；补血调气的药都具备了，若脾滞不运，诸药都不能发挥正常作用，所以用神曲、大豆黄卷以疏脾胃之积滞；更加以健脾肾、补虚羸、益气力、长肌肉之薯蓣、大枣；为丸酒服，平调五脏阴阳，用于虚劳调理，是面面俱到的。

小结

虚劳是多种病的综合名词，其分类以阴阳为纲，五藏为目，具体到失精、亡血、伤气所演变的各种证候群。

虚劳的脉象，都是属于不足的表现，主要谈的是男子的脉象，因女人在胎产经带时能出现，若平时也应属不足之例。

虚劳的证状：结合五藏主证分类更为具体。

虚劳的病因：以内因为主。

虚劳的病机：重点在脾肾。

虚劳的方治：重点在温养，其次在平调，所介绍的方剂是采取“劳者温之”、“形不足者温之以气，精不足者补之以味”的法则，或养阳滋阴，或调阴和阳，虽说有制化的意义，总之还是偏于温阳，因此对今日之阴虚阳旺者极不相宜，后世大补阴丸，六味地黄丸等，可灵活采用。

五、论白血病

现代医学认为，白血病是骨髓及其他造血器官中病理细胞异常增生，破坏了正常组织的功能所形成。至其成因，提出多种可能而无确论，在祖国医学中，无此病名。若以现代医学的理论为基础，结合中医文献来研究，有关血液骨髓的记载是不少的，如《内经》叙述血液骨髓在正常情况下，“中焦受气取汁，变化而赤，是谓血”；“谷入气满淖泽注于骨，骨属屈伸泄泽能屈伸，补益脑髓，皮肤润泽，是谓液”；“脑髓骨脉，名曰奇恒之府；“谨和五味，骨正筋柔，气血以流，腠理以密，如是则骨气以精”；“骨髓坚固，气血皆从”。在异常的情况下，“血脱者，色白，夭然不泽，其脉空虚”；“液脱者，骨属屈伸不利，色夭，脑髓消，耳数鸣”；“失四时之从，逆寒暑之宜，贼风数至，虚邪朝夕，内至五藏骨髓，外伤空孔肌肤”；“形之疾病，莫知其情，留淫日深，著于骨髓”。可见，祖国医学对血液骨髓为病是有认识的。当然它不可能就是为现代医学的白血病立论，但是它指导着中医在临床上辨证施治，随其证状而具体分析，以达到“必伏其所主，而先其所因”的目的。

从白血病的症状来看，由于其体征变化繁多，祖国医学中虽有和白血病相类似之症，但分散于不同的病种中，如《内经》的“血枯”，《金匮要略》的“血痹虚劳”，《删繁方》的“骨病”、“髓病”，《圣济总录》的“急劳”，《普济方》的“热劳”等等。更有以症状命名的，如肝脾肿大的归入癥瘕，淋巴结肿的归入瘰疬，贫血的归入虚损，出血的归入血证，或因身有紫斑而名之为鬼击，或因身有血点，而名之为瘾疹，这些都和现代医学白血病有部分相同的症状。毛主席教导我们说：“大家明白，不论做什么事，不懂得那件事的情形、它的性质、它和它以外事情的关联，就不知道那件事的规律，就不知道如何去做，就不能做好那件事。”因此将白血病的症状，用祖国医学的辨证方法，结合探讨，以期做到“古为今用，洋为中用”。

“邪之所凑，其气必虚”，这是一般发病规律，而白血病是病邪侵入造血系统，扰乱正常功能，以致骨髓高度增生。当正邪交争之时，若阴不能散精而起亟，阳不能卫外而为固，免不了诸证丛生。有了证便可进行辨证论治。各型白血病常见证状有发热，眩晕，耳鸣，心悸（贫血）出血，肝、脾，淋巴结肿大以及骨、关节肿瘤等，大致分析如下：

发热：一般发热，不外外感（阳盛则外热）、内伤（阴虚生内热）两类。但一则汗出而身凉和，见邪却精胜之象，一则汗出而热甚，见阴虚阳凑之证。至于骨髓为病而发热，中医认为其热在藏，内连骨髓，骨热则求之于肾，肾热则颐下色黯，齿槁，腰脊痠疼，骨节痛，足心热；若有寒证，责之膀胱。髓热，求之于肝，肝热则色苍而爪枯，胆泄而口苦，筋膜干而挛急，关节肿，小便黄；若有寒证，求之于胆。此类发热，治疗以滋阴养血，保胃气，存津液为法。

眩晕、耳鸣、心悸，现代医学认为是由于贫血所致，祖国医学对眩晕耳鸣，则认为是奇邪走空窍所致，故有“上气不足，脑为之不满，耳为之苦鸣，头为之苦倾，目为之眩”之论，在临床上对眩晕、耳鸣一般求之于肝肾。至于本病之眩晕、耳鸣，更应当从脑髓、肝、肾来研究。《内经》指出“髓海不足，则脑转耳鸣，胫痠眩冒，目无所见，懈怠安卧。”在治疗上也应补益脑髓。至于心悸，主要是血虚，但也有肝火所乘、肾气凌心、脾实所滞之不同，而其间又相互关联。因为心主人身之血，藏于肝而统于脾，脾为生化之源，肾受五脏六腑之精而藏之，血虚可致心悸，而心悸不尽由血虚，治疗维以养心为主，而又有滋养肝肾、健脾理气之法。

现代医学认为，由于贫血继发性血小板减少，毛细血管受到白血病细胞的浸润破坏以及血内肝磷脂增多等原因，引起皮肤黏膜（鼻腔、齿龈、咽喉、胃肠）及内脏（如脑）的出血现象。祖国医学认为，出血是络脉破裂，阳络伤则血溢于外，阴络伤则血溢于内，热则妄行，寒则泣而不流，津液濇渗，凝于皮下不得散。其中有气不摄血、肝不藏血、脾不统血之分。因其出路不同，与脏腑之关系亦异。

衄血：属于上实下虚。从春至夏为小肠火（心阴不济），从秋至冬为胃热（脾阴不济），均随肝阳而上逆。肺开窍于鼻，肺有郁热，失其清肃，则为鼻衄。肾开窍于耳，耳为宗脉所聚，封藏失职，冲阳上逆则为耳衄。齿为骨之余，肾主骨，而少阳亦主骨，龈为阳明支脉所络，肾又为胃之关，大热入肾，肾虚火炎，齿豁血渗而为齿衄。肝开窍于目，而五脏六腑之精皆上注于目，骨之精为瞳子，血之精为络，与脉并为系，上属于脑，热邪中其精则眼出血，邪热侵入精室，则同房时精中带血，称为精衄。脑为髓之海，其输上在于其盖，下在风府，阳气者，大怒则形气绝，而血苑于上，使人薄厥，血之与气，并走于上，则为大厥，故脑出血。心开窍于舌，心经热盛，则舌上出血。上述都属奇邪走空窍，邪之所在均属不足。至于九窍、四肢、皮下出血，认为是营卫大虚，藏府伤损，血脉空竭，加以喜怒失节，鹜怠过度等原因，则暴气迸溢，致令腠理开张，血脉流散，全身都有出血证状。若卫阳偏虚，则津液发泄，邪气中经则为瘾疹；若正气虚损，邪中其精，则胸痛而九窍四肢出血，皮肤青紫，名为鬼击。

咽不利，充血出血：此由阳气畜积，外注于络，阴气不营，血留不运，热势所逼，伤络则血渗。唐容川《血证论》说："咽喉为肺之关，胃之门，少阴心脉之所络，肝经冲脉之所夹，凡此四经，皆血之所司也"，所以较之他处，尤易充血出血。

胃肠出血：阳明为多气多血之藏，《灵枢》谓："卒然多饮食则肠满，起居不节，用力过度则络脉伤，肠胃之络伤，则血溢于肠外，肠外有寒，汁沫与血相搏，则并合而不得散"。若脾不统摄，则血不归经，上为吐血，下为便血；血气失夺，于是筋骨皮肉，皆无血以养，无气以生，寒多则筋挛而骨痛，热多则筋弛而骨消。出血部位虽有不同，而离经之血为瘀则同，瘀血不去，郁于肝脾，则为肝脾肿大。

肝脾肿大：中医名目不一，或名积，或名瘕。由于恶血不泻，搏于脏器，或因忧恚喜怒，或因劳倦寒热，饮食衰少，病气日增，两胁下痛，按之有块，推之不移，在肝为肥气外证，筋节肿痛，在脾为痞气外证，骨肉胀疼，此皆阳气不足，阴气有余，治以补气破瘀。

淋巴结肿大：中医名为瘰疬痰核、马刀挟瘿，由人体积微之所生，多在少阳经脉循行部位，留于脉而不去，轻者浮于脉中，未著于肌肉，重者热气淳盛，经脉败漏，陷于筋骨，甚则骨伤髓消，其本在藏。阳气有余，其末上出于颈腋之间；阴气不足，则下见于鼠蹊之部，治宜从虚去实，调其根本。

骨节疼痛：肾主骨髓，肝主筋节，邪在肾则善骨痛，邪在肝则善掣节，古人谓"皆生于风雨寒暑，清湿喜怒，喜怒不节则伤脏，风雨则伤上，清湿则伤下。"但是人体不虚，邪不能独伤人，两虚相得，"其中人也，洒淅动形，起毫毛而发腠理，其入深，内搏于骨，则为骨痹，搏于筋则为筋挛"，经脉不通则节痛，精气不足则骨痛。

上述各证已作大致分析，如何进行治疗，这是要深入思考的。毛主席说："战争的基本原则是，保存自己，消灭敌人。"

按语：宋老《论虚劳》和《论白血病》，是想从中医经典中探求虚劳和白血病的渊源及辨证论治大法。虚劳是一个综合体，包括白血病在内，而白血病又是虚劳的一部分，二者是整体和局部的关系。

我这几年不在门诊，仅见到5例，其中2例是白血病。5例虚劳病都呈现阴阳俱虚、胃气衰败之象，因久而超量服用激素，导致胃进食则绞痛，不食则不痛；周身肌肉痛不可忍，日夜不休；昼夜失眠，不能入睡，安眠药则无作用；手足烦热，口干舌燥。

我认为，“人以胃气为本”，救胃气就是治本。我选用黄芪建中汤，且遵古法加饴糖，其效立显。多在服完7~14剂后，胃口开，纳谷香，原来痛苦欲绝的胃绞痛、肌肉撕裂痛、昼夜不寐等症不治自愈，病人获得新生。

虚劳病，最棘手的是齿衄、鼻衄、肌衄……。我每用1964年自创的“衄血三两三”可解此危难。据山西医学院验证，“镇衄三两三”，每服一副，可提高血小板一万，一般七副，衄血可止。若阳虚，则用甘草干姜汤（炮姜15g，甘草9g）五副，再用附子理中丸10天善后。

六、附诗一首

齐民同学：

既切师生之谊，又联丝萝之亲，值余生辰，以毛主席像一尊见赠，并附祝词，余久不操觚，欣喜之余，和兰桂章，冠以“和高齐民，聊且自寿”等字，不计贻笑大方也。

和诗曾传启予篇，
高擎红旗新纪元，
齐唱同心欢遍地，
民风国势劲冲天。
聊将桃李殷勤植，
且喜芝兰次第连，
自爱桂姜辛在老，
寿筹才数知非年。

七、宋孝志先生大事记

（一）穴族史

祖居河南商丘，明永乐十八年（1421年）派兵镇守南蛮（瑶苗地区），这支军队先驻汝城，共十三姓，宋氏始祖宋飞雄扦表守边宋穴村，今已传到10代。

宋训广（第六代排行为三）生 { 孝慈，字鸿钧；孝志，字鸿禧（第七代）

宋孝志 立胞弟次子更(友)元为嗣 孝忠，字鸿图字学轮（第八代）

（二）从医史

1918年（7岁）开始跟舅公刘希盛学医。

1923年（13岁）随舅公出诊，始知“五音配五脏”在闻诊上的重要。

1923~1928年（13~17岁）朱先生执教，诵背“四大经典”，读湖南衡阳师范。

1929年（18岁）广州行医。

1936年（25岁）袁国华口授秘方“三两三”。

1943年（32岁）在广州治愈“四年每日导尿”案。

1948年（37岁）创治“男子不孕方”、“药物流产方”。

1950年（39岁）任宜章县中医院院长。创“砂半理中汤”。

1954年（43岁）留医案（底方）三百多例。并治愈武装部部长肠癌。

1956年（45岁）调北京筹备成立北京中医学院。

1958年（47岁）东直门医院成立，他在红楼一层就诊。创“草河车汤”。

1966年（55岁）在东直门医院从事临床教学。

1987年（76岁）晋升为副主任医师。

1991 年（80 岁）卫生部国家中医药管理局首次评为名老中医。80 岁再度出山，收徒授业。

1994 年（84 岁）5 月 8 日谢世而去，晋升为“主任医师”。

八、后记

宋老勤于诊病，很少执笔操觚。我青年时求学心切，抽空就请教宋老。他一边口述，我就操笔记下，所以今天才保存下一点资料。其余资料，一部分从宋老故乡书堆中翻出来的，如县卫生院底方。“男子不孕方”是从长兄宋让谦 1948 年笔记中摘下来的，如今当地医生还在使用；“中药流产方”，当年农村常用，现在还流传在宜章农村。还有部分资料从“宋氏家谱”中抄下来的。

宋老先生十多个医案，涉及范围广，有经方，有时方；有温病，有伤寒；有常见病，有怪病；有下利险症，有癌症；有自创方，有师传方；有《千金》小调经汤，有民间验方等。医案，除刘希盛先生桂枝去桂加茯苓白术汤医案是口传，经查证，应是 1900 年前的脉案；宋老自己的医案是 1943 年治“四年导尿案”，距今已有 76 年，又有 1900 年的医案，跨度之大，甚属少见。

总之，在宋老苍茫医案中，我收集的仅是凤毛麟角，而大部分有效案例，遗失在病人身上，保存在学生手中。

宋老是北京中医学院主要筹备人之一，医院成立后第一个在红楼出门诊，1966 年以后调到附院，一直在内科门诊出诊。退休后，响应国家号召，不顾年老体弱，以 80 高龄再度出山，作为全国 500 名名老中医之一，收徒授业。庆祝我院建院 50 周年之际，为了缅怀他对学院和医院的贡献，我才收集了一些医案医话，在李晓林医师的帮助下奉献给大家。

宋老衡阳师范毕业，陈述医案精彩生动，而我文笔不佳，且常含笔而腐毫，望读者能把隐藏于璞石中之美玉，敲凿而得之，此乃宋老之意也。

（高齐民　整理）

第七章 廖家桢

——廖家桢教授对中医气血相关理论的传承和发展

一、传统中医基础中的气血理论

气血相关理论从《内经》始至清代唐容川、王清任等历代著名医家的论述，并广泛用于指导疾病的防治实践，气血相关理论是中医基础理论的重要组成部分。

（一）气血总说

《素问·调经论》说：“人之所有者，血与气耳。”《灵枢·营卫生会》说：“夫血之与气，异名同类，何谓也？曰：营卫者，精气也；血者，神气也。故血之与气，异名同类焉。”即：气和血是构成机体的两大基本物质，这是它们相同之处；但气和血的功能不同，又是它们的相异之处。

气者，“熏肤充身泽毛，若露雾之溉，是谓气”（《灵枢·决气篇》）气无形而有机。血者，“血即精之属也”（《景岳全书·血证》）。

在气血关系中，气是起主导作用的。赵献可在《医贯》中明确指出：“阳统乎阴，天包乎地，血随乎气……治血必先理气”，唐容川在《血证论》中也强调说：“天地之大，总是以阳统阴。人身之生，总是以气统血。”

气的概念来源于古代朴素唯物主义哲学观，产生于春秋战国之前，古代一元论哲学观认为宇宙万物的生成变化在于气。《庄子·知北游》说：“人之生也，气之聚也，聚则为生，散则为死。”我国古代医学家应用气血理论来认识和阐述生命活动的规律，将之贯穿于人体生理、病理和疾病的诊断、治疗以及预防等医药学的各个领域，成为中医学术思想体系的一个重要组成部分。

（二）气血生理

凡属机体生理的气，统称“真气”。《灵枢·刺节真邪论》说：“真气者，所受于天，与谷气并而充身者也”。真气是身体的正气，概括了整个机体的生理功能，且充周全身。将真气分为整体和局部，则有属于整体的宗气、中气和元气，有属于局部的五脏之气。

血生化于：“中焦受气取汁，变化而赤，是谓血”（《灵枢·决气篇》）。血贮存于“夫脉者，血之府也”（《素问·脉要精微论》）。血的运行：“经脉流行不止，环周不休”（《素问·举痛论》）。血的功用即营气的功用：“营者，水谷之精气，和调于五脏，洒陈于六腑，乃能入于脉也，故循脉上下，贯五脏，络六腑”（《素问·痹论》）。

气与血，一阴一阳，相互依存，关系密切。气为血之帅：气生血、气行血、气统血；血为气之母，血可载气。

（三）气血病机

《素问·调经论》“气血以并，阴阳相倾，气乱于卫，血逆于经，血气离居，一实一虚。”指出：机体中各种气和各血脉之间，要保持相对平衡，如果发生相并（偏胜）或相倾（倾陷），失去平衡，机体则发生实实虚虚的病变。

在张伯臾主编，董建华、周仲英副主编的《高等医药院校教材中医内科学》（1985 年版）中，对气血病机病证的基本概念提出，气血病变的辨证应分清虚实：虚证有气血亏虚、气不摄血、气随血脱；实证为气滞血瘀。气的病变很多，一般可概括为气虚、气陷、气滞、气逆四种。前二种属虚，后二种属实。血病的表现，一般分为出血、瘀血、血虚。

（四）气血治法和气血方药

在 1985 年版的《高等医药院校教材中医内科学》中针对书中的气血病证，提出的治则治法为：对气血病变中虚证的气血亏虚应用气血双补，方药举例为八珍汤之类；气不摄血用补气摄血法，方药举例为当归补血汤之类；气随血脱采用补气以固脱，方药举例为独参汤或参附汤之类。实证的气滞血瘀用理气活血，方药举例为血府逐瘀汤。

该书中针对气病中的气虚应用补气法，方药举例有四君子汤之类；气陷治以益气升提，方药举例有补中益气汤之类；气滞用行气法，方药举例为金铃子散、五磨饮子之类；对气逆治予降气镇逆，方药举例有苏子降气汤、旋覆代赭汤之类。针对血病中的出血、血热妄行者，宜泻热止血，方药举例有犀角地黄汤之类；气不摄血用补气摄血法，方药举例有归脾汤之类；阴虚火旺者，宜滋阴降火，方药举例为茜根散之类。血瘀治以活血化瘀，方药举例为桃仁承气汤、血府逐瘀汤之类。血虚的治疗法则为补血，方药举例为四物汤之类。

二、廖家桢教授在临床和应用基础研究领域发展了中医气血相关理论

廖家桢教授对中医气血相关理论的发展和贡献是多方面的：

1. 他积极倡导将中医“证”和现代疾病结合的研究以及思维模式——即病证结合。廖家桢教授将“证候”和“疾病”比喻为“纲”和“目”的关系，他倡导以证候研究带动疾病的研究，以“纲”提领“目”。

20 世纪 60 年代我国临床各科所开展的临床工作，其普遍的思路是从西医的一个病、一个病地入手，再按中医理论进行辨证分型。廖家桢教授在经过几年的这种临床实践后，凭借他参加的全国第一届“西医离职学习中医研究班”的三年学习，接受由秦伯未、蒲辅周、岳美中、祝谌予等著名中医大家的理论知识和临症经验教学，使他思考、感悟应从“证”入手，以中医的证为纲，将西医的病为目，开展以证带病的中西医结合临床和应用基础研究，能更好地体现中医药的优势和特色。1981 年 7 月《中医杂志》发表了廖家桢教授撰写的《浅谈以“证”为纲，开展中西医结合研究》一文，受到全国广泛的重视，证的研究开始纳入中医和中西医结合研究的有关规划中。

通过对 1981 年到 1985 年间《中医杂志》《中西医结合杂志》《新医

药学杂志》《上海中医药杂志》《辽宁中医杂志》和《中华内科杂志》的粗略统计：以中医气虚血瘀证为诊断的疾病就有七大类20余种之多，它们都被给予益气活血法及其方药进行治疗，获得了良好疗效；以气虚血瘀证为诊断的各类疾病有：心脑血管系统的冠心病、风湿性心脏病、心律失常、心力衰竭和脑卒中；呼吸系统的慢性支气管炎、肺心病；消化系统的慢性肝炎、肝硬化；血液系统的血小板减少性紫癜；皮肤病中的硬皮病、湿疹以及妇科、眼科、免疫系统的多种疾病。

近30年来，在病证结合思想模式引导下，通过对多种疾病的中医证候学研究，使得中医的血瘀证、肾气虚证、脾气虚证、心气虚证等的生物学基础研究和认识取得了系统、深刻的发展，与其相关的一些疾病，如某些心脑血管病、呼吸系统和肾脏病和某些消化系统病等也随着病证结合研究的发展取得了治疗学和临床药理学的进步。

将中医“证”和现代疾病结合的思维模式和研究实践促进了中医学和中西医结合医学的发展和进步。

2. 在病证结合研究中，廖家桢教授在全国最先提出冠心病的基本病机是“气虚血瘀”的学术观点。20世纪70年代，我国是以“冠心Ⅱ号”为代表的冠心病主流治疗，其组方原则是“行气活血”。廖家桢教授在经过长期、认真的临床观察发现，稳定型冠心病除了心绞痛之外，最常见的症状是气短、疲乏，这些都是气虚证的典型症状，稳定型冠心病的基本病机是“气虚血瘀”。为此，廖家桢教授在1973年就提出冠心病的基本病机是气虚血瘀，基本治则是益气活血（《中华内科杂志》1978，5：335），他领导了东直门医院心血管病研究团队系统开展了气血相关理论和益气中药党参、黄芪对冠心病的治疗作用及其机理研究。获得了以下主要结果：

（1）对急性心肌梗死患者中医病因病机的诊断　廖家桢教授就是通过系统观察急性心肌梗死（AMI）病人的临床过程，发现其虚与实的变化规律的：

①舌象的演变：廖家桢教授总结AMI病人舌苔变化具有一定的规律性，在AMI（未经再灌注治疗）病人发病的最初一、二天舌苔多是薄白

苔（77.1%），三、四天以后其舌苔逐渐变得厚腻，多数病例舌苔的颜色也逐渐变黄，或进一步发展为黄褐苔。第3周以后，黄腻苔渐渐消退又转为薄白苔。廖家桢教授联系阜外医院发现：68.8%病情不稳定的患者和70%死亡的患者腻苔出现早而消失晚；病情平稳者80%于3周内可长出新的薄白苔，腻苔脱净。不长新苔者或腻苔始终不退者多属病情不平稳，或为死亡者、或是兼有其他疾病。舌苔的进退反映着正邪的消长、虚实的转化。结合现代医学的认识及关于冠心病舌质微循环的研究，廖家桢教授认为舌象的改变有可能作为机体循环功能，特别是微循环状态的一个较敏感指标。随着病情好转，舌质黯的程度可逐渐减轻，部分病例可以恢复正常。对此他特别提及北京阜外医院和朝阳医院的观察，阜外医院发现90%的AMI患者（未经再灌注治疗）在发病后七周内舌质有变化，有55%三周内就有变化，但总的看舌质的变化较慢，不如舌苔的变化快；而朝阳医院则观察到：凡AMI患者多属危重者表现为舌尖质红，尤其是淡舌转红者。

②脉象的演变：廖家桢教授领导东直门医院心血管科与协和医院心血管科协作，在20世纪70年代联合观察AMI病人（均为未进行再灌注治疗）的脉象变化：弦、滑、细和沉脉是常见的四种脉象，且相互并见。滑数脉从发病的第二周以后增加，而细脉从发病的第二周以后减少；滑脉多主痰湿或伤食，滑脉的改变与舌苔从第二周以后多变化为厚腻是一致的。在观察的70例AMI病人中，有64.2%出现结脉、代脉、有多种心律失常，表现出了心气虚弱，气血凝滞。

③临床症状的演变：廖家桢教授从AMI病人胸闷、气短、疲乏、烦躁、自汗、盗汗、四肢凉、脘腹胀满、大便干燥、恶心呕吐、食欲不振等临床症状观察，总结出AMI病人症状的总趋势是以入院的最初几天最为明显，以后随病情好转而症状减轻或消失。

（2）廖家桢教授发起和倡导的益气活血法及其方药治疗急性心肌梗塞病人，具有减少住院病死率作用；也在基础实验中减少了实验动物急性心肌梗塞面积及心肌急性缺血再灌注损伤作用。

（3）益气活血法及其方药减少和减轻了心绞痛的频率和程度；延长

冠心病患者次极量运动试验时间，改善其ST－T的改变及总缺血负荷。

（4）该法增加冠心病病人左室收缩功能。其机理与益气药抑制心肌细胞磷酸二酯酶活性，增加心肌细胞CAMP含量有关，与增加冠心病患者心肌营养血流量及心肌ATP、糖原含量和增加心肌细胞琥珀酸脱氢酶及乳酸脱氢酶的活性，增加心肌能量的供应有关。

（5）该法中的益气和活血药增加冠心病患者血小板CAMP含量，抑制血小板聚集；减少冠心病病人血浆TXB2含量，具有扩张血管和抗血栓作用。

（6）益气活血药减少血浆过氧化脂质含量及提高红细胞超氧化物歧化酶的活性，具有抗氧自由基作用。

（7）该法中的益气药延长实验心肌细胞动作电位时间及减少窦房结自发激动的频率，可能具有减慢心率、减少氧耗及抗心律失常的作用；当将人参皂苷与川芎嗪联合灌流对混合型心室重构心气虚血瘀模型的电生理动作电位复极90%时程（APD90）、有效不应期（ERP）、ERP/APD90和His束电位的A－H时间增加有良好的正性显著性改善作用。

总结这些研究结果，廖家桢教授认为气血相关理论是中医理论的重要组成部分。在气血关系中，气是起主导作用的。血病的发生、发展和转归，皆与气病相关，几乎没有有血病而气不病者。血瘀证的发生、发展自然也不例外。因此，在研究血瘀证时，研究活血化瘀固然必要，然而若是忽视了气血相关，抛开了气去研究血，那将是无源之水，无本之木，显然是不够全面的。气虚血瘀属本虚标实，气虚是本，血瘀是标；气虚是因，血瘀是果。然而，血瘀日久亦可耗伤正气而加重气虚。

今天回顾廖家桢教授等老一辈医学家当年认真、扎实的医疗实践和所获得的掷地有声的真知卓见以及经得住时间考验的理论思想，我们深受教育和充满敬意。

3. 廖家桢教授在气血相关的研究中，以心气虚证实质为证候研究的切入点，卓有成效地开展了心气虚证的现代生物学基础研究。

廖家桢教授认为：对中医基本概念“气”的研究要以临床研究为基础，进行临床病理与生理对比的观察和分析，既可以为气的生理功能提供有价值的现代科学实验依据，又能为气的病理改变、心气虚等证候的临床辨证提供有参考意义的现代化客观指标。这些结果对证和气的实质阐明都有重要意义，是一举两得、相得益彰。

廖家桢教授研究心气，按照中医心主血脉，气行血行的理论，应用心机图检测心脏血流动力学指标，观察和研究心气与心功能的关系；选择血液流变学的有关指标观察心气与凝血、血液流变性的关系；按照“正气内存，邪不可干”的理论，选用免疫学指标观察心气与免疫功能的关系；按照中医“气属阳”的理论，选用环核苷酸等指标，观察气与阴的关系，分别获得了下述主要的研究成果：

(1) 发现心功能减弱（含舒张及收缩功能）是患心脏疾病的心气虚证者所具有的特异性客观诊断指标之一。廖家桢教授应用心机图方法对中医辨证属于心气虚的冠心病患者104例与200例正常人对照比较分析。结果发现冠心病心气虚者左室功能的主要改变为左室射血时间（LVET）缩短，射血前期（PEP）、等容收缩期（ICP）、等容舒张期（IRP）延长，LVET/ICT减少，PEP/LVET比值、a/H%增大。说明心气虚者多具有一定程度的左心室功能不全。同时廖家桢教授又将冠心病心气虚与冠心病脾气虚、肾气虚患者的心机图改变进行了对比研究，以确定该规律的特异性。其结果：200例正常人的PEP/LVET均值是0.34，以该值加上1.645倍的标准差作为正常值上限，则PEP/LVET比值的正常上限应为0.42，心气虚组为0.47，脾气虚组和肾气虚组皆为0.38，心气虚组与脾气虚组和肾气虚组之间有显著的差异（$P<0.001$）。由此该研究论证了心机图的改变对心气虚的辨证具有一定的特异性和敏感性，为冠心病患者的心气虚辨证提供了具有一定的定性、定量和定位意义的现代科学指标。在1986年发布的中医虚证辨证修订标准中，将该结果加入到新的心气虚标准中。心机图五项主要指标：PEP、PEP/LVET、LVET、IRP、a/H%中仅一项指标异常的心气虚阳性率为45.5%，五项指标都异常者的心气虚阳性率可达88.2%。国内其他研究结果也都重复了上述结果。

气血研究室在工作中还进一步研究了冠心病心气虚证与左心室功能

和心肌供血三者的相关性。方法是以多普勒超声心动图、体表心电图等方法对冠心病患者进行宏观辨证与微观辨证研究。结果：①冠心病心气虚证与非心气虚证组比较，左室舒张和收缩功能部分检测指标有显著性差异；左室舒张功能评价对心气虚证诊断有高敏感性（87%），左室收缩功能则有高特异性（88%）。②党参治疗心气虚证能使心肌缺血好转，其机制是补气药党参改善心肌正性舒张和收缩功能的效应造成了心肌血供的灌注阻力的降低和增加了心肌血供的灌注压力，获得了有利于心肌供血的灌注条件，实现“气帅血行”。

廖家桢教授对冠心病心气虚证患者外周血细胞中的糖原和琥珀酸脱氢酶的活性进行测定，发现冠心病心气虚证患者外周血中粒血细胞糖原含量和淋巴细胞琥珀酸脱氢酶的活性都显著低于正常人组。琥珀酸脱氢酶活性的改变常与线粒体的损伤同时发生、外周血淋巴细胞线粒体的变化又与心肌细胞线粒体的改变同步出现，因此外周血淋巴细胞线粒体珀酸脱氢酶活性的降低和外周血中粒血细胞糖原含量的降低，都从不同侧面反映了心气虚证病人心肌细胞内能量代谢的障碍。

（2）气虚血瘀冠心病患者的全血比黏度、全血还原黏度与正常组相比均有增加，红细胞电泳时间延长，红细胞压积增高，心气虚心血瘀冠心病患者的血液黏度异常增高，红细胞聚集性增强。

（3）冠心病中医辨证属于心气虚或是心气阴两虚者，三种反映细胞免疫功能的指标皆低于正常。淋巴细胞转化率、E 花环试验等反映 T 细胞数目和功能是有助于中医虚证的辨证，但是不能说明是心气虚还是心阴虚、是脾气虚还是肾气虚等。

4. 廖家桢教授在研究脏腑之气中建设了现代生命科学研究的技术平台和方法学，包括有：①进行药与证的结合研究，即：从治则方药入手，从益气方药的效应和作用机理来佐证气与病理生理异常的内在联系，从一个侧面为脏腑之气的生理特点及其功能提供了有参考意义的资料。②强调重视临床疗效，把临床疗效视为研究的基础和目标。③同时建立用于气血研究的现代研究室和应用基础实验室，进行研究平台建设。

廖家桢教授和他所领导的研究团队从1982年到现在，经历了两个阶段，研究益气活血方药在气血治则中的药效作用和药理学机制。

在早期研究中，廖家桢教授应用现代科学方法，证实“生脉散”具有强心和调节免疫功能的作用。其强心作用的机理与抑制心肌细胞膜 $Na^+ - K^+$ ATP 酶的活性有关。对于人参强心作用的临床和实验研究发现：以红人参10克的煎剂给予23例冠心病心功能障碍的病人2小时前后，心机图左室射血前期（PEP）、射血时间（LVET）和二者比值PEP/LVET都有显著好转，左室收缩力增强、心排量增加，左室功能明显改善。10%的人参提取液对常压缺氧的小鼠存活时间比对照空白溶剂显著延长，同时也显著提高了反映心肌营养血流量的小鼠心肌对铷86（86Rb）的摄取量，药后值增加达+37.16%。

廖家桢教授对党参、黄芪的强心作用和药理机制的研究发现（党）参（黄）芪对病人的红细胞膜ATP酶的活性并无抑制作用，而是两药对心气虚证病人心肌细胞内能量代谢障碍的改善作用有关。廖家桢教授对20例冠心病心气虚证患者给以每日60毫升党参口服液、连续4周治疗；检测这些病人治疗前后外周血细胞糖原和琥珀酸脱氢酶的含量，结果经党参治疗后糖原和琥珀酸脱氢酶含量均较治疗前有明显提高。琥珀酸脱氢酶是线粒体的标志酶和三羧酸循环的重要酶，党参提高病人糖原和琥珀酸脱氢酶含量，说明它可以增加病人的供能物质，增加能量产生，保护线粒体等亚细胞结构。

补气圣药黄芪也具有同样的增强病人心脏功能的作用，廖家桢教授指导他的研究生应用黄芪口服液对20例心绞痛患者进行服用前后的超声心动图心功能比较研究。结果服用黄芪口服液后，患者心排血量由5.09±0.21L/min增加到5.95±0.18L/min。但黄芪对患者红细胞膜ATP酶的活性并无抑制作用，据此推测黄芪的强心作用机制与洋地黄类强心甙不同。

廖家桢教授还对90例冠心病心气虚证患者给以每日20、40和60毫升党参口服液连续2周的治疗。对病人的治疗前后分别采用超声心动图检测左室舒张和收缩功能，用同位素方法检测血浆血栓素 B_2 和前列环素代谢物 6－酮－PGF1α 以及血小板聚集的改变。临床观察结果：①经党参治疗的冠心病心气虚证患者临床心气虚各症状、血瘀各症状和心电图均获得改善，但对气滞血瘀各症状的改善率低于心气虚血瘀证，党参治疗冠心病心气虚证患者存在中医正效关系。②同时研究结果还显示出党参治疗冠心病心气虚证患者也有量效关系：党参三个剂量组对冠心病心气虚证患者血浆血栓素 B2 和血小板聚集的抑制呈正相关，对血浆前列环素代谢物 6－酮－PGF1α 含量的抑制呈负相关。③党参治疗冠心病心气虚证患者后，病人的左室舒张和收缩功能得到好转，其中党参改善病人左室舒张的重要指标之一：舒张早期峰流速与晚期峰流速比值的改善与心电图反映心室内膜侧心肌缺血损伤的 ST 段下降的好转有正相关（$r=+0.565$，$P<0.002$）。党参治疗心气虚证可反作用于血瘀证：补气药党参改善心肌的正性舒张和正性收缩功能，从而降低了心肌血供的灌注阻力，而增加了心肌血供的灌注压力，使缺血的心肌获得了有利于心肌供血的灌注条件，从而使心肌缺血好转。这些结果丰富了益气活血、气帅血行的气血相关理论的内涵。这是后续研究气血治则中的实证发现。

廖家桢教授研制的参芪注射液由我院外科李乃卿教授用于恶性肿瘤的辅助治疗，对延长寿命、增加化疗效果及减轻其毒副作用，改善生活质量皆具有良好作用，由李教授与三九医药集团合作开发成商品已上市多年，成为名牌产品。

三、廖家桢教授发展气血相关理论在临床中的应用

（一）对冠心病的中医药治疗

廖家桢教授提出：冠心病的中医辨证归纳起来主要是两大方面，一是正虚：气虚、阳虚和阴虚，而多数以心气虚或肾气虚为主；一是邪实：血瘀、痰湿、寒凝、气滞，而血瘀是普遍存在的病理特点。治疗中要注意处理好：局部与整体相结合的医疗思想，即注意病证的共性，又重视机体对疾病反应不同的个性。他明确提出冠心病的治疗在于如何正确处理好扶正与祛邪、通与补的关系。用补法扶正以调节脏腑阴阳气血

的平衡，用通法祛邪以缓标证之急，使心绞痛的症状能较快缓解。多数病例可用“益气活血”的基本治则，以补为通，以通为补，通补兼施，再根据兼证的不同加减应用。在具体组方用药时，要考虑补中兼通、通中有补、调和阴阳、脏腑相关等用药准则。补而不通则气壅，气壅则将助其阻塞。因此，在用补气药时除与活血药同用之外，还可适当加一味理气、行气药；用通法祛邪但不要伤正，如只攻不补，日久将使病人正虚更甚，因此，在用通法时也当酌加一味补药。阴阳互根，阳生阴长，阴生阳藏，用补气补阳药时，应适当加一味益阴之品，在用补阴药时应加一味补阳药，使之补阳护阴，补阴顾阳。心有阴阳两方面，而心阳则是这对矛盾中的主要方面，即使是心阴虚，也往往宜加用补气药。此外，脏腑相关，互相约制，所以用药时还需注意到脏腑关系。有些久病者可在补气的基础上酌加补肾的药，将使效果更加满意，即所谓“欲养心阴，必滋肾阴，欲暖心阳，必助肾阳”。

（二）对急性心肌梗死的中医药治疗

在20世纪80年代已有不少先进国家，AMI的病死率已降至15%左右。在无再灌注治疗技术的条件下，廖家桢教授根据AMI患者自身的病理特点和病程演变规律，归纳得出AMI患者本虚标实、气虚血瘀的特点比未发生AMI的心绞痛者更为明显、突出；并且急性心肌梗塞的早期（尤其是发病24小时之内）病死率最高，要对AMI救治取得更好的疗效，就应在早期积极开展中西医结合治疗。在当时他明确指出：AMI多数病例的病情演变大致可分为三个阶段，针对各个阶段证候的不同，治疗的重点应有所不同。

1. 初期

在发病后头三天之内，以气虚血瘀、气机不畅，腑气不降的临床表现最为突出，症见心前区剧痛、自汗、气短、倦怠、语音低微、胸闷、纳呆、便干，部分病例兼有腹胀、恶心或呕吐，舌质多紫黯，苔多薄白，脉多细、结、代，宜治益气活血，行气通腑，选用党参、黄芪、丹参、赤芍、川芎、郁金、枳壳、生大黄等药。廖家桢教授赞同生大黄的应用，认为它有活血破瘀、泄热通腑之功，AMI 的早期常是腑气不降，痰湿中阻，大便燥结，舌苔多向厚腻转化，因而早用大黄，且以生大黄用为佳，使腑气一通，上述诸症将会较快缓解。但用生大黄以大便通为度，不宜腹泻。若出现四肢发凉、脉迟缓等阳虚见症，则加用桂枝、补骨脂、菟丝子、仙灵脾等温阳之品。若出现精神淡漠、大汗淋漓、四肢厥冷、脉微欲绝的阳脱阴竭危候，则当回阳救逆，选用四逆、生脉、参附等方药。

2. **中期**

从发病三、四天以后至第三、四周，这个阶段的主要特点是病情已渐渐平稳，气虚或阳虚的表现一般有所减轻，而较为突出的是痰湿痹阻，临床上舌象变化明显，舌苔由薄转为厚腻，约 70% 变为黄腻或黄褐苔，伴有舌尖边红，呈现一派湿郁化热之象，治宜清热涤痰与益气活血之品同用。若该时期病情较稳定，则益气之品可少用，方用小陷胸汤加味，可选用栝楼、半夏、黄连（或黄芩）、赤芍、丹参、郁金、生大黄、丹参等。尚有一部分病例苔白腻而不变黄者，则属湿浊痹阻，治宜宣痹通阳，选用栝楼薤白半夏汤加减。

3. **恢复期**

大约从发病后第三、四周以后，湿浊或痰热痹阻之象渐退，舌苔由厚转薄，病情已稳定，转入恢复期阶段，此时多属气虚血瘀，治以益气活血，调理恢复即可。有少数病例在黄腻苔退后，出现舌红无苔，或从发病之初即舌光无苔，皆属气阴两虚之象，治宜益气养阴，佐以化瘀。选用生脉散加活血化瘀之品。

经过上述细致、艰苦的临床救治努力，北京地区防治冠心病协作组总结了 1976 年 AMI 早期（入院后 24 小时之内）即开始中西医结合治疗的 562 例的经验，并与同年 401 例属于入院 24 小时后才开始用中药治疗或单纯西医药治疗的对照研究。两组病人的年龄、梗塞部位、再次梗塞以及主要并发症具有可比性，但治疗结果中西医结合治疗组的病死率为 11.6%，而对照组为 19.0%，两组差异显著 $P<0.05$，说明了早期中西医结合治疗对于提高 AMI 的存活率起到了较好的效果。东直门医院心血

管科长期坚持对 AMI 病人早期即开始进行中西医结合，并在其三个病程阶段的气血辨证和用药治疗，曾在 1984 和 1985 年取得了 AMI 住院 1 个月内病死率小于 10% 的成绩。

（三）廖家桢教授对 AMI 再灌注治疗后防治再狭窄的临床实践和研究工作

在 1998 年国内对 AMI 进行经皮冠状动脉内球囊扩张成型术（PTCA）之初，廖家桢教授即在中国和德国积极筹划中医药联合 PTCA 的治疗，提出“以中医治疗急性创伤的理论和治疗为原则，防治冠脉成形术后再狭窄”设想。

廖家桢教授指导东方医院心血管科从 2004 年开始以凉血生肌中医方药对经皮冠状动脉腔内成形术和支架术的冠心病患者进行防治再狭窄的随机、对照临床干预，其治疗思想是：介入治疗导致血管内膜损伤，这是再狭窄的启动因素。依据中医治疗急性创伤的理论，针对瘀热互结、郁结化热、气血受损的病机，给予包括有黄芪、丹参、丹皮、银花等的凉血生肌中药进行防治再狭窄的临床研究。完成随访 97 例，依据冠状动脉造影结果和复发心绞痛情况诊断的再狭窄率，治疗组有减少再狭窄发生的趋势（7/51：13/46）；治疗组发生心源性死亡、复发心绞痛、严重心衰、再介入和 CABG 的联合心血管事件发生率明显降低（9/51：17/46），两组间有显著性差异，$P<0.05$；生存分析表明使用凉血生肌中药治疗可以减少发生联合心血管事件的风险，获益在干预后 6 个月开始显现，$P<0.05$。

（四）廖家桢教授对心力衰竭的临床治疗

廖家桢教授领导东直门医院心血管科应用生脉散对 54 例冠心病心绞痛伴明显左室功能不全的患者静脉滴注生脉散注射液治疗，给药 1 小时后与病人治疗前比较，射血前期（PEP）明显缩短，射血时间（LVET）显著延长，PEP/LVET 比值显著缩小，a% 缩小，心功能改善明显。对于人参强心作用的临床和实验研究发现：以红人参 10 克的煎剂给予 23 例冠心病心功能障碍的病人 2 小时前后，心机图左室射血前期

(PEP)、射血时间（LVET）和二者比值 PEP/LVET 都有显著好转，左室收缩力增强、心排量增加，左室功能明显改善。

廖家桢教授对于心源性休克患者在单用升压药血压不稳定时，提倡采用益气复脉法，以生脉液与升压西药合用，可增强升压效果，减少升压药用量，缓解升压药的不良反应和减少对升压药的依赖性，改善部分休克患者的预后。一些轻、中度休克患者经单独使用生脉液后有可能逆转，对严重休克者可与回阳救逆法及升压西药联合应用。廖家桢教授对于 AMI 患者在出现低血压状态时也提出给以静脉滴注生脉散注射液的措施，并取得了较好改善病人血流动力学状态的效果。

廖家桢教授对 110 例冠心病心绞痛病人应用经水煮醇沉制备的党参口服液（共 90 例）分为三组分别服用 20、40 和 60 毫升（每毫升含饮片 1 克）2 周。给药前后经脉冲多谱乐超声心动仪检测，党参对心绞痛病人的左心室舒张和收缩功能都有较好的改善作用，并且改善舒张功能的重要流速指标 A/E 比值与心电图 ST 段下降的好转存在着有显著意义的正性相关性，$r = 0.565$，$P < 0.002$。

廖家桢教授对 20 例冠心病心气虚证患者给以每日 60 毫升党参口服液，连续 4 周治疗；检测这些病人治疗前后外周血细胞糖原和琥珀酸脱氢酶的含量，结果经党参治疗后糖原和琥珀酸脱氢酶含量均较治疗前有明显提高。琥珀酸脱氢酶是线粒体的标志酶和三羧酸循环的重要酶，党参提高病人糖原和琥珀酸脱氢酶含量说明它可以增加病人的供能物质，增加能量产生，保护线粒体等亚细胞结构。

补气圣药黄芪也具有同样的增强病人心脏功能的作用，廖家桢教授指导他的学生应用黄芪口服液对 20 例心绞痛患者进行服用前后的超声心动图心功能比较研究。结果服用黄芪口服液后，患者心排血量由 5.09 ± 0.21L/min 增加到 5.95 ± 0.18L/min。但黄芪对患者红细胞膜 ATP 酶的活性并无抑制作用，据此推测黄芪的强心作用机制与洋地黄类强心甙不同。

四、廖家桢教授及其研究团队在应用基础实验中发展气血相关理论的不断实践

廖家桢教授对气血相关理论发展的贡献表现在3个方面：对理论学术思想的贡献、对临床治疗和疗效的贡献、以及对建立应用基础研究技术平台和方法学的贡献。理论学术的发展离不开科学的思维、继承传统和产生新假说，但这些都不能停止于假说和止于理论文字的推导；学术思想的发展须臾离不开实践：临床实践和实验研究实践，两个实践都是学术理论的源泉和论据。重视在临床中发展气血相关理论的实践和重视在应用基础实验中发展气血相关理论的实践是廖家桢教授鲜明的学术特点；坚持真理、实事求是是他的一贯作风。

廖家桢教授在30年前，就创建了东直门医院基础实验室、气血研究室。在近10年中廖家桢教授一直关心和指导着气血研究室的研究实践。

1. 气血研究室在病证结合动物模型和现代疾病模型的构建中，成功地完成了5种/类模型的研究：

（1）心气虚病证结合动物模型及其评价体系的构建。

（2）心气虚心主神明模型的探索。

（3）心气虚向心阳虚发展的心衰大鼠病证模型。

（4）对大鼠进行3种诱发条件的心律失常模型建立及其电生理的检测。

（5）建立大鼠颈动脉粥样硬化及运用球囊原位扩张术后的再狭窄模型建立和评价方法。

2. 通过对这些模型的研究，气血研究室从器官－组织－细胞－分子生物学的角度深化了对气血相关、心气虚证候和补气活血中药治疗作用的研究和认识。

（1）在心衰心气虚病证模型大鼠的研究中，气血研究室首先报告了心衰心气虚病证模型大鼠的心脏和大脑海马区中涉及能量代谢基因表达有显著下调，而促进心脏间质纤维化和相关信号转导基因显著上调，成

为该研究结果中 13 类已知基因阳性表达的两大显著特征。多种类组织、细胞和基因群体在形态结构、生长状态、功能表达的异常是心衰心气虚病证模型的众多虚损表现的基础；因于“精气夺则虚”的生物整体或始于或引发了基因、细胞、组织的改变。中医病证模型的证候表现具有现代生物实证科学的内涵。

（2）气血相关作用对中医证候的产生有时相性和有条件性，“血为气之母”，血瘀伤正、致气虚；“气为血帅”、气虚致血瘀。气血可呈双向、动态、有条件地变化；证候并不是固定和僵化的，在疾病的过程中，医疗者要发展地、具体地对证候分析。

（3）在心气虚证中除神疲乏力类的功能外，还有另一类重要功能表现：心悸和脉结或脉代。通过对病证结合模型研究，气血研究室发现心悸和脉结或脉代功能失常的发生基础是血瘀和器官纤维化，以及心肌细胞间缝隙连接的结构性改变，这一类功能和结构的变化可以通过补气和活血药物给予不同程度的纠正。

五、廖家桢教授发展气血相关理论的学术影响

廖家桢教授在进行气血相关理论的研究过程中，共获得国家、部委、北京市颁发的各类科技奖励 14 项，1988 年国家中医药管理局授予廖家桢教授有突出贡献的科学家，1990 年国家教委、科委共同授予他全国高等学校先进科技工作者。1994 年廖家桢教授被英国剑桥传记中心纳入“世界知识界名人录”，1994 年被美国传记研究所纳入世界名人。廖家桢教授曾任国家科委全国科技成果奖医学卫生组评委，国务院学位委员会学科评审组成员，卫生部科委委员，中华心血管学会委员，中国中西医结合学会副理事长，《中国中西医结合杂志》中、英版等五种杂志编委，德国魁茨汀中医院科学委员会副主席，法国第十三大学中医博士学位名誉教授等职。廖家桢教授和他的研究团队获得的奖励有：

1. 由廖家桢教授倡议研制的益气注射液、活血注射液，经西苑医院、广安门医院及东直门医院协作治疗急性心肌梗塞，北京地区冠心病防治科研协作组课题 1978 年获得全国自然科学大会奖。

2. 进行心气虚的实质及生脉散对左心室功能作用的研究（北京中医学院研究生课题），于1981年获卫生部乙级科技进步奖。

3. 参加实施中西医结合益气活血注射液治疗急性心肌梗塞临床及实验研究1982年获卫生部乙级成果奖。

4. 中医气血理论指导冠心病治疗的临床及实验研究，1985年获卫生部乙级成果奖。

5. 1986年以“从气血注射液的益气养血作用对中医气血相关理论的研究”获北京市科技成果二等奖。

6. 1990年以“心气虚证的临床辨证规律及党参、黄芪治疗作用的研究”获国家中医药管理局科技进步二等奖。

7. 冠心病心气虚证与左室舒张功能和血瘀证相关性的研究，获1999年度国家中医药基础研究三等奖。

8. 心气虚证的时相性、功能性和相关组织结构的研究，获2004年国家教育部一等奖。

据不完全统计，廖家桢教授和他的研究团队所发表的研究论著被他引71篇次，被美国Medline收录的论文有12篇。

廖家桢教授曾应邀赴朝鲜、美国、德国、日本、荷兰、法国、土耳其和韩国等，参加国际学术会议十余次，演讲中医和中西医结合以及气血相关理论，为中医和中西医在世界范围的交流起到积极作用和重要贡献。

（王硕仁　整理）

第八章 王永炎

第一节 络脉络病学术传承源流

《内经》首次提出络脉的概念，初步阐述了络脉的分布与循行，生理功能，病理变化，临床表现，也记载了络病治疗法则及具体治络方法，从而为络病学说的发展奠定了理论基础。

一、肇始于《黄帝内经》－建立经络系统、奠定络病理论基础

1. 经络、络脉的概念与生理功能

经络是经脉和络脉的合称。中医学对络脉的首次记载见于《内经》经络学说中。《灵枢·经脉》曰："经脉为里，支而横者为络，络之别者为孙"以及"经脉者，伏行分肉之间，深而不见……，诸脉之浮而常见者，皆络脉也。""络"有网络之义，直接从经脉分出的络脉称为十五别络或大络，最细小的络脉称为孙络，分别于体表的称为浮络。络脉从经脉支横别出，象树枝样逐层细化，形成遍布全身的网络系统，实现气血向内在脏腑和外在肌腠的渗濡灌注。

《内经》中络脉除具有经络所共有的通行气血、沟通表里等作用之外，还具有渗濡灌注作用、沟通表里经脉作用、贯通营卫作用、津血互渗等独特功能。

2. 络脉的病理改变

《内经》中记载的络脉病理改变与络脉以通为用、为经脉支别的生理特点直接相关。《素问·痹论》的："痛久入深，营卫之行涩，经络时

疏，故不能通”以及《素问·举痛论》的：“脉寒则缩蜷，缩蜷则脉绌急，绌急则外引小络，故卒然而痛”，提到络脉瘀滞、络脉绌急的病理改变；《灵枢·百病始生》的：“是故虚邪之中人也，始于皮肤，皮肤缓则腠理开，开则邪从毛发入，入则抵深，深则毛发立，毛发立则淅然，故皮肤痛。留而不去，则传舍于络脉，在络之时，痛于肌肉，其痛之时息，大经乃代。留而不去，传舍于经”，指出外邪侵袭，先由皮毛至络脉，再由络传经的病理传变过程。

络脉病理改变还与其运行气血的生理功能密切相关。《灵枢·百病始生》曰：“阳络伤则血外溢，血外溢则衄血；阴络伤则血内溢，血内溢则后血”，《素问·缪刺论》曰：“有所堕坠，恶血留内。”指出跌损劳伤等损伤络脉可导致出血与瘀血证。

3. 络脉出现病变的诊断与治疗

在诊断与治疗方面，《内经》记载的望络、扪络诊断法与刺络放血、缪刺等治法，显示了脉络形态改变在络脉相关疾病诊治中的实体结构特点。

《灵枢·经脉篇》有“凡诊络脉，脉色青则寒且痛，赤则有热，胃中寒，手鱼之络多青矣；胃中热，鱼际络赤；其暴黑者，留久痹也；其有赤，有黑，有青者，寒热气也；其青短者，少气也。”提示络脉病变，常表现为外在浮络形态的改变。此外《内经》记载的血络、盛络、结络、横络、虚络等“病理性络脉”不仅具有形态学特征，还为针刺及相应治疗提供了理论依据。

在治法方面，《素问·调经论》提出“病在脉，调之血，病在血，调之络”的络病治法，《素问·三部九候论》指出：“经病者治其经，孙络病者治其孙络血，血病身有痛者治其经络。其病者在奇邪，奇邪之脉则缪刺之，留瘦不移，节而刺之。上实下虚，切而从之，索其结络脉，刺其出血，以见通之。”，和为后世祛瘀通络、以通为治的络脉疾病疗法提供重要启迪。

二、发展于仲景《伤寒杂病论》-内伤疑难杂病证治方药开后世络病“虫药通络”先河

汉代医家张仲景在其专著《伤寒杂病论》之《金匮要略》中，论述了肝着、黄疸、水肿、痹症、虚劳等络脉病证的发生与络脉瘀阻有关，并首创活血化瘀通络法和虫蚁搜剔通络法，发前人之所未发，对络病理论的发展起到了承前启后的推动作用。

仲景关于“络病证治”的方药，特别是虫类入络的应用开后世“虫类药物缓攻通络”之先河，一直受到后世医家的推崇。在《金匮要略》18首化瘀方剂中，其中大黄蛰虫丸、鳖甲煎丸、抵当汤、下瘀血汤、土瓜根散等6方应用动物药，特别是虫类药以活血化瘀通络。

叶天士对仲景虫类通络药物的应用给予了极高评价：“结聚血分成形，仲景有缓攻通络方法可宗”，并深得其中奥妙，曰：“考仲景于劳伤血痹诸法，其通络方法，每取虫蚁迅速飞走诸灵，俾飞者升，走者降，血无凝著，气可宣通，与攻积除坚，徒入脏腑者有间。”可见络病治疗和一般活血化瘀、攻积除坚不同，突出强调了络病辨证及通络治疗的独特临床价值。仲景旋覆花汤被后世尊为治络病祖方。

三、集大成于叶天士《临证指南医案》-发展“久病入络”“久痛入络”络病学说

仲景之后很长的历史时期内，络病学说未有重大发展。迄至清代，才涌现出了一大批络病学说的倡导者和实践者。喻家言在《医门法律》一书中慨叹道：“十二经脉，前贤论之详矣，而络脉则未之及，亦缺典也”，喻家言主张用砭射刺络及内服引经透络药来治疗邪客络脉病证。王清任勇于创新，于《医林改错》一书中，将补气与活血通络法相结合创益气活血通络法，是对络病治法的又一重大发展。唐容川擅治血证，在《血证论》中提出了“血积既久，亦能化为痰水”和“凡血证，总以祛瘀为要”的著名论点，从血证方面对络病理论进行了阐发，亦为治疗络伤出血证指明了方向。而对络病学说贡献最大者首推叶天士，叶氏

创造性地继承和发扬了前代的学术成果，将《内经》中有关“络”的生理认识加以深化，引入到内伤杂病的病理阐释中，明确提出了“久病入络”和“久痛入络”的科学命题，叶氏强调“初为气结在经，久则血伤入络”，从全新的角度揭示了一般疾病（多属内伤、脏腑病变）由浅入深、由气及血的演变规律，认为络病分虚实，总以络脉阻滞为特点，其主要病变为络中气滞、血瘀或痰阻，并创立了辛味通络诸法，从而形成了较系统的络病理论，堪称是络病学说的集大成者。叶氏“久病入络”说和“久痛入络”说及其理、法、方、药，是对内伤杂病理论和治疗学上的一大发展，也为后世活血化瘀疗法的研究提供了重要的借鉴，启发了新的辨证思路和用药规律，予后世医家以巨大影响。

可见，络病学说源远流长，代有阐发，自《内经》开其端，《金匮要略》血痹诸方见其用，至叶天士的《临证指南医案》形成较完整的理论体系。叶氏的络病治疗常用于中风、痹证、癥积等内伤疑难杂病，其温病卫气营血辨证论治显然也吸取了络病学说的学术思想，从而使络病学说既指导内伤疑难杂病又指导了外感重症的辨证和治疗，使络病学说的发展取得重大突破与进展。

由于人类疾病谱的改变，现代重大与疑难疾病－心脑血管疾病与肿瘤等血管相关疾病发生患病率的不断攀升，中医学相应的临床实践与研究促进了络病学术的发展与进步。络病学说重新被重视、并做为中医学基础临床的重要研究内容，始于20世纪八九十年代。“久病入络”、“久痛入络”病机学说的学术思想，对认识日久不愈的多种现代难治性疾病有着重要的指导意义。

第二节　王永炎教授络脉病络与络病理论形成的临床实践基础

王永炎教授对络病的深刻认识来源于长期丰富的医疗实践，具有深厚的临床基础。

一、早期头风证治效验及病机治法新认识　奠定络病气络深入研究的基础

头风以其反复发作、经久难愈故名，相当于现代医学之偏头痛。王永炎教授认为偏头痛属肝风挟痰瘀上扰清窍为多，治疗上强调平肝熄风与化痰活络并重，创立川芎定痛饮。经临床验证，川芎定痛饮对头风具有较好的治疗作用，在早年治疗 45 例的报道中，总有效率 86.7%。在扩大的川芎定痛饮临床试验中疗效显著，在头痛、偏头痛的临床治疗中广为应用。

在不断丰富的临床实践和取得可靠临床经验基础上，王永炎教授以整体观和恒动观为指导，对头风的病因病机提出了新的认识：以整体观和恒动观为指导，他认为头风即偏头痛的发病是一个连续的动态演化过程，即肝失疏泄是发病基础，气机失常是始动因素，气血逆乱、络脉失和为病机关键。

在治疗方面，王永炎教授提出调畅气血、和络止痛应为偏头痛的治疗大法，并强调在治疗中贯彻“截断扭转”思想。

王永炎教授在组织全国脑病急症协作组讨论制订的《头风诊断与疗效评定标准》中，提出了头风病（偏头痛）常见证候的诊断，常见的证候主要有：风火候、风痰候、风瘀候、阳虚寒凝候、气血两虚候。其后规定了头风病（偏头痛）之风、火热、痰湿、血瘀、气郁、气虚、血虚、阴虚、阳虚的证候标准。以上证候的形成，与对本病机的深入认识密切相关。

气机失常、气血逆乱、络脉失和的头风病机、头风证治的新认识为深入络病研究，特别是气络认识的深入奠定基础。

二、中风病病证诊断及治疗成果蕴育络病“毒损络脉”病机新发现

王永炎教授从 20 世纪 70 年代始对中风病开展系列临床科学研究，在承担研究的“七五”至“十五”国家攻关课题，对中风病从病名、证候、系列方药、活血化瘀、清热解毒注射液治疗以及中风预防康复等进

行全方位的深入研究，取得中风病治疗的突破性进展，获得多项国家科技成果。中风病病名、证候的规范化与标准化为中风开展全国范围内的多中心、随机对照临床研究奠定了基础，使得中风病临床治疗研究成果建立在坚实的基础上，为毒损络脉、脑络病机的认识与发现开创病证结合研究新局面。

1. 中风病疾病证候诊断研究成果－奠定病证结合及病机深入研究的基础

（1）规范疾病诊断、统一病名为“中风病”

早在20世纪70年代末80年代初，王永炎教授提出应对中风病的名称的进行规范化，并对此开展了比较广泛而深入的讨论，至1986年将其病名统一为“中风病”，又名“卒中”。1992年全国脑病急症会议上又正式统一将“中风病”作为病证名，提出中风病的定义。在CCD（TCD）编码中与西医一致。

（2）《中风病中医诊断标准》－现代中医病证规范研究之先河

在对中风病的证候学进行系统的观察研究的基础上，王永炎教授于1983年起草了《中风病中医诊断标准》，提交全国中医内科学会中风病学组讨论。该《标准》最早提出的病类与证类的诊断方案，将中风病按有无神识昏蒙分为中经络与中脏腑两大病类，又在广泛搜集临床数据、进行症状学的类聚分析的基础上，将中经络者分为肝阳暴亢，风火上扰、风痰瘀血、痹阻脉络、痰热腑实、风痰上扰、气虚血瘀和阴虚风动五种证候类型。将中脏腑者分为风火上扰清窍、痰湿蒙塞心神、痰热内闭心窍、元气败脱、心神散乱四种证型。随后，此方案在经过长达三年的、30多家临床医院2239例患者参与的多中心研究中，收集、整理到了更为翔实可靠的数据，其可行性、科学性得到了行业内的广泛认同。因此，全国中医内科学会于1986年在山东泰安市，召开了总结评议鉴定会，对此方案进行了深入系统的论证，专家鉴定认为，该方案对中风病病证规范化的研究起到了积极推动作用。

泰安标准的制定与推广属于中医病证诊疗规范的研究范畴，是一项学术建设的基础性工作，其研究大大促进了全国中医领域中风病治疗的规范化、系统化进程，充分发挥了中医药治疗中风病的优势与特色。

1996年由中国中医药学会内科学会脑病专业委员会提出，“八五”攻关课题组、国家中医药管理局脑病急症协作组制定了第二代《中风病诊断及疗效评定标准》（简称“二代标准”）。经临床检验，证明其疗效评价标准较“一代标准”更加客观、科学。“二代标准”以行业标准的形式由中国中医药脑病专业委员会、国家中医药管理局脑病急症协作组在全国推广，为中医药治疗中风病的研究起到很好的规范和指导作用。

（3）《中风病证候诊断标准》——建立病证结合可降维升阶及量化的反映动态时空的中风病证候诊断标准

进一步的证候研究发现中风病患者存在风、火、痰、瘀、气虚、阴虚两证组合、三证、以及四证五证等多种组合。一份应用电子计算机中风病证候诊断软件对210例中风病人进行的追踪调查发现，平均每个病人进入调查时发生3.16个基本证候，急性期平均每例变化4.9个证次，共出现58种组合形态。说明不可能用少数固定的证类概括多数中风病人，也不可能用一个证类概括一个病人的全过程。

因此，对中风病证候进行深入研究首先应建立时空概念、进行证候动态演变的研究；同时证候研究应对临床证候进行降维、对构成证候的基本要素（后来的证候要素）建立规范化、定量化的证候诊断标准。

由此，在中医理论指导下和大量临床实践的基础上，首先由全国中医、中西医结合专家提出了一个中风病证候诊断专家经验量表。然后应用多元回归、对应因子分析、聚类分析、线性映射等多种数学方法，对3,026例中风病人、200例假中风病人进行了统计学处理，以风证、火热证、痰湿证、血瘀证、气虚证、阴虚阳亢证分类，建立了每个证候的量化诊断标准和数学模型，将中风证候学研究引向深入，并于1993年国家中医药管理局脑病急症协作组第二次会议上发布试行了《中风证候辨证诊断标准》。

该标准是在专家辨证经验的基础上，根据标准编制的基本要求，即特异性、准确性、灵敏性、可计量性、可交流性等而制定的一个中风基本证候因素诊断标准。它对进一步开展中风证候学研究与临床诊断的研究具有十分重要的意义。该标准将医学统计学的有关方法引用到中风的证候学研究中，使辨证诊断具有客观性、可重复性和可计量性，有助于提高研究结论的科学性和客观性。通过对该标准的验证与推广，又为进一步探讨中风的病因、病机及证候分类、组合、演变规律等提供了理论依据，同时提高了中医证候规范化研究的论证强度，使中医证候学向规范化、定量化方向迈进了一大步。

在国家八五攻关课题期间，《中风病证候诊断标准》进行全国范围的临床验证。采用临床经验辨证与《中风病证候诊断标准》辨证对照的方法，共观察1085例次中风病患者。结果《中风病证候诊断标准》中风、火、痰、血瘀、气虚、阴虚阳亢6类证候的总体符合情况达87.79%。痰、瘀二证几乎贯穿整个病程，成为中风病机的主线。

（4）风火痰蕴结、风痰瘀阻络－证候组合演变反映脑络痹阻、脑络受损之病机

国家“八五”攻关课题，对中风始发态的基本证候进行了分析，结果表明：

①风证是中风发病时最基本、最重要的证候。痰湿证、火热证是中风发病时的主要证候。风、火、痰三者同时出现的概率在各种证候及证候组合形态中占第一位。

②中风始发态以风火痰瘀为主要证候，其中在3天内风、痰、火证组合出现率最高。3～7天，风证逐步减弱。而火证、痰证在3天后证候均值和发生概率位居前两位，并在4周内始终存在，一周后痰瘀阻络成为基本证候。气虚证于发病第二周时均值和发生概率上升为第三位。阴虚阳亢证的均值和发生概率总体处于最低水平。

③病变性质对证候组合形态有一定影响，脑出血者风火、火痰、风火痰的组合概率高于脑梗塞者；脑梗塞者风痰、痰瘀组合的概率高于脑出血者。

④痰热、痰火证证候均值与持续时间和中风后神经功能缺损程度呈正相关。

风火痰瘀虚诸证，在中风急性期以风火痰、风痰瘀证候动态组合为

主，恢复期以痰瘀阻络、虚痰瘀阻络的证候动态组合为主，这一演变规律的认识，对揭示中风病发生发展机制具有重要意义。

风火痰瘀虚诸证，在中风急性期以风火痰、风痰瘀证候动态组合为主，恢复期以痰瘀阻络、虚痰瘀阻络的证候动态组合为主，这一演变规律的认识，对揭示中风病发生发展机制具有重要意义。

2. 中风病治疗研究成果－降浊解毒通络效彰揭示病机新内涵

（1）中风病治疗系列方药的形成－驱邪通络扶正贯穿始终

中风病证候研究过程中，在中风病证类诊断向证候诊断标准延伸与发展的同时，中风病治疗的临床经验也日益成熟完善，逐步形成了中风病治疗的系列方药，如化痰通络汤、化痰通腑饮、育阴熄风通络方、益气化瘀汤等系列方法与药物，并作为全国中医急症中风病科研协作组和全国中医内科学会中风病学组制订的《中风病中医诊疗规范》（1988年）的主要治疗规范内容，而且在全国推广应用，取得很好临床效果。

用常规治疗的系列方药，对中风病基本证候从急性期风痰瘀血阻络的到恢复期气虚血瘀证进行了动态时空、发病全过程的干预，对中风极期形成的痰热腑实、重症患者的痰热内闭心窍、痰湿蒙塞心神证进行积极应对。这些措施体现了在疾病整体层面对证候及病情演变的把握，特别是对急性期清化痰热的星蒌承气汤和清开灵注射液的研究应用，更是显著提高了临床疗效。

（2）化痰通腑治疗的成果－驱逐浊毒畅气机、切中中风病机要害

中风后气机逆乱，痰热内蕴，阻遏中焦为中风发病后的核心的病理机转，也是形成痰热腑实的关键。痰热腑实的形成又进一步加重了升降失调之势，影响气血运行布达，引起痰热化火，风火相煽，继而导致风火扰窍，浊毒上逆，毒损脑络，使病势逆转。

临床研究发现，及时化痰通腑治疗能够改善中风病患者的意识障碍，防止病情加重和降低病残损程度。

大量化痰通腑的临床研究证实，通腑化痰通过泻热降浊解毒能够提高中风病治疗效果，改善了中风患者的预后。其作用机制一是使腑气通畅，气血得以敷布，以通痹达络促进半身不遂等症的好转；二可使阻于

胃肠的痰热积滞得以清除，使邪有出路，浊邪不得上扰心神，阻断气血逆乱，以防内闭；三可急下存阴，以防阴劫于内，阳脱于外，发生抽搐、戴阳等变证。

化痰通腑法成功治疗中风病的临床效验提示，中风后通腑清热化痰通过条畅中风后逆乱之气机、驱逐蕴结之浊毒——一切中中风病病机要害，从而起到四两拨千斤的效果。中风病化痰通腑法因此获国家科技成果奖。

（3）清开灵注射液的治疗成果－清热解毒截断扭转中风痰热风火急重症

20 世纪 80 年代以来，在“七五”“八五”“九五”期间，我们针对缺血性中风病急性期原有常规治法难以更好取效的状况，采用了静脉滴注大剂量清开灵以清热解毒、化痰通络的治疗方法，随后又将其扩大应用于出血性中风急性期治疗。大量的临床实践证明，解毒通络在急重型出血性、缺血性中风病抢救和治疗上取得显著疗效。

清开灵注射液具有清热解毒，化痰活血，醒脑开窍等多方面功效，且以猪牛羊胆酸代替天然牛黄，用水牛角代替犀角，其他成份从黄芩、金银花、山栀、板蓝根中提取。清开灵是针对急性期重症病人而研制的安全、有效，并从静脉滴注给药的急救用中成药新剂型。王永炎教授作为中医急诊必备用药清开灵注射液的主要研制者之一，首次应用清开灵注射液开展治疗中风病痰热证的临床与实验研究。由王永炎教授和张学文教授主持的中医急症中风病科研协作组（参加单位有北京、长春、山东、天津中医学院，桂林市中医院等），自 1983 年 7 月至 1986 年 12 月，针对中风病急性期病人的证候特点，在本虚而标实症状突出、痰火内扰甚至痰热内闭清窍时，采用清热化痰、活血开窍法，选择清开灵注射液治疗中风病 134 例，另设烟酸对照组。其结果：清开灵治疗脑血栓形成 111 例，总显效率为 48.6%，烟酸组为 25%，经统计学处理，$u = 2.35$，$P < 0.05$，有显著意义。清开灵组总有效率为 81.1%，烟酸组为 50%，经统计学处理，$u = 2.77$，$P < 0.01$，有非常显著意义。另有 30 例脑出血患者用清开灵治疗也取得了较好的疗效。该项临床观察是按全国中风

病协作组统一制订的方案进行前瞻性有比较的临床疗效观察。

清开灵注射液在对脑梗死脑出血疗效突出，特别是对痰热、风火证候病情急重、易趋恶化的患者，具有截断扭转之效果。由此清开灵注射液很快在全国推广应用，提高了中风病的临床疗效。

清开灵注射液对中风急重症患者痰热、风火证候的显著疗效，对病势截断扭转的作用，越来越彰显着在内风旋动，风夹痰瘀痹阻脑络，风火上扰络迫血溢导致中风病后，风火痰瘀虚证动态组合演变规律下，内含着中风病络毒蕴结的机制。

3. 中风病“毒损脑络”病机再认识及其意义

王永炎教授创立化痰通腑法，首次应用清开灵注射液治疗中风、显著提高中风病疗效的临床研究成果、中风病证候演变组合规律的研究成果乃至与此同时开展的相关现代生物学基础研究，奠定了深入认识中风病发生发展机制的深厚基础。在1996年香山会议“关于提高脑血管病疗效难点的思考”的报告中，指出脑血管病提高其疗效的突破口就中医而言，应重视病因病理学说的发展，认为“毒邪”和“络病”可以作为深入研究的切入点。

经深入研究发现，急性中风后常有内生瘀毒、热毒、痰毒互结，毒邪损伤脑络，破坏脑髓，这些毒性病理产物，继发成为重要的致病因素，累积蕴化日久，不仅参与了脑神经元损伤链的病理过程，而且是中风病病情险恶、难以治愈的关键病因。内生毒邪的作用后果还可造成脑组织及功能的进一步损害，导致智能下降乃至痴呆发生。事实证明，在治疗与用药方面针对病因以解毒通络为法，及时清除及抑制这些有毒物质的产生，可以提高疗效和改善预后。

王永炎教授提出“毒损脑络”的理论，是对中风病发病机制的深入认识。中风发病是因于脏腑虚损，阴阳失衡，内风丛起，风火上扰，鼓荡气血，气逆血乱，上冲于脑，或风火夹内生瘀血、痰浊上犯于脑，交结阻于脑络等，终致营卫失和而壅滞，则毒邪内生。由于毒邪损伤脑络，络脉破损，或络脉拘挛瘀闭，气血渗灌失常，致脑神失养，神机失守，形成神昏闭厥、半身不遂的病理状态。其中脏腑虚损为本，气血逆乱、瘀、痰、火蕴结、营卫失和化毒损络为核心病理机转。

《素问·六微旨大论》指出："亢则害，承乃制，制则生化"，这是对正常生命机体脏腑、气血协调能力的概括。若承制失常，则亢盛为害，是为毒邪，损坏形体，生化衰竭。如"气有余，便是火"，"五志化火"是对机体"气机"运行失常导致"火毒"内生的表述。因此，在疾病状态下的毒邪，可以认为系脏腑功能和气血运行失常使体内的生理或病理产物不能及时排出，蕴积体内过多而生成。中风病患者，多属脏腑功能失调，尤其脏腑虚损日久之人。其气渐衰，气化不足，易于水湿停聚，痰湿内生；血行无力，则致瘀血停留。其肾水渐亏，肝木失柔，心火失济，在烦劳、郁闷、恼怒状态下，极易肝失条达，肝阳暴张或心火暴盛，风火相煽，气血逆上冲脑。中风发病，气血逆上之时，每每挟痰挟瘀，壅塞脑络。风火、痰浊、瘀血均为毒邪，其胶结壅塞于脑络，必致脑络受损，气血渗灌失常。进而，营卫运行受阻，壅塞失和，卫气不得宣通致火毒内生，又进一步灼伤脑络，形成脑络损伤的恶性循环状态。

中风病病位在脑络，毒邪为中风病重要病因，脏腑功能失常是中风病发病的基础，气血逆乱是中风病发病的始动因素，毒邪是风火痰瘀由量变到质变的结果。中风病为毒邪犯脑损络，神机失用所致。解毒通络为治疗中风病的根本大法。

中风病"毒损脑络"病机的发现，是中医学对中风病认识历史上的又一次飞跃，由外风到内风、由风火痰瘀虚到浊毒蕴结损伤脑络——病机学理论的进步，必将进一步指导临床治疗，对当今重大疾病－心脑血管病乃至疑难重症的中医诊断治疗的突破产生深远影响。

三、益肾化浊法治疗血管性痴呆临床研究－"毒损脑络"再验证

20 世纪 90 年代，随着世界中国老龄化的发展、中风发病率的升高、中风病发病轻型化而出现的血管性痴呆发病率、患病率的增长，老年期痴呆成为国际医学界研究热点和重点。我国也将老年期痴呆列入国家"九五"攻关项目。

王永炎教授在长期从事中风病临床研究的基础上，集多年辨证治疗血管性痴呆（VaD）的经验，指出“浊毒损伤脑络、败坏脑髓形体，导致神机失用、灵机记性丧失”为血管性痴呆发生发展的主要机制，提出“益肾化浊解毒通络”为主要治疗法则。王永炎教授申请并承担了国家“九五”课题“益肾化浊法治疗老年期血管性痴呆的临床与实验研究”。研究中对部分轻中度VaD进行了中医治疗的疗效观察与分析，并重点对VD证候进行了较为系统的观察与研究，在此基础上，初步分析和总合了VaD证候特点及演变趋势。

1. 虚痰瘀阻络、浊毒蕴结损络形成VD平台、波动下滑期的证候特征

临床研究表明，起病较急、病情波动、阶梯样下滑为VD病情发生发展特点。根据临床观察结果，发现病情演变根据性质不同基本分为三个期：即病情相对平稳的平台期、病情波动期、阶梯样下滑期。病情波动期若经适当治疗，病情好转多可恢复至平台期。若波动期出现时间较长，病情下滑，但治疗得当，仍可进入一个相对平稳期。病情反复波动，则可骤然加重，出现阶梯样下滑的典型改变。

通过证候学系统动态研究发现，平台期以痰瘀阻络为基本证候特征，而波动期则呈现或痰浊瘀阻、蒙窍为主，或以风痰瘀阻，或以痰热内扰等以痰浊为中心的证候特征，下滑期VD患者则呈现痰浊、瘀血胶黏难解，蕴化痰毒，生风化火的特点。总之，瘀血滞络、正气虚损贯穿VD始终，而痰与浊毒则是病情波动和下滑期的主要特征。

肾虚、痰瘀内阻为VD证候基本特征。虚、痰、瘀为久病入络，络脉阻滞的基本病理改变，这些或许正是VD病位较深、病势顽缠、反复波动并有渐进加重趋势的内在机缘。痰浊壅滞、化热生风，为VD病情波动的主要影响因素。VD出现病情波动的过程，是以络脉瘀滞为基础、为核心，以虚实消长转化、变生诸痰邪为征象，以痰瘀互结、蕴久化热、渐衍生浊毒为病理机转。诸邪壅积、酿生浊毒为VD下滑的关键。

临床观察到VD病情的阶梯样下滑，或由痰浊瘀阻蒙窍，或由风痰瘀阻，或由痰火内扰，心肾不交致病情波动、反复难解，诸邪蓄结，不断酿生浊毒演变而来。呆滞加重，双目无神，不识事物，面色晦暗，秽浊如蒙污垢或兼面红微赤，口气臭秽，口中黏涎秽浊，溲赤便干或二便失禁，肢麻、颤动、舌强语謇，烦躁不安甚则狂躁，举动不经，言辞颠倒，苔厚腻、积腐、秽浊为其共同证候特点；痰浊、火热壅盛，腐化秽浊，内风扰动，为其共同病理特征。诸邪相合，郁蒸腐化，酿生浊毒，浊毒败坏形体，夺扰神明致神机失用为其共同的病理机制。

毒邪是导致 VD 病情下滑的关键因素。毒邪深厚顽恶、蕴积为害、为患暴戾，败坏形神，病情急重，若治不及时，则昏狂痉厥变证横生，遗患无穷。若治疗得法及时，浊毒，风、火痰热渐退则病情得缓，但呆滞加重，病势趋深。

2. 浊毒损伤脑络、败坏脑髓、神机失用为 VD 发生发展的关键

VD 是在久患眩晕、胸痹、消渴诸疾及中风病的基础上发生的，以神情呆滞、反应迟钝、善忘、懒动少言、肢体笨拙为主要表现的疾病。一般起病较急，病情多在平台、波动、下滑三期交替更迭的过程呈阶梯样进展加重的，一般不可逆转。

VD 是在虚痰瘀络脉阻滞的基础上，痰瘀互结、蕴积化毒损坏脑络脑髓致神明失用、灵机记忆丧失的疾病。其病位在脑，与心肾肝脾密切相关。病性为本虚标实，本虚以肾精气虚，肝肾精亏，脾肾不足为主，标实则为痰瘀风火毒。虚痰瘀互结阻络贯穿疾病始终。在疾病相对平稳的平台期，以虚夹痰瘀阻络为主，至病情波动期则痰浊、痰热、风痰诸邪壅滞，络脉结滞之势加重；下滑期，则以痰瘀浊毒滞伤络脉为主。其病势，就本虚而言，初起多以肝肾精亏，或兼气虚为主，渐可至阴损及阳，阴阳俱虚之脾肾两虚，肝脾肾俱损的改变；就病位而言，VD 发病初期则位在下焦肝肾，或在中下两焦脾肾，病至晚期若由下逆传上焦心肺，则病势加重，痾疾难起。其病机转化，VD 早期，病情较易平稳，平台期相对较长，虚中夹实，络脉结滞之势尚轻；至中期，虚损日重而络脉瘀阻更甚，浊实之邪易壅滞为患，易酿生浊毒，病情易波动下滑；至晚期，虚痰瘀毒胶结深伏，病情沉重。

3. 重在“通”、“调”，通络解毒、分期辨证治疗为要

通过对 VD 证候较为系统的观察发现，在 VD 演变发展过程中，存在三个相对独立的时期，即病情相对平稳的平台期，病情波动期及下滑期。在此三期，其证候特点及演变趋势各不相同。因此，我们认为 VD 临床辨证宜先分期再分型，以利从整体上定位、定性，把握疾病的演变转归趋势。各期常见主要证型总结如下：

平台期，以肝肾精亏、脾肾不足兼痰瘀阻络为常见证候；波动期，以肝肾阴亏、风痰瘀阻，脾肾不足、痰浊瘀阻蒙窍及痰火扰心，心肾不交为常见证候；下滑期，以风火上扰、浊毒阻络，痰浊蒙窍、浊毒阻络及痰火扰心、浊毒阻络为常见证候。

正气虚损、痰瘀阻络贯穿 VD 病程始终，因此一般以通补兼施为治疗原则。然通补之中，应以“通”，为原则。邪不结不成毒，“通”，“调”之治，意在疏通调和，以使气血运行，津液敷布正常，脏腑阴阳相对平衡协调，进而减轻痰瘀互结之势，去除壅滞之痰浊郁热，防止浊毒酿生为害。故治疗宜注重“通”“调”，从延长平台期，缩短波动期，从而防止病情下滑入手。

平台期、波动期、下滑期之治虽不离“通”，“调”原则，但侧重不同，因此分期治疗非常重要。平台期，补虚通络祛痰并治，提倡通补兼施；波动期，化痰清热通络熄风，强调以通为主；下滑期，以疏散诸邪，降浊解毒，醒神开窍，急治其标为要。三期治疗中，平台期是基础，波动期是关键，下滑期重在解毒，以防生诸变。

4. 益肾化浊解毒通络法方药临床试验疗效肯定

采用多中心、随机双盲对照研究方法，设立阳性药物和安慰剂对照组，选取符合 VD 纳入标准的轻中度患者 355 例，其中中药治疗组 147 例，（58 例服聪圣胶囊，89 例聪智胶囊），西药对照组 161 例（口服喜得镇），安慰剂组 64 例，治疗 60 天后，采用简易智力状态检查表（MMSE）、Blessed 行为量表（BBS）和中医症状分级评分的方法进行疗效评估。结果中药治疗组总有效率分别为优于安慰剂组及西药对照组，表明益肾化浊解毒通络法在整体调节、改善全身机能状况方面优势明显，不仅对轻中度 VD 智能障碍的核心症状及智能障碍所致的功能活动下降具有改善作用，而且还具有明显减轻或消除周边症状的作用。

益肾化浊解毒法在中医 Vad 治疗中的显著疗效再次验证了“毒损脑络”在 Vad 发病中起关键作用。

四、痹证新病入络要在“病络”

痹证是因人体禀赋不足，营卫失调，劳逸失度，感受风寒湿热诸邪，或内生痰浊、瘀血、毒邪，正邪相搏，痹阻气血经脉，使肢体肌肤肌肉、血脉、筋骨甚则脏腑失养失荣，出现肢体关节酸痛、麻木、重着、僵直畸形、关节肿大、变形、灼热、活动障碍等为主要临床表现，严重者涉及五脏的一组病证。禀赋不足、腠理疏松、营卫不固、营卫失调为发病的内在因素，邪气入络、伤络，痰瘀内生导致痹证发生，顽痰、死血胶结是痹证反复发作、渐进加重的主要机理。络脉瘀滞、痰瘀毒邪损伤络脉、败坏形体脏腑是本病亢害重笃的核心机制。

痹证相当于现代医学风湿性疾病。王永炎教授以类风湿性关节炎（RA）为例，提出“新病入络”的发病机制。与以往的“久病入络”理论不同的是，“新病入络”是新病即起便侵袭络脉，由病络而成络病，并循络传变至腠理、筋膜、骨节、脏腑等，多见于急性、发作性病变。病变的门径在于营卫，枢纽在于气血；病因有外袭内伏之合；病势有缓急之不同；病变可由新至久、由局部至整体。“新病入络”所致病变的主要渠道与枢纽在于“病络”，并有“络道亢变”等“病络”之象。

王永炎教授提出的“新病入络”的证治原则在于：早期截毒防变；降维升阶，提炼证候共性因素；通畅络脉，贯穿始终。并通过寒热证治探讨了“新病入络”的有关现代机理，提出“新病入络”及其辨证论治是中医药在 RA、SARS 等多种难治性疾病诊疗中值得探索的途径。

五、严重急性呼吸综合征（SARS）-急病入络截断扭转意义重大

2003 年严重急性呼吸综合征即 SARS 病肆虐粤港，染及京津、华北等地区造成灾害，党和国家领导非常重视，倡导中医中药积极发挥防治作用。王永炎教授临危受命，担任国家中医药管理局中医治疗非典专家组组长，在亲自治疗 SARS 患者的基础上，对症状观察、证候特征、以

及病理结果进行系统全面细致研究。王永炎教授对SARS研究深入，从症状学上入手，结合证候分析、病机病位，在此基础上制定治疗方案的设计与实施。及至5月9日由王永炎教授主持经国家中医药管理局组织专家修订的传染性非典型肺炎推荐中医治疗方案付诸实施。王永炎教授多次建议参照循证医学原则简约随机，按病情轻重整群分层，设单用西医治疗与中西医结合治疗两组对照，进行前瞻性临床疗效观察，可望得出相对科学性高、置信度强的结果，运用前沿的数理科学统计分析方法，为治疗SARS病做一份有意义有力度的工作。

SARS病属温疫范畴。其具有特异病原、具有家族、医院聚集的特点，是一种强传染性的疫病。其发病传变特点符合温病学医家认识的温疫由乖戾之毒引发，从口鼻而入，有潜伏期，属邪从内发，可达表攻里；有传变，即具常谓的“温邪上受，首先犯肺，顺传阳明，逆传心包”的特点，起病急，变化快，热毒浊毒犯肺伤正，所谓邪之所凑，其气必虚”，又称“至虚之处，乃客邪之所”。

（一）症状学观察

瘟疫一般以发热为首发症状，通常超过38℃，可有短暂的恶寒甚至寒战。然因本次流行疫毒之邪强悍，多在2～24h即迅速传变，只有短暂的卫分受邪的阶段，旋即转入毒犯阳明进入高热期，有气分壮热但恶热不恶寒而烦渴者，亦有周身蒸热，时微恶寒，头身沉重酸痛，大便可出现轻泄，属疫毒夹湿者。恰如叶天士《临证指南医案》记载：“疫疠一症，都从口鼻而入，直行中道。”

SARS早期以发热为主，一般病程5～7天，此时疫毒盛而正不弱，短兵相接正邪交争，虽表里热炽，若正气胜可直接向愈，若邪气胜则淫肺传经，进入中期一般为发病后的第5～14天，这是疾病向愈还是向危的关键转折点。

SARS患者自觉胸宇痞闷，可有少量痰，然无论痰质稀稠或白或黄均不易咯出。喘脱是失纳之虚喘，见于极期，多在发病后9～28天以上，以肺主气司呼吸而肾主纳气，此时必肺肾两损。若浊毒痰湿壅塞肺络致使血随气逆偶有咳血，色暗夹有泡沫，急当益气固脱通阳利水；若病危笃心阳暴脱。见唇甲重度紫绀。手足青冷至肘膝。脉迟而微者则难以救治。喘憋喘脱皆定位在肺，但可累及肝胆、脾胃、心肾。虽主病在肺但早期多无上呼吸道卡他症状，即无鼻塞流涕，一般兼有干咳，全身症状常有头痛。关节肌肉酸痛。倦怠无力等。喘憋在中期如随发热渐退而减轻者，预后良好。喘憋重而高热不退者。需要人工辅助呼吸，多因中期毒热灼伤肺络或浊毒壅塞肺络，以肺朝百脉，邪损络脉及至病络耗气伤阴，必险情横生。

以北京定点医院观察所见，SARS 患者一般舌体变化不大，舌质紫或暗红、红绛，舌底脉络色紫迂曲。舌苔多见腻苔，按不同病期，有白腻、灰腻、薄黄腻、黄腻者，甚至极期见黑腻苔。脉象早期多弦数、弦滑数，也有滑大，而病进呈迅速恶化者，中期必见数脉兼或出现细数、细弦数，极期变证丛生则见危脉，一般脉由疾数变迟或代者预后不良。

（二）证候特征

辨证论治是中医临床医学的精髓，立法、处方当以识证为先。对 SARS，有学者总结为 3 期 9 证，有学者在中期极期各设 6 证，诸如此类多设 4 期 20 个证候以上者也有数家，虽然内容丰富，但是应用推广确有困难。王永炎教授主张病证结合，以证候为主体，紧扣病机分析证候共性特征，确定基本证候因素，做到理法方药完整统一，以充分发挥中医方剂治病的整体综合调节作用。应该指出，对 SARS 病的证候诊断，置于证候名称的提出与分类的基础上，医家从不同视角对症、舌、脉进行分析，归纳提出证候名称则是见仁见智，因此证候诊断则无从统一。如果将中医证候诊断系统视为一个非线性的、多维多阶的、可以无限组合的复杂巨系统，那么谨守病机对 SARS 的常见证候进行简化分解去抓最基本的证候因素，即毒、瘀、虚三因素，“降维”之后则容易掌握，可操作性增强了。同时应注意到最基本的证候因素相互间的组合及与各种辨证方法的交叉，譬如热毒与浊毒相并，毒瘀共存，毒虚互生。本病以疫毒淫肺为主，可结合卫气营血辨证、三焦辨证、脏腑辨证、气血津液辨证等，如此“升阶”，阶度越大则适用性越强。总之，把握证候特征，抓住证候基本因素，灵活组合，有利于推广，拓宽了使用者自由掌握的空间。

在SARS毒、瘀、虚3个基本证候因素中，当以疫疠之毒为主，三者互为因果。邪毒是始动因素，又贯穿疫病全程，所有临床见症均与之密切相关。瘀指血瘀和瘀血，其血循障碍，当以络脉受累突出，主在肺络而涉及全身，由病络而成络病。自然络病缘于疫毒，瘀可生热又可致虚。笔者曾阅读了北京地区8例病死者的病理解剖资料，可见血性胸水，肺间质病变突出，镜下显示肺泡透明膜形成，主要是毛细血管内皮损伤。显而易见由病毒血症导致低氧血症进而出现微循环障碍，这从微观与宏观均呈血瘀络病的表现。关于“虚”从证候因素考察，当见于潜伏期，所谓“正气存内，邪不可干”，本次流行过程，其疫毒多是热毒、浊毒并见，热毒依火与元气不两立之说，必是伤阴耗气；至于浊毒，以湿浊为阴邪，缠绵稽留则伤阳气。从证候因素看，早期疫毒炽盛，正邪交争而“虚”不明显，尤其罹病者多中壮年，更是如此。中期、极期病情恶化者虚证日渐突出，先在肺肾，出气纳气障碍，金水不得相生，呈气阴两虚。若疫毒败坏形体，络阻窍闭瘀必加重，再则阴精、阳气耗损，可见喘脱，舌脉俱显危象。证候的共性特征是内实外虚、动态时空、多维界面。其内实外虚是指每一证候的信息群组成而言。

所谓“实”是指最能反映该病机的重最大的关键内容，是群体在某一特定病变过程中所具有的共性规律，是干预的依据；“虚”则指具体到某一患者所表现出来的一系列个性化症状信息。所谓“内”与“外”则指“共性”与“个性”并非实际的位置意义，注重“内实”即指寓于诸多个性之中的共性。动态时空是指证候的发展演变而言，证候是一定时间与一定状态的产物，时间在推移，状态在演变。多维界面指证候的构成及相互关系而言，“维”即组成证候的因素，“面”是指证候可供医家观察的显现，“界”则是一证候与他证候之间的分水岭。针对现实流行的SARS病，为提高治愈率降低病死率宜抓早，即重点放在早、中期，对毒、瘀、虚证候因素的组合和演变的分析辨识方面，寻找干预的界面，及时确定选择适当的救治措施，这是非常重要的。

（三）治疗方案的设计与实施

对 SARS 的治疗主要是针对疫毒，准确地把握动态时空的证候特征，采取解毒、化毒、败毒的干预措施。考虑 SARS 起病急、变化快、病情凶险的特点，救治方药首先选用静脉途径给药的注射剂。早期、中期疫毒淫肺，灼伤络脉为主，可选用清开灵注射液，静脉滴注，20～40ml/d，以 10% 葡萄糖注射液 200ml 或生理盐水 100ml 稀释后使用。若病情重者，每天给 2 个分剂。据全国防治“非典”指挥部科技攻关组于 5 月 23 日公布的治疗非典有效的 8 种中成药中首推清开灵注射液，其针对肺部急性炎症，对肺指数、炎性因子（NO）、炎性渗出物有明显改善作用；针对急性呼吸窘迫综合征和多脏器损伤有治疗作用，对内毒素引起的多脏器损伤有明显保护作用。科技攻关组通过 118 例体内外试验结果分析，清开灵注射液在退热、抗内毒素致肺水肿和化学性肺损伤、多脏器功能损害及血小板下降等方面都有明显的作用，可以考虑将清开灵注射液作为中西医结合治疗非典型肺炎的基础用药，配合其他药物进行综合治疗。清开灵注射液药物组成有栀子、黄芩苷、金银花、板蓝根、胆酸、猪去氧胆酸、水牛角、珍珠母，其主要功能为解毒清热，化痰通络，醒神开窍。对本品的深化研究与二次开发分别列入了 973 项目和 863 项目计划，汇总实验结果表明清开灵注射液在抗病毒、内毒素和调节免疫功能方面有显著作用。对早、中期毒瘀互结证还可使用鱼腥草注射液、双黄连粉针、丹参注射液、蝶脉灵注射液、醒脑静注射液。对极期见厥证、脱证者可应用参麦注射液、生脉注射液、黄芪注射液等。早期主症为高热少有恶寒、头身肌肉酸痛、乏力或干咳或腹泻，舌质暗红，苔薄白腻或灰腻，脉滑数者，治以清热解毒，疏风宣肺，方选辛凉平剂银翘散或可用辛凉重剂麻杏石甘汤加减，疏风宣肺是重在宣透之法，药用防风、白芷、蝉蜕、僵蚕之类，亦可并用升降散方。中期发热未退而喘憋短气加重，爪甲口唇紫绀，舌质暗红、红绛，苔灰腻、黄腻，脉细弦数或虚数者，治以益气育阴，化瘀通络，清热解毒，方选生脉散、冯氏全真一气汤、丹参饮子加减，药用生晒参或西洋参15g，单煎兑服，伍用麦门冬、山茱萸、牛膝等益气阴以防变固脱；重用苦葶苈子15g，配用全栝楼、胆南星、车前子等开泻肺气，化痰利水通阳；选丹参30g，合用三七、地龙、红花等化瘀通络；还有金莲花、连翘、黄芩、七叶一枝花等清热解毒之品，继续选用。本病至恢复期除神疲体倦，自汗乏力之外，主症当是动则气短气促，舌淡暗，苔薄白腻，脉细滑者，治以调和气血，健脾和胃。其善后调理仍需用化瘀生新之品，推荐百令胶囊（发酵虫草菌粉）、诺迪康胶囊（红景天制剂）、龙血竭胶囊等。

在一项报道SARS中西医结合疗效的分析中，发现中西医结合组和西医组均可提高血氧饱和度，两组未见明显差异，其中中西医结合组对恢复正常后的血氧饱和度波动范围有明显的趋稳作用；病死率方面，中西医结合治疗组为20%（5/20），西医组为30%（6/20），提示中西医结合治疗组有降低SARS病死率的趋势。表明中西医结合在SARS的治疗中具有一定的优势。

第三节　毒损脑络、新病入络、络脉络病病机理论的现代生物学基础

一、毒损脑络及解毒通络治疗的生物学基础

（一）毒损脑络现代生物学基础

中风病脑缺血的炎症级联反应中，产生了大量的自由基和代谢物质，超过了机体自身对这些物质的清除能力，即成为有害的毒性物质。它们通过各自特有的途径，一方面损伤血管内皮细胞，导致相关脑区微血管灌流障碍，微循环瘀滞。微循环是维持机体内稳态的重要环节，微循环的血流出入自由，精密协调着微血管内外环境中众多的细胞因子、介质、生长因子、黏附因子及细胞生命活动的基本营养物质等。毒性物质导致的相关脑区微循环瘀滞破坏了其对上述活性物质的协调，势必造

成神经元等功能单位的生理机能损伤，反映了络损神伤的生物学特性。另一方面，毒性物质造成神经胶质细胞和神经元的严重损害。胶质细胞受损肿胀，特别是星形胶质细胞肿胀，使其终足包被的毛细血管受到更为严重的压迫而加重微灌流障碍。一些神经递质过度堆积（如谷氨酸、乙酰胆碱、NO 等），成为神经毒性物质，导致神经细胞、血管内皮细胞进一步损害，而且这些损害因素难以疏解。胶质细胞分泌神经营养因子的能力也会受到显著影响，而使神经元失去了功能维持所依赖的神经营养因子等物质。这些局部环境变化是形成中风病缺血级连反应不断加重，神经元及其信息联系功能难以恢复的重要原因之一。上述诸方面的变化，具体反映了“毒损脑络”学说毒损络瘀，营卫失和，火毒内生，进而伤络，脑神受损难复的生物学基础。

（二）解毒通络治疗的生物学基础

1. 清开灵注射液治疗中风后毒损脑络的生物学基础

在缺血性和出血性中风的实验研究发现，清开灵注射液具有减轻脑内炎性损伤、减轻脑水肿、减轻损伤内皮细胞、改善微血管灌流、保护损伤神经细胞的作用。

在脑出血的研究中，新清开灵注射液能明显降低胶原酶诱导大鼠脑出血后脑组织 TNF－α 含量、显著升高脑组织 SOD 含量，表明对脑出血后神经细胞损伤具有保护作用，其机制可能与抗自由基损伤、抑制 TNF－α 毒性作用有关；研究还发现新清开灵注射液具有阻断 Ca2＋超载、保护基底膜、消除炎症等各个方面作用，可同时减轻细胞毒性脑水肿和血管源性脑水肿。

在不同剂量安宫清开灵治疗脑出血的研究中发现，出血 48h 大鼠脑组织 TNF－α、IL－1β、ICAM－1 以及 NF－κB 均有不同程度的表达。安宫清开灵中剂量组均能明显阻抑出血后 48h 脑组织 TNF－α、IL－1β、ICAM－1 和 NF－κB 表达的增加；安宫清开灵低剂量组可以明显抑制 ICAM－1 和 NF－κB 的表达，而对 TNF－α 和 IL－1β 的作用不明显；安宫清开灵高剂量组对 TNF－α、IL－1β 和 ICAM－1 表达的具有较强的抑制作用。表明安宫清开灵注射液对抑制脑出血后炎症因子和黏附分子的表达具有良好的作用，从而能够减轻炎性损伤。其中以中剂量组作用效果尤为突出，对脑出血后48h前炎症因子和黏附分子的表达都有显著的抑制作用，可以在多环节干预炎症反应过程、阻抑脑出血后损伤级联反应从而发挥脑保护作用。

在脑缺血的实验研究中，血浆ET－1、TXA_2、PGI_2参与了脑缺血后脑组织损伤的病理过程而致微血管挛缩、血管内皮受损，清开灵中有效组分能通过多环节的综合作用不同程度的阻抑血浆ET－I、TXB_2的表达，增加6－keto－PGF1α的表达，降低TXB_2/6－keto－$PGF_{1\alpha}$的比值和vWF含量，从而减轻内皮细胞损伤，改善微血管灌流。缺血12h与缺血24h，伴随脑组织TNF－α，IL－1β含量升高，血浆vWF、血清NSE含量呈现同步的升高。栀子苷可以明显阻抑缺血12h和24h脑组织TNF－α和IL－1β含量升高，还可阻抑缺血12h和24h血浆vWF含量的升高，但对缺血12h和24h血清NSE含量无明显影响。结论：栀子苷可阻抑脑缺血损伤后致炎因子TNF－α和IL－1β及血浆vWF的表达，显示出其抗缺血后血管内皮细胞损伤、在炎症病理环节阻抑脑缺血损伤级联反应的作用。

ICAM－1和E－selectin作为重要的黏附子加重了缺血后脑损伤，清开灵有效组份可通过抑黏附因子的表达，从细胞黏附的不同阶段、在缺损伤的不同时程抑制细胞黏附，减轻脑缺血后炎反应。

本实验结果显示，脑缺血后S－100β表达渐次增强，缺血损伤激发了Ast功能活化，发挥抗脑缺血损伤作用。在缺血12h时段，各用药组S－100β表达增强，对脑缺血损伤发挥保护作用。其中胆酸珍珠母水解液、合方组作用最强。延至缺血24h与模型对照组比较，用药组S－100β表达减弱，也呈现为较早期的促进Ast活化反应的作用。

可见，清开灵有效组分对脑缺血后Ast活化的促进作用具有时效性，主要表现为对极早期Ast活化的影响，随后这种效应消失，反映了其作用的自限性。这种作用形式既促进了早期相关神经营养因子的分泌，发挥对神经元的保护作用，又自限了无限活化的反应性胶质增生对神经再生修复所造成的不利影响。另外，清开灵不同组分对 Ast 的影响具有相对特异性。黄芩苷、栀子苷的作用在于促进 Ast 的反应性增生，而胆酸、珍珠母水解液则表现为对 Ast 功能活化的促进作用。当然，也可能是影响了 Ast 不同的亚型。有研究已证实 Ast 免疫表现型不尽相同，可能具有不同的机能，从而产生了本实验的结果特征。另外，黄芩、栀子配伍对大鼠局灶性脑缺血再灌注模型缺血级联反应的影响黄芩、栀子及其配伍均能改善大鼠神经功能缺损症状；黄芩、栀子单用对脑组织 SOD、MDA 和血浆 vWF 均未见明显影响，而两者配伍则可显著提高脑组织 SOD 活性，降低脑组织 MDA 和血浆 vWF 含量，但对于 NOS 及 Na^+-K^+-ATP 酶的活性，则有减效、减毒趋势。实验证明，中药组分配伍后的作用不是单纯的效应累加，而是以效应环节的生物特性表现为协同增效或减毒等复杂的现象。

2. 解毒通络方治疗

解毒通络方促进脑缺血损伤后神经元突起再生的研究显示，脑缺血损伤导致海马 CA1 区神经元突起溃变、突起密度下降，2 周时下降至最低点，模型组是假手术组的61.7%，治疗组是假手术组的66.6%，两组间有显著性差异（$P<0.05$）；4 周时突起密度呈复升趋势，但治疗组复升幅度显著高于模型组（$P<0.01$）；至术后 8 周与假手术组差异已不显著，治疗组神经元胞体 GAP－43 含量曲线显著左移，GAP－43 的表达早于神经元突起密度的提高。解毒通络方能够有效地诱导脑损伤修复过程中神经元生长相关蛋白的合成而促进神经再生。

对大鼠脑缺血损伤后海马神经毯的突触形态与突触素 P38 的表达研究结果显示解毒通络方有提高缺血损伤后下降的突触数密度、降低的突触素 P38 表达水平，表明解毒通络方具有促进突触再建和增强、完善再建突触效能的作用。

以改进的柱前、柱后双酶柱结合高效液相电化学方法检测大鼠海马与皮质的乙酰胆碱含量；以高效液相电化学方法检测大鼠海马与皮质的单胺类神经递质及其代谢产物的含量。其结果表明，解毒通络方能够有效促进脑缺血大鼠海马与皮质中单胺类递质和乙酰胆碱代谢紊乱状态的恢复。

综上所述，中风病脑缺血级联反应所产生一系列毒性损害因素对微血管和神经细胞的损伤，是病损区微环境紊乱的结果，并进一步导致病损区微环境相关因素，如胶质细胞、细胞外基质、神经递质等代谢变化，即所谓营卫失和，使再生修复难以实现功能恢复。解毒通络，畅行气血，使营卫调和，恢复良好的功能与代谢微环境，可减轻中风病脑缺血损伤和促进功能性再生修复。

二、痹证新病入络－“病络”的生物学基础初探

痹证即风湿性疾病中类风湿性关节炎（RA），是“新病入络”的代表病证，病变核心在于“病络”。王永炎教授首次提出并阐释 RA 从“络”辨治的初步理论构架：即外邪入络，邪伏肢节脉络的发病学持点；毒损肢节脉络，络道亢变，络脉虚滞的病因病机特点；分证论治（譬如散寒、清热），截毒防变（强调早期治疗），通畅络脉（强调矫正病理）的治则治法特点。在此基础上对病络、络道亢变的生物学基础进行深入研究。

实验研究方法以 II 型胶原诱导的关节炎（CIA）Wistar 大鼠为对象，以寒、热方剂“清络饮”、“温络饮”进行干预，雷公藤多苷片为治疗对照。在对各组动物分别进行：①CIA 免疫 1、7、21、33 天时，不同温度刺激条件下的疼痛试验，关节肿胀程度、肛温、膝、踝关节肤温，体重等体征评价。②CIA 免疫 8，33 天双侧膝踝关节、肾上腺病理形态学观察；CIA 免疫 33 天滑膜细胞透射电镜观察、滑膜 MMP；mRNA 原位杂交、TIMP－1 免疫组化等检测，以及各项图象分析。③CIA 免疫 33 天放射性免疫法测定 6：00，12：00，18：00，0：0。时血中 ACTH、皮质醇、TNF－α、IL－6、IL－β 水平，并对肾上腺束状带厚度、ACTH 水平进行线性相关分析，对各因子昼夜水平进行余弦节律拟合分析。

“病络”是 RA、CIA 病变的主要渠道和枢纽。研究发现，导致“病络”形成的“毒邪”为综合的病因病理，可能表现为：①部分细胞因子分泌量的变化、分泌节律的紊乱：CIA 大鼠 0：00 时血清 TNF－α 水平，

以及6：00、18：00、0：00时血清IL－6明显增高，同时TNF－α分泌节律紊乱，近乎相位倒置，IL－6体现出0：00为峰值、6：00为谷值、周期延长的异常节律变化。②病理上呈“络道亢变”之征象：膝踝关节明显的滑膜血管翳、新生血管形成，炎细胞浸润，关节软骨与骨组织侵蚀和破坏；超微结构观察发现CIA滑膜细胞分泌功能亢进，代谢活性增强。③CIA膝滑膜组织中新生血管数量、组织损伤酶MMP3mRNA表达的面积显著增高；其抑制物TIMP－1水平明显降低，MMP3/TIMP－1比例破坏。

围绕CIA滑膜局部病灶与下丘脑－垂体－肾上腺（HPA）轴及免疫系统的整体、动态变化，发现CIA也继之有“络脉虚滞”的整体失调：①有关有关激素、炎症细胞因子分泌节律的改变，以及特定时段分泌水平的改变为其重要表现形式。②CIA见有肾上腺束状带显著增厚（8d）、细胞变性，转而萎缩（33d）、细胞灶状坏死和结节状增生的趋势。③免疫33d时，下丘脑－垂体－肾上腺轴同步机制紊乱，HPA轴－免疫系统对炎症刺激的反应出现缺陷。

RA理想的胶原性关节炎（CIA）模型具有毒损肢节络脉，络道亢变的“病络”特点，“清络饮”（主要由苦参、黄柏等组成）、“温络饮”（主要由桂枝、附子等组成）是针对RA寒、热基本证候因素进行治疗的方剂，两方都贯彻了“新病入络”分证论治（散寒、清热）、早期治截毒防变、通畅络脉的治则。研究发现清络饮、温络饮两方均能显著降低CIA大鼠双侧踝关节的疼痛试验积分，控制双侧踝关节肿胀的发展，显著降低关节炎指数。病理形态学观察显示两方均可矫正“毒损肢节络脉”所致的CIA病理变化，膝踝关节滑膜血管翳明显减轻，其中新生血管数量明显减少，软骨受损程度减轻，从而矫正、防治“络道亢变”。同时，采用滑膜受损期早期（免疫第7天）给药，取得了明显效果，提示了早期截毒的重要性。

而寒、热方剂在降低血清TNF－α、IL－6水平，调节其分泌节律，并纠正CIA大鼠HPA轴功能紊乱的作用上，均具“通畅络脉”之功效。

三、络脉络病的现代生物学基础

（一）瘀、虚、痰、毒构成络脉受病共同的病理变化

络脉是气血会聚之处，其生理功能不外聚、流、通、化，即可以贯通营卫、环流经气、渗透气血、互化津血，是内外沟通的桥梁。络病的病理机制为瘀、虚、痰、毒。络是内外之邪侵袭的通路与途径，邪气犯络，导致络中气机瘀滞、血行不畅、络脉失养、津凝痰结、络毒蕴结等病理变化。络脉结构功能失常是疾病传变的中心环节，是异病同治的病理生理学基础。

（二）整体功能关系下瘀、虚、痰、毒络脉病理的现代生物学基础

络脉络病基本描述内容从整体功能关系模式走向结构功能关系模式，成为中医络病理论进入现阶段发展的主要特征。细胞与亚细胞结构、活性蛋白、基因成为络病机制的主要结构载体。细胞乃处于由细胞外基质、细胞外基质降解酶、细胞因子等组成的信息网络中，因此中医络病的病理机制中血行不畅、络脉失养、气血瘀滞、津凝痰结、络毒蕴结等病理变化涉及了血管活性物质调控异常、血管内皮细胞和血管平滑肌细胞的损伤、细胞外基质代谢异常、细胞因子及信号传导通路调控异常等生物学内容。

在络病的病理机制中，血流动力学异常应为血行不畅的表现形式，而血管机能障碍则为血行不畅的病理实质。

络脉失养实际上代表了细胞保护及损伤的两个方面，大血管病变及微血管病变的进程正是血管内皮细胞、血管平滑肌细胞保护及损伤机制的矫枉失衡过程。因为血管内皮细胞已不再是单纯血管壁的内衬，血管内膜目前被认为是体内重要的调节器官，也是最大的内分泌器官。血管内皮细胞参与血流动力学、血管通透性的调节，在血栓形成、脂质沉积、细胞黏附等方面具有重要作用血管内皮细胞、血管平滑肌细胞只是络病机制中络脉失养的基本物质载体，多元性的损伤机制则为络脉失养

病机关键，其他相关的参与血管内皮细胞、血管平滑肌细胞损伤机制的细胞、亚细胞单位同样可作为络脉失养的物质载体。

络病理论中，气血瘀滞是血管内皮细胞、血管平滑肌细胞损伤保护过程中信号传导机制异常的具体体现，而在气血瘀滞阶段，细胞因子异常调控应该占据主导地位。络病中的气血瘀滞的病理实质是络脉失养的结果，也就是说，血管内皮细胞、平滑肌细胞损伤后，细胞因子网络调节平衡机制被打破，异常的细胞因子网络调节机制是血管内皮细胞、平滑肌细胞进一步损伤及病理产物形成的关键。

津凝痰结代表了络病机制中病理产物的聚积过程，细胞外基质代谢异常在血管损伤中占有重要地位，回归络病中津凝痰结的物质基础具有重要的生物学意义。津凝痰结是细胞外基质过度积聚的直接结果，津凝标志着正常分布的细胞外基质的积聚增多，而痰结则代表了细胞外基质的异常分布。

络毒蕴结是络病机制中的多重病理产物积聚的结果，也是络病发展的晚期阶段。络毒蕴结代表了细胞、组织形态学的不可逆转的变化，多重病理产物积聚又是造成进一步损害的原因。络毒蕴结的生物学物质基础具有广泛的含义，涉及了不同的生物学层面。针对不同的病证，络毒蕴结应回归于相应的生物学物质基础，具体体现其细胞、组织形态学的不可逆转的变化。

许多疾病均可出现络病相关的病理改变，尽管不同的疾病有着自身的发生发展规律，但发生络病的病理过程通常却有着相近的规律和共同的物质基础。糖尿病慢性并发症以全身血管损害为特点，糖尿病微血管病理改变的基本特征为微血管基底膜的增厚。近年来研究发现，微血管基底膜的异常增厚与血管内皮细胞产生细胞外基质密切相关，细胞外基质合成与降解的动态平衡遭到破坏。因此，糖尿病性血管损伤的过程涵括了络病机制的气机瘀滞、血行不畅、络脉失养、津凝痰结、络毒蕴结等全部病理变化过程，在各类疾病中具有典型性。

络脉络病生物学基础研究，是在当今复杂科学理念指导下，在系统与还原、功能与结构结合的过程中进行病与证结合、宏观与微观结合、局部与整体结合，以临床系统化研究成果为导向，以基础研究探索机理，尽可能做到疾病动物模型研究证候化、证候模型与临床统一化前提下进行的。研究络脉络病的发生发展机制是历史发展的必然趋势，是在统一标准、发现疗效基础上进行的机制探索，将对络脉络病理论的升华发展做出贡献。

第四节　学术创新/理论创新：病络是形成络病的基础，络毒蕴结、毒损络脉为络病进展加重的关键

王永炎教授从长期的临证实践中阐发古蕴，融会新知，得出了对“络病理论”的规律性认识。他认为，毒损络脉既可以是新病急病入络、邪气亢盛的病理改变，也可由久病入络、络毒蕴结所致，是病络导致络病的关键。

临床研究发现，不论内伤疾患诸如现代疑难重大疾病之久病入络，还是非典型肺炎、痹证等外感难治重症疾患的新病急病入络，络脉受病虽然临床表现纷繁复杂，然而却共有以疑难、复杂顽缠，甚或反复发作或不断加重的临床特征，具备虚瘀毒这样一个共同的病理结局。

王永炎教授临床研究中发现，络脉受病不仅存在络脉郁滞、络脉空虚、络脉损伤，而且还有络毒蕴结的过程。由此，他提出病络是络脉的病理过程、病机环节、病证产生的根源。络脉有常有变，常则通，变则病，病则必有“病络”产生，“病络”生则“络病”成。治疗干预应着眼于消除引发络病的病因、截断扭转络脉出现异常的病络状态、毒损络脉及毒损脑络的状态。

病络是络脉的非正常状态，以基本证候因素表达，将常见的证候因素应证组合则可直接制订治法方药。其中郁、滞、瘀、虚、毒、痰、水、湿、风、火、寒均属常见，一般郁与滞多与气关联，瘀指血瘀、瘀血，虚分阴虚、阳虚、气虚、血虚，毒有热毒、浊毒之分，诸如此类，应证组合，多见 2 个或 3 个证候因素组合。

病络表现为络脉虚或络脉瘀均有前因后果，论因可由火郁、内风、

浊毒、痰浊等外内病邪而成；论果涉及脏腑阴阳气血津液。病络表达的是具体的非正常的状态，譬如“毒损脑络”病机所导致的证候，由按蚊为媒介的外毒感染或由痰瘀绞结毒自内生，无论外毒、内毒均可损伤脑络，络脉血循受阻，由瘀生水，胶质细胞、神经细胞肿胀进而坏死。论病当有乙脑发痉与中风的不同，而证候的共性特征是毒瘀遏阻脑络，日久必虚，常以毒、瘀、虚为基本证候因素，可兼挟其他证候因素，通常血瘀之前当有气郁而血瘀之后当是瘀血。

综观病络当以络脉非正常状态为主，当然治疗当以治络为先。至于中医有见血休治血，见气非治气之说，则基于对证候病机的分析，譬如虚气留滞则不用补气药，因气虚为本而气滞为标，以标急当先理气疏气为主，这种气虚与气滞两个证候因素组合，而气滞缘于气虚，多具有非线性特点。

对于危重病如多脏器功能不全，其病络有3种以上证候因素者当简化分解，要抓住基本证候因素，如此可增强可操作性，使治疗大法不错。这是“降维”的方法，之后再结合多种辨证方法对病络做具体分析，使阶度增加，降维升阶则适用性增强。他如降维降阶，升维降阶的方法都可应用，拓宽医师自由掌握的空间，有利于干预效益的发挥。

病络时产生的状态，可以是疾病状态，也可是亚健康状态，干预这种状态涉及到防治疾病和保健康复，尤其是老年保健。通过随机的临床实验观察和前瞻性的动物实验，可取得大量数据，进而利用信息学的方法手段，分析认识多维界面，动态时空的证候，较准确地把握病络的具体状态，而后确定干预措施。概言之，病络概念的外延是络脉某种具体的非正常的状态，而内涵是以证候表达为核心的联系病因病机的多维界面的动态时空因素，直接提供干预的依据。

为系统分析与总结络脉研究成果，深化对络脉、络病与病络的认识，以崭新的视角理解与诠释其外延与内涵，进而指导临床实践，王永炎教授对络病与病络的比较提出一些来自临床基础又经过思考总结的规律性认识。

一、在继承研究基础上重视诠释并发展络脉理论

（一）络脉有气络、血络之分

众所周知，提起络脉，必然要与血联系起来，或就是血络的代名词，而忽视了其主气的属性。如何全面认识络脉，发掘其应有的理论内涵，值得深思。《类经·四卷·藏象类》云："血脉在中，气络在外。"明确指出了络脉应有气络、血络之分。在病理上，湿热、瘀血、痰饮或他病的影响，均可导致气络不舒或气络受阻而发生疾病。如《形色外诊简摩·卷下·外诊杂法类》云："凡人胃中与前阴，病湿热腐烂，或瘀血凝积作痛者知其气络有相应也。"

有鉴于此，笔者考查《素问·营卫生会篇》"营行脉中，卫行脉外"理论，结合现代研究，认为络脉在运行气血上，应包括气络、血络，气络与血络相伴而行，共同成为气血运行的载体。从而深化了对络脉的认识，弥补了对络脉认识之不足。

（二）络脉有广义、狭义之别

目前所言的络脉，其意义不断递进延伸，较经络学说中的"络"和脉络之"络"有更加清晰深邃的内涵。目前多认为，络有广义、狭义之别。广义之络包含"经络"之络与"脉络"之络。经络之络是经络系统的重要组成部分，是对经脉支横旁出的分支部分的统称。如《灵枢·脉度》云："经脉为里，支而横者为络，络之别者为孙"，说明在形态上经脉较为粗大，是主干，络脉是细小支横别出的部分。脉络之络系指血脉的分支部分，脉络在《灵枢》亦称血络。狭义之络仅指经络的络脉部分。

无论广义之络脉还是狭义之络脉，构成络脉系统的各分支，既有十五别络、孙络、浮络和血络之分，又有阴络、阳络、脏络、腑络及系络和缠络之异，各支各类彼此连接，犹如网络，纵横交错，遍布全身，内络脏腑，外联肢节，成为沟通机体内外、保障脏腑气血灌注的功能性网络，也是协调机体内外环境统一和维持机体内稳态的重要结构。

（三）络脉有阴络、阳络之异

阴阳学说是中医的重要基础理论之一，体现于络脉上，如《临证指南医案》认为络脉有“阴络”“阳络”之分。“阴络即脏腑囊下之络”，如“肝络”、“胆络”、“胃络”等；“阳络”即是浅表的皮下之络。实际上，今人所言络脉之“阴络”、“阳络”，大抵浮现与体表者就是阳络；深隐于体内者，尤其是深藏于纵深之处，横贯行走于脏腑内部者，就是阴络。赵氏认为：“阳经之络脉，多行于头顶、体表等阳位，阴经之络脉，多入于体腔、脏腑等阴位。”说明络脉的阴阳之别，非性质之分，实乃部位所属之异。

区别络脉的阴阳之异，从理论上讲，似无价值，但对指导临床，仍有一定的意义。首先，阳络多浅出于体表，视之可及，通过络脉的色泽扭曲盈亏变化，可以判断疾病，成为诊察疾病的重要途径之一。其次，阳络位置表浅，远离经脉主干，在运送血液的过程中，行程愈远而支流愈细、愈少，最容易受到阻滞或外邪侵袭而发生疾病，诸如五体的不少疾病，每每与阳络发生病变有关。就阴络来说，由于位置深隐，难以察觉，且行走迂回曲折，沿途窘屈窄碍，最易受阻。倘若发生病变，早期难察，俟病状出现，往往病程已是迁延，或病情沉疴。

（四）络脉之三大特性

总结中医学对络脉的认识，可以看出络脉不仅在分布上是广泛的，结构上是复杂的，而且在功能上也是多方面的。因此，络脉的特性表现为分布的广泛性、结构的复杂性和功能的多维性。

1. 分布的广泛性：络脉是无处不在的，皮、肉、筋、脉、脏、腑、骨、髓均各有自己的所属络脉，以支持其功能活动。

2. 结构的复杂性：络脉分大络、支络、细络、孙络、毛脉等，逐级分次，为数众多，结构复杂。《灵枢·脉度》载：“当数者为经，其不当数者为络。”《医门法律·络病论》云：“十二经生十二络，十二络生一百八十系络，系络生一百八十缠络，缠络生三万四千孙络。自内而生出者，愈多则愈省，亦以络脉缠绊之也。”针对如此庞杂纵横交叉的络脉系统，在结构上可以看出有浅、深、末、网的四大特点。五脏、六腑、五体等各自所属的络脉，并不是单一的，而是可以无限支横而别，一干多支，一支多分，一分多极，从而构成干支成丛，络中有络、层层叠叠的细密网络。这种多级细分，递进伸延的结果，使络脉在其形态学上表现为一个网络系统、三维结构；在空间层面上，有表有里，有内有外，有深有浅，无处不到，无所不达，纵横交错，相互贯通，缠绕成网络，以支持复杂的气血运行、津血渗灌，维系着各种生命活动。

3. 功能的多维性：人体是一个多层次、多功能的有机体，与此相应，络脉也就表现出其功能的多维性。络脉的生理功能是多方面的，不仅是血液运行的通道，同时也是气机运行的通路。络脉在从主干发出后，将运行于主干的气血不断地渗灌注于全身，从而发挥了营阴阳、濡筋骨、利关节的作用。而起始于四肢远端肤浅的络脉，又会呈向心性伸延分散，以运行气血，排泄污浊。“血气者，人之神”（《素问·八正神明论》）；“血者，神气也”（《灵枢·营卫生会》）。络脉在运行气血的同时，也必然将神机进行运转传递，因而络脉也是神机运转的重要途径之一。

（五）络脉的生理功能

络脉在机体复杂的功能活动中，担负着重要的的生理作用。络脉在很大程度上从属于经脉，故络脉的生理功能是与经脉密切相关、息息相通的。络脉的生理功能除具有与经脉共同的生理作用外，重点是加强了十二经脉中表里两经之间的联系，输送营卫气血，渗灌濡养周身，保证经气环流，成为具体联系的纽带和效应的信使。其次是加强血络主干与主干之间、主干与分支之间、分支与分支之间的气血联系、津液渗灌和神机运转，以协调机体的整体平衡和维持体内环境的稳定。

笔者认为，络脉的正常生理状态当是充盈满溢，出入自由。否则络脉虚、络脉瘀，导致病络，可见缠络、结络等，皆由功能改变导致结构的改变。穆认为：气血在十四经循环过程中，由各经溢于所属的络脉之中，将血气渗灌全身，从而发挥了营阴阳、濡筋骨、利关节的作用。体内体表部分自五脏六腑发出，成网状散布于经脉之间；与经脉支横别出的部分相互交叉，其中阴络走阳，阳络走阴，阴阳之间，络气相互渗灌，最终出于孙络，散于肌肤。总结对络脉生理功能的认识，可概括为以下几个方面。

1. 络脉流通

是指络脉维系着气血的运行，成为气血运行的通道。络脉支持气血的运行，不同于十四经脉的如环无端，单向流动，而是既能使经脉中的气血流溢蓄积于络脉之中，又能反向流通，表现为双向性流通的特点。

2. 络脉渗灌

络脉流通不是目的，仅仅是过程。通过络脉流通，运行其中的气血；依靠络脉自身的逐级旁岔深入分化，不断蓄溢渗透，灌注到相应的脏腑组织器官中，以实现营养作用。

3. 络脉反注

反注即反流回注。所谓络脉反注，是指络脉在渗灌的同时，又不断地将脏腑组织器官的代谢废物吸收入血液中，并实现气血的回流，将代谢废物运走移除，以实现代谢排除作用。

络脉的流通渗灌和流通反注，使络脉在支持气血运行方面呈现双向流动的特性，即络脉中的气血既能离经脉方向流动而布散于脏腑组织，又可向经脉方向流动而依次注入络脉与经脉，具有“双向流动”、“满溢渗注”的特点。

流通作用、渗灌作用和反注作用是密切联系的，流通作用是基础，渗灌作用和反注作用是目的。通过渗灌作用，以实现气血的营养和津血的渗灌互化；通过反注作用，来实现泌浊排泄。上述三大作用的实现，均有赖于络脉的滑利畅通。否则，一旦络脉不通，必然导致渗灌障碍和反注不能，从而导致疾病的发生。

（六）络脉是功能结构载体

晚近，不少学者就络脉的结构或功能实质，结合现代研究方法，进行了大量探索。穆氏通过对经脉的生理功能、病理反应、诊断方法和临床应用等方面分析后认为，络脉不能简单地被视为经脉的浅表分支，而是与经脉有关而又独立的人体运行气血的立体网状系统。并认为络脉与体表静脉有密切的关系。刘氏也强调络脉体表静脉说，认为除大隐静脉外的全部体表静脉都是络脉十五别络的别出之处，皆有相应的体表静脉，刺络穴和刺脉出血都是刺浅表静脉出血。

不少学者认为，祖国医学的络脉相当于西医学的微循环，络脉的渗灌气血、濡养组织以及营、血、津、精的互渗作用与微循环的生理功能极其相似。但中医络脉的功能内涵更宽，中医的络脉不仅包括了西医的微循环系统，“气络”中运行的经气又远远超出了微循环系统。据此，可以说，络脉之血络，大致相当于西医的血液微循环系统，而气络的结构定位显然非血液微循环系统，是否为神经网络、细胞因子调节网络等，尚有待进一步探讨。

进一步分析，络脉与西医所言的血管或微循环系统确有相似之处，但对经络的实质研究至今仍无定论，不能简单地将其看成微循环。络脉结构的复杂性和功能的多维性，决定了络脉是功能结构载体，并具有功能与结构密不可分的特征。割裂功能去按图索骥于人体上寻找结构，或舍弃结构而凭空妄猜其功能，都是值得怀疑的。只有将二者联系起来，并置于活生生的机体上，从整体上把握络脉的功能和结构，才有可能认识络脉。

二、病络概念的提出与络病关联的探讨

（一）何为病络

《金匮要略浅注·卷七·惊悸吐衄下血胸满瘀血病脉证第十六》云：“以由病络而涉于经，宜从治络血之法。”首次提出了“病络”这一名词。笔者在总结络病的研究之后，首次对病络的概念进行了明确诠释，病络是络脉的病理过程、病机环节、病证产生的根源。络脉有常有变，常则通，变则病，病则必有“病络”产生，“病络”生则“络病”成，此时产生一种状态，可以是疾病状态，也可是亚健康状态。所谓病络，其概念的外延是络脉某种具体的非正常的状态，而内涵是以证候表达为

核心的联系病因病机的多维界面的动态时空因素，是可直接提供干预的依据。

（二）病络与络病比较

目前广为言称的“络病”，仔细分析，其外延不清，内涵模糊，似指非指，似是而非。之所以如此，在于“络病”从字面上说，当是指一个病或一类病，倘若此，这与古代医学家尤其是叶天士所说的络病大相径庭。叶氏认为，“久病入络”或“久痛入络”，意谓不少疾病或病证都可以波及络脉，导致络脉功能或结构失常，此时的非正常状态是否就称为络病产生此状态的过程，是否也称之为“络病”。基于目前对“络病”的认识，大多认为此“络病”指的是络脉病理过程或与络脉非正常状态有关的病机。从这个意义上说，提出病络并强调病络这一概念，对正确认识、辨析和深入研究当今所言的“络病”及其他急危疑难病证，有其重要的意义。

结合利用现代医学方法对络脉的研究进展，络脉在很大程度上，络脉其结构定位与西医学的微循环甚相似。临床不少医者，则更直接将络脉看作是微小的血管。对西医学范围内病位以小血管为主的一类疾病即周围血管病，如闭塞性周围动脉粥样硬化、雷诺综合征、血栓性静脉炎；风湿病如变应性肉芽肿血管炎、超敏性血管炎及白塞病之血管炎等，目前中医学对此尚未有明确的归类或恰当的命名，我们认为从这些疾病出现的疼痛、麻木、局部皮肤色泽变化和病程较长等临床表现，与通常所言的“络病”十分相似，可统称为“络病”，将络病的内涵限定为泛指包括上述病种的一类疾病。如此，络病的概念可以表述如下：络病泛指发生于以络脉为主要病位、以络脉的功能和或结构失常为主要病机的一类疾病。这种疾病与在病程的某一个阶段出现或兼夹“络病”是有不同内涵的。如目前普遍认为中风病存在久病入络，这种“入络”实际上与络病是不同的。

病络是中医学的一个重要病机，是指邪气侵袭络脉或正虚以及络脉本身的病变，导致络脉的形质改变或功能异常，造成相应脏腑组织器官损伤，引起种种疾病或病证的一种基本病机。据此，不难看出，络病与病络不同。络病可以限定为一类病，属于病的范畴；病络则不局限于一种病，属于中医学的病机范畴。由于络脉分布的广泛性，任何疾病都可以波及络脉，引起病络病机，导致相应的疾病或病证。毫无疑问，病络不单产生络病，也可以产生其他疾病。任何疾病都可能出现病络病机，病络病机可与其他病机夹杂同现。

将病络看作一种可以引起中医多种疾病的病机、初萌似难以理解，实际上，就象西医学认识的“血栓”、“炎症”之概念一样，西医学范围的疾病，有很多是以此来解释病理的，深化了对疾病发生学的认识，有助于指导临床。

三、病络说的理论与实践意义

（一）病络作为一种病理状态，标志着疾病的轻重变化

“凡病，惟络病最轻，经病稍重，腑病又重，脏病最重。此审病轻重之大法”（《中风论·论奇经八脉》）。“经络病可以引年，脏腑病难于延岁也”（《金匮玉函要略述义》）。就中风病来说，“口眼歪斜，络病也，其邪浅而易治；手足不遂，身体重痛，经病也，邪差深矣”（《金匮翼·中风统论》）。上述指的大抵是疾病初期，邪气侵袭表浅之阳络而病的情形。而随着病程的延长或毒疠酷烈之邪侵袭络脉，则病程不论长短，则标志着病邪深入，病情危重。诚如《临证指南医案·卷三·肿胀》所言：“已属络病，难除病根（气逆入络）。”

（二）病络作为一种病势，成为认识疾病变化、确定治疗方案的一个理论工具

络脉有气络、血络之分，作为病络则也有病势趋血、趋气之异。趋于病气络者，多偏于功能的变化或丧失，少有形质异常，在治疗时当以治气为主，兼顾及血；而趋病血络者，则在功能变化的同时，多伴有形质的改变，在治疗时当以治血为主，兼顾治气。目前，临床上似乎形成一种定势，提起络脉，动辄想到久病，在遣药上，必然要用虫类通络或

活血化瘀药。实际上，纵识络脉，未免失之偏颇，当审其病机而论。

（三）病络作为一种病机，具体体现为各种病理因素于以络脉为幕布的病理投影的移变

病络的发生，在时间上表现为一种动态过程。随着时间序列的递进，各种病邪产生的增多，应证要素组合的形式也就必然增多，临床上出现的证候也相应增多。疾病之初，邪气往往是单一的，此时临床上可以表现为病或不病的状态。随着正邪的斗争和阴阳的消长。正气终究会正不胜邪而使病邪深入。在病邪深入过程中，肇基之邪未祛。他邪又生，由一邪而生多邪。多邪夹杂共同伤人而使病情沉疴。在某种程度上，他邪产生和留滞害人的过程。总以络脉为主体。主要反映了络脉损伤的程度和速度。这是因为，络脉作为流通气血、沟通上下内外的重要网络，不仅支持各脏腑组织器官的养营，也维系着其新陈代谢、排污泄浊。邪气无论在何而生或因何而生，既生之邪往往迅速被正气祛除，此祛除之道，当以络脉为主要途径。邪气之所以伤人，往往昭示着非正气大虚，乃络脉损伤，邪气去路不通。此络脉作为邪气退却的道路，损伤速而重者，必然意味着所产生和留滞的病邪多，病情也就重。

络脉的损伤，造成邪气因（原发）病而生，所产生的各种邪气并非尽纷呈于外，而是有主次之分。有的邪气产生之多者，或与体质的易感性相符者，便在损人伤体的同时，而表现出临床证候；相反，若邪气产生之少，或与体质的易感性相悖者，便在损人伤体的同时，难以表现出临床证候。需要强调的是，这种新旧之邪的夹杂性，在时间序列演变上，总以络脉为经线，病初伤于气络，凡能伤于气的病理因素必然会因此而生，因此而夹杂同犯；之后，由气入血，气血同病，气血二维因素夹杂；待病情又进，主以血病，重点伤于血络，使凡能伤于血络的各种病理因素胶结表达，最终形成各种病理因素交织于一体的复杂病局。在此过程中，络脉始终为邪气深入的主干道和病情递进的晴雨表。

（四）病络作为一种病理过程，包含着复杂的动态病位变化，具体体现为各种病理因素的空间特性的演变

疾病的过程，在很大程度上是沿络脉深入传里布散的过程。在这一过程中，络脉正常的生理功能和形质结构遭到破坏，病络机制显现，各种病理因素纷呈，多因素交织于一体，邪气损正，阴阳消长，此盛彼弱，变化多端，始终形成而表现为流动的或动态的证候演变。

1. 初病入络于浅表

所谓初病入络，是指疾病之初，邪气即侵袭络脉而出现病络。络脉在部位上有深浅阴阳之异，性质上有属气属血之别。任何原因侵袭人体，从理论上讲，都可以侵袭络脉，伤及络血，碍及络气，引起病络机制而疾病。“久病入络”理论自叶天士明确提出后，目前已经趋于认同。对于疾病之初，是否存在入络的病理机制，晚近逐渐引起学者的重视。实际上，初病入络机制是广泛存在的，而且是由络脉的空间结构特点所决定的。

进深分析络脉的生理位置和分布走向，不难发现，络脉具有“络脉－经脉－络脉”、“络脉－血络主干－血络分支－络脉”和“络脉－脏腑－络脉”的分布走向特点，这种特点从空间结构上讲，形成“外－中－内”和“窄－阔－窄”的分布状态，表现为三维、三层的联属关系，从而决定了络脉“在内连属于脏腑，在外连属于筋肉、皮肤”和“在内连属于经脉，在外渗灌于络脉”，具有沟通上下内外的功能。无论在内在外，气血效应的发挥，都必须依靠络脉的流通、渗灌和反注来完成。络脉之这种上下内外、纵向贯通、横向交叉、多维多级分布的结构，决定了其是一个整体的“互联网络”。这种“互联网络”，使络脉系统，具备以下两个特点：

一是络脉分布的广泛性，任何脏腑组织器官，都有遍布的密密麻麻的络脉。正是这些密密麻麻的络脉，就生理上来说，才能满足各方面的生理效应，就病理上来说，病邪会从各个方面侵袭络脉，导致病络而引起疾病。也就是说，无论疾病之初，还是疾病的晚期，都可以出现病

络。尤其是疾病之初，由于体表广布络脉，位置表浅，最容易遭受外邪的侵袭、跌打金创和虫毒之所伤，故而初病入络是每每多见的。二是联系的紧密性，脏腑组织器官之所以组成一个有机的整体，毫无疑问，与络脉的广泛联络是分不开的。通过络脉的气血流通、信息传递和代谢物的排除，得以建立和维系着正常的机体活动。这种紧密性也就决定了机体任何部位的病变，无问病期，都可以由他入络，引起络病。诚如《古今医统大全·卷之七》亦曰："邪之客于形也，必先舍于皮毛，留而不去，入舍于孙络；留而不去，入舍于络脉；留而不去，入舍于经肺。内连五脏，散于肠胃，阴阳俱感，五脏乃伤。"说明外感病初起，邪从皮毛入而传入于络脉，进一步再传于经脉。经脉之邪久留不去，又可著于深层之络。病情的进一步发展，深层之络深入于脏腑，又将病邪内传于脏腑而引起脏腑疾病。

"初病在经在气，久病入络入血"，显然，初病入络之络当是以气络为主，或说重在气分而兼及血分。正因为以气分的病变为主，因而在临床上，具有起病急骤、症状出现快、传变迅速、病情易变的特点，其与"久病入络"的基本内涵重在血络，显然是侧重不同的，临床上应注意识别。

初病入络导致病络，其实质是外感六淫之邪损伤络脉的过程。其病理因素的关键词主要是六淫、气和气络，由这些要素应证组合临床证候。因而在干预时，应把握于斯，确定祛邪、理气和宣发气络的治疗理念，以尽快祛除病邪，恢复络脉功能。

2. 久病入络于纵深

久病入络不仅指时间上的历久性，更标志着病位的纵深性。因为络脉虽然有表里浅深阴阳之异，但彼此是互相连通融会的。疾病之初，邪气往往侵犯表浅之络脉，而后随着正邪消长，邪气深入，沿表浅之络脉传入之深隐之络脉，由表浅之部位，传入到纵深的脏腑组织器官。其间，络脉始终扮演了邪气之通路作用或邪气之"短路"作用。由于这种短路作用，造成了从初病入络到久病入络，并非尽是一个历久的过程，可以在时间上较短，当然这要依赖于正邪的消长情况而定。若邪气猛盛，正气虚象已显，邪气可以较快地沿络脉之短路由表入里；反之，则表现为一个较长的致病过程。在邪气入里过程中，值得注意以下几点：①一络而及多络：指任何一个络脉的病变，都有可能将病邪传给与其相联络的其他络脉，形成一络而及多络的现象。②一处病络而及多处病络：指病邪在损伤一处络脉的同时，会将病邪传远到他处，而引起其他部位的络脉出现功能失常或形质改变。③一网络而及多网络：络脉在空间上，彼此形成流通渗灌的复杂网络，因而病络的过程，其实质是网络功能或和结构的失常。一个网络的病变，由于病邪的弥散，会引起他处网络的病变，形成多处网络俱病。络脉虽细小，但因为一络而及多络，一网络而及多网络，最终造成病邪趋里入深、邪气弥散、病位扩大、病情加重的局面，临床上应熟识如斯，采取得力措施，杜绝络脉的短路传变作用，以使病位局限。

（五）病络作为络脉的一种非正常状态，标识着络脉的种种结构或功能的改变

就功能的改变而言，病络主要是络脉之气和络脉之血的异常，前者具体表现为络脉之气亏虚、气机郁滞、气郁蕴热化或酿毒等；后者具体表现为络脉之血液亏虚、血液瘀阻、血液壅滞等。络脉结构的改变主要是络弛（如微循环麻痹之休克）、络破和络结。

1. **络弛**

是络脉因某种原因导致络脉麻痹弛缓，血液滞留于局部而他处血少或无血，影响络脉渗灌、反注的一种病理状态。

2. **络破**

是由于外伤、火邪及其他原因导致络壁损伤，络脉中的血液溢出的一种病理状态。

3. **络结**

即络脉管壁因痰浊、瘀血、瘀脂等原因导致增厚、变硬、凹凸，影响络脉正常的流通气血而产生的一种病理状态。

总之，病络是中医学重要的病机之一。深入分析病络机制，理解其

动态演变过程，对全面地认识疾病、确定病位、判断预后，具有重要的意义。就病络而言，病因可有外感六淫、内生五邪等外内病邪的不同；病变则涉及脏腑阴阳气血津液和神志等功能与形质的变化。所包含的基本病理变化，可按基本证候因素如郁、滞、瘀、虚、毒、痰、水、湿、风、火、寒等实性因素和阴虚、阳虚、气虚、血虚等虚性因素进行应证组合，衍生出多种病络模式，以把握络病。所谓病络，是指络脉因各种原因导致的一种络脉非正常的病理状态和病理过程，介导着各种病理因素与络脉的交互影响，体现为多种病理因素的应证组合的时空变化，标志着病位的浅深移变和疾病发展的趋势，是临床干预的依据之一。

第五节　毒损络脉及病络络病理论在临床中的指导应用

一、毒损络脉理论常用方——清开灵在临床各科的指导应用

清开灵注射液在中风病中取得的疗效，以及治疗毒损脑络的研究成果，使得其在肝性脑病、肺性脑病、肾性脑病等许多脑病治疗中广为应用，同样取得很好疗效。不仅如此，清开灵注射液治疗毒损络脉、新病入络的相关疾病，包括内科风湿性疾病，如类风湿性关节炎、干燥综合征、系统性红斑狼疮，传染病如艾滋病、肝炎、急性热病、肿瘤以及外科、妇科、儿科相关疾病都有广泛应用，造福于广大患者。

1. 小儿急性热证

孟氏用清开灵注射液治疗小儿急性热证 96 例，结果治愈 83 例（86.5%）、显效 10 例（10.4%）、有效 3 例（3.1%），总有效率 100%。与对照组相比治愈率和总有效率均有显著性差异（P 均 $<$ 0.01）。清开灵中的黄芩、金银花、板蓝根有较强的抗细菌、抗病毒作用；黄芩、栀子具有抗组胺及抗乙酰胆碱作用，能对过敏性炎症渗出起抑制作用，能降低毛细血管通透性，具有稳定细胞膜作用；水牛角、珍珠母含有多种氨基酸及钙、镁、磷等微量元素，能调节人体电解质的平衡，维持人体神经、肌肉的正常兴奋性，从而提高免疫功能，增强人体

抗病能力，有利于疾病恢复。试验研究也表明，清开灵注射液能增强组织细胞对缺氧的耐受力，具有保护脑细胞、改善脑循环、减轻脑水肿的作用；并有促进吞噬细胞活性，清除自由基的作用。

2. 肺部感染及肺性脑病

邓氏采刚清开灵注射液治疗轻型肺性脑病35例，结果显效28例（80%），无效7例（20%）。清开灵注射液可能通过以下几个途径起作用：第一，抗菌消炎，从而改善肺部的通气功能；第二，兴奋呼吸中枢，改善二氧化碳潴留及缺氧，加之促进红细胞的新生等，增加了大脑的血氧供应，从而有效地消除脑水肿，降低颅内压；同时还因其中枢镇静作用，使患者情绪稳定，由此而减轻了患者的脑部症状。

3. 重症流行性腮腺炎

姚氏对腮腺肿大并高热39.5℃或累及神经系统或其他脏器的重症流行性腮腺炎。在常规治疗的基础上给予清开灵注射液静脉滴注，结果治疗组退热时间明显优于对照组（$P<0.01$）。症状明显减轻时间和治愈时间治疗组也优于对照组（$P<0.05$）。

4. 高血压脑出血术后高热、昏迷

吕氏对117例脑出血术后昏迷、高热的患者在常规治疗的基础上，应用清开灵注射液来加强促醒、降温的效果。结果清开灵治疗组在高热持续时间、昏迷时间、住院时间以及4周时日常生活能力（ADL）分级的对比等方面均优于对照组，而病死人数、不良反应方面两者无明显差异。认为清开灵注射液能够明显缩短高血压脑出血患者术后高热、昏迷的持续时间，并能缩短病程，改善预后。

5. 肝病急慢性肝炎

魏氏用清开灵冻干粉针治疗急性无黄疸肝炎35例，慢性肝炎15例。结果治愈30例，好转20例，总有效率100%。清开灵8味药中，栀子、水牛角有清热解毒、泄热利湿功效；金银花、黄芩、板蓝根疏肝利胆。众药相合，可达到保护肝细胞、促进肝细胞代谢、解毒、护肝、促进谷丙转氨酶恢复正常作用。

6. **重型肝炎**

钟氏在常规治疗基础上加用清开灵注射液治疗重型肝炎50例，结果病死率为42.0%。明显低于对照组，两者相比有显著性差异（$P<0.05$）；血清胆红素降至正常时间、腹水消退时间及病程中出现肝性脑病和感染等并发症例数的比较，亦有显著性差异（P均<0.05），治疗组疗效优于对照组。清开灵注射液有抗菌、抗病毒、降低血清胆红素及丙氨酸转氨酶、解毒、抗惊厥、强心、利尿等作用；可明显改善血液黏稠度和高凝状态；能调节中枢神经介质活性，清除自由基，从而达到醒脑和保护脑细胞的作用。肝功能衰竭时伴有内毒素血症，其程度与肝功能损害呈正相关，内毒素有强烈的收缩肾血管作用，导致肾小球滤过率降低，引起肾功能衰竭。重型肝炎也常易合并腹腔及呼吸道的严重感染，而急重症感染常发生凝血功能异常，从而加重多脏器功能的损伤与衰竭，导致弥散性血管内凝血，是致死的主要因素之一。清开灵注射液具有解毒及改善肝、脑、肾微循环作用，因此能防止肝性脑病及肾功能衰竭的发生，并能促进黄疸消退和肝细胞再生，抑制肝细胞炎性病变，有利于肝功能的恢复。

7. **肝性脑病**

敬氏在综合治疗基础上给予静脉滴注清开灵并配合大黄颗粒剂冲服或保留灌肠治疗肝性脑病34例，结果显效20例（58.8%），有效11例（32.4%），无效3例（8.8%），总有效率91.2%。明显高于对照组，具有显著差异性（$P<0.05$）。血氨治疗后也较对照组明显下降，具有显著差异性（$P<0.05$）。清开灵注射液具有清热解毒、宣窍安神之功，为治疗脑卒中及昏迷的要药。现代药理研究表明其具有提高免疫力、抗氧化、保护肝细胞、退黄降酶（降低血清胆红索和转氨酶）、改善脑循环等作用，对于肝性脑病的预防和治疗有重要意义。

8. **原发性肝癌**

张氏运用清开灵注射液配合放射性介入疗法治疗肝癌50例，结果部分缓解21例，稳定25例，恶化4例，总有效率92%；生存质量评分平均提高25分，平均生存期16个月，甲胎蛋白转阴9例（转阴率30%），肝功能转为正常者11/16。清开灵注射液具有明显的减毒增效作用，无论从实体瘤大小的变化、甲胎蛋白含量的变化，还是从生存质量、生存期、保护肝脏等方面相比，治疗组均明显优于单一的介入疗法（$P<0.05$）。

9. **类风湿性关节炎**

庞氏使用清开灵注射液治疗活动期类风湿性关节炎38例。结果总有效率为89.47%，与对照组相比疗效差异无显著性。但治疗组在退热、止痛、降低血沉方面优于对照组。认为清开灵注射液治疗活动期类风湿性关节炎有较好疗效，尤其适用于伴有发热的患者。

10. **银屑病**

王氏用清开灵治疗银屑病38例，结果发现该药对急性点滴状皮损效果显著，而对斑片状皮损疗效较差。从分型来看对血热型效果显著，而血燥型、血瘀型疗效次之。清开灵注射液具有清热泻火、凉血解毒、开窍安神等功效。现代药理研究表明有抗细菌、抗真菌、抗病毒、抗组胺、抗血小板聚集等功能。其主要成分黄芩苷可减少银屑病白三烯B（LTB）合成，减少银屑病中性粒细胞（PMV）对白三烯Bd（LTBd）的趋化性，从而达到治疗目的。

11. **突发性耳聋**

亓氏运用清开灵注射液合丹参注射液治疗突发性耳聋23例，结果痊愈12例，显效7例，有效4例，总有效率为100%。

另，娄多峰在理气除湿基础上加用活血通络药，如丹参、地龙、桔梗、桂枝等，治疗31例皮肌炎患者，治愈3例，显效12例，有效13例，无效3例。陈可平等将26例患者辨证分为毒热型16例，以清营凉血解毒、理气活血通络为治则，寒湿型2例，以益气温阳、活血通络为治则，阴阳失调、气血两虚型8例，以调和阴阳。益气养血通络为治则，所用通络药物有丹皮、赤芍、鸡血藤、乌蛇、桂枝、白芥子、首乌藤、天仙藤、钩藤、丹参等，总有效率84.6%。

二、毒损络脉病机及其相应治疗在临床各科的指导应用

（一）基于疫毒侵淫肺络病机所制定SARS中西医治疗方案的临床应用

基于疫毒侵淫肺络病机的SARS中西医治疗方案的应用，取得肯定疗效。王志国等采用多种综合评价方法，配合主观赋权和客观赋权两种形式，对治疗SARS的主要中西医结合方案进行比较，并评价其总体疗效。根据卫生部2003年5月3日公布的“传染性非典型肺炎临床诊断标准、出院标准”，应用体温、呼吸系统症状、胸片结果作为评价SARS疗效评价指标。结果显示，中医药在SARS防治过程中发挥了重要作用，主要体现在缩短平均发热时间、改善全身中毒症状、促进肺部炎症吸收、降低重症患者病死率、改善免疫功能、减少激素用量、减轻副作用等方面。

SARS中西医结合治疗方案侧重点各有不同，特点如下：

Ⅰ号方案，中医治疗方案按国家中医药管理局专家组推荐的治疗方案，病程急性期用国药2号，药用：石膏30g，杏仁、黄芩、苍术、半夏各10g，紫草15g；病程极期用国药3号，药用：水牛角30g，生地、元参、银花各15g。Ⅰ号方案具有救治重症病人多，病死率低等特点。

Ⅳ号方案的基础方为：药用生石膏、北杏仁、麻黄、生石膏、知母、金银花、西洋参、丹参等，并强调加减变化，如湿毒重加茯苓、败酱草、葶苈子、栝楼等，有减轻激素副作用的功效。Ⅲ号方案以合剂为主，包括银青合剂、复方鱼腥草合剂等，即保持稳定也注重加减变化，在促进肝功能好转方面有优势。

以上方案均借鉴了国家中医药管理局专家组推荐的治疗方案，中药的使用集中在辛凉宣透、清热解毒、活血化瘀、化湿祛痰、补虚扶正等类，对主要证候因素和症状的治疗有着很强的一致性，综合评价是对多指标多属性进行评价的理想方法，中医药在SARS防治过程中发挥了重要作用。

张允岭在北京市长辛店SARS定点医院观察治疗了65例SARS病

人，采用苹果加橘子的观察研究方法，将所收治的急性早期65例SARS患者在均采用西药治疗方法的基础上，随机分组后其中一组患者加用中药治疗。观察3周显示中西医结合治疗组在缩短平均发热时间、减缓发热所致全身症状、促进肺部炎症吸收、加速激素减量等方面优于西药治疗组。表明中药治疗SARS有确切的疗效。

张伯礼等对SARS中西医治疗疗效进行分析研究。西医治疗方案执行卫生部2003年5月3日发布的《传染性非典型肺炎（SARS）推荐治疗方案》，中医治疗参照国家中医药管理局2003年4月11日推荐的SARS中医治疗方案，根据接受治疗的情况分为中西医结合组和西医组，疗程为从入院至出院。结果发现两组均可提高血氧饱和度，未见明显差异，其中中西医结合组对恢复正常后的血氧饱和度波动范围有明显的趋稳作用；病死率方面，中西医结合治疗组为20%（5/20），西医组为30%（6/20），提示中西医结合治疗组有降低SARS病死率的趋势。本研究表明中西医结合在SARS的治疗中具有一定的优势。

（二）毒损脑络是糖尿病性脑病的关键病机，益气养阴解毒通络是根本治疗大法

宋氏等认为糖尿病性脑病的关键病机为“毒损脑络”。糖尿病气阴两虚存在于全过程。如果气阴两虚证得到有效控制，可以转化为气虚或阴虚，疾病逐渐向愈；若气阴两虚得不到有效控制，则可由气及血致气虚不能行血，使瘀血内停，阻塞脑络，发生脑病。瘀血不去新血不生，脑络失养也可并发脑病；或瘀血内停，败血内蕴化毒，损伤脑络更是造成糖尿病性脑病复杂临床证候的重要病机。若气阴两虚证得不到有效控制尚可阴损及阳或阴虚化热，致热毒熏灼脑络，导致脑病的发生，甚或神昏谵语。上述糖尿病性脑病的病变机理与中医学“久病入络”理论一脉相承。因此，益气养阴解毒通络是治疗糖尿病性脑病的根本大法。糖尿病不仅有毒存在，而且是其发生发展及出现多种并发症的关键因素，即“病由毒生，变由毒起”，糖尿病常因毒致残，甚则危及生命，所以解毒通络法是有效防治糖尿病性脑病、降低糖尿病患者致残及死亡率的

重要法则。拟降糖解毒胶囊治疗Ⅱ型糖尿病60例取得较好疗效。但是如前所述，由于气阴两虚是贯穿糖尿病全过程的基本病理变化，因此我们在用解毒通络方药治疗糖尿病性脑病的同时尚须加入益气养阴之品，唯有益气养阴解毒通络法才是治疗糖尿病性脑病的根本法则。

此后陆续的研究报告有内生热毒、湿毒、瘀毒、痰毒等导致毒损肾络、毒损肝络、毒损胃络、毒损肺络、毒损心络等等，导致的疾病有慢性肾功能衰竭、病毒性肝炎、肝纤维化、慢性萎缩性胃炎、阻塞性肺气肿、病毒性心肌炎、冠心病心肌梗死、肿瘤、艾滋病、动脉粥样硬化、帕金森病、活动性类风湿性关节炎、干燥综合征、系统性红斑狼疮等等，从毒与络脉论治取得疗效的进展，从多视角、多系统证实了内毒伤损络脉是临床众多难治病、复杂性重大疾病具有共性发病和进展加重的原因。

第六节　在全国的学术影响及取得的成果

自20世纪90年代王永炎教授发现“毒损脑络”中风病核心病机、并全面开展络病理论临床基础研究后，不仅脑病，临床内科中包括心病、肾病、肝病、肺病及至外、妇、儿、骨伤各科，皆以络病学说为指导辨证治疗，提高了诊疗水平，同时丰富了络病的证治内容。

在络病领域，受王永炎教授学术思想影响最深的当数吴以岭教授，其络病研究方向的确定得益于王永炎教授的指点，其用以治疗胸痹心痛的著名中药“通心络胶囊”也是由王永炎教授亲为之确定，“通心络胶囊”以五虎追风散加人参而组成。吴以岭教授虽以未能成为王教授门下弟子为憾，然其多次在公开场合对恩师指引络病研究方向并赐与打开络病之门的良方表达由衷感激。

一、络脉病络理论在临床医学各科学术研究中的辐射

（一）心血管系统

1. 冠心病心绞痛－吴以岭胸痹心痛络脉瘀阻和络脉挛急病理机制

吴氏潜心研究络病理论，认为冠心病心绞痛证属中医胸痹心痛，临

床常见胸闷胸痛反复发作、经久不愈，符合“久病入络”和“久痛入络”的基本特征，其中医病位在心络，主要病理变化为络脉瘀阻和络脉挛急，基本病机为本虚标实，心气虚乏、运血无力、脉络失于温煦为本，气不运血则血流涩滞，久则瘀阻脉络，脉失温煦则虚风内动，脉络挛急。前者与现代医学冠状动脉硬化相类似，后者则与冠脉痉挛相吻合，而其始动因素则与血管内皮功能障碍有关，中医之络脉病变所致胸痹心痛不谋而合。治疗上提出“益气通络，解痉止痛”的治疗原则，选用虫类入络药为主研究制成中药通心络胶囊，在治疗冠心病、高脂血症、糖尿病性多发性神经病变、肢体动脉硬化性闭塞症、心衰、脑血栓等方面取得了良好疗效。

2. 高血压病－痰瘀阻络，毒损心络

鞠氏等提出高血压病可从络论治。认为高血压病的产生主要是由于络脉系统受到损害，自我调节功能发生紊乱所致，其中“痰瘀阻络，毒损心络”是高血压病发生的主要病理基础。其病理演变是由于病久不愈，正气亏虚，或情志郁怒，或外邪入侵，邪气由气及血，终至津停血滞、化浊生毒，痰瘀、浊毒痹阻络脉而发为络病。病变主要在心络，又与脑络、肾络密切相关。

（二）呼吸系统－肺纤维化肺气虚痰瘀阻滞肺络

陈氏以络病理论为指导，分析探讨肺纤维化的病因病机，通过长期的临床观察和理论总结，提出肺纤维化可归属于中医络病范畴，认为肺气虚弱，络气不足，易致肺络瘀阻、细急，痰瘀交互，阻滞肺络是肺纤维化的基本病机。遵循叶天士治络病“络以辛为泄”，“大凡络虚、通补最宜”的原则，治以益气通络、化痰祛瘀之法，选用黄芪、人参、地龙、川芎、丹参、橘络、胆星、全蝎、细辛、甘草为基本方，随证加减，治疗继发性肺间质纤维化 110 余例，收到满意的治疗效果。为临床研究治疗肺纤维化开辟了新的思路和方法。

（三）肝胆疾病－毒损肝络，痰瘀交阻

刘氏归纳了络脉理论基本内容，提出络病的基本改变是气滞、血瘀、津停、络虚，引用古典文献及临床实验、动物实验、细胞实验、分子生物学实验结果，系统论证肝纤维化和络病的关系，提出肝纤维化可归入络病进行辨治，其主要病理机制是“毒损肝络，痰瘀交阻”。在对肝纤维化的治疗中使用益气活血、化瘀散结、解毒除湿、疏肝健脾为基本法则，选用芪术颗粒进行治疗，取得显著疗效。应强调重视用中医络病理论指导对肝纤维化、肝硬化病因、病机的分析，指导诊断和治疗、判断预后。

（四）肾系疾病－元气内虚，毒损肾络

王氏等运用络病理论指导肾性蛋白尿的治疗。认为其病位在肾络，基本病机为元气内虚，毒损肾络，清浊相混，精微漏泄，针对川南地区肾性蛋白尿患者常见的气阴两虚、湿热内蕴证型，经多年实践探索，研制成专用于。肾性蛋白尿治疗的纯中药制剂肾舒胶囊。该方由黄芪、生地、石韦、苦参、苏叶、蜈蚣、水蛭等药组成，具益气养阴、清热利湿、舒络固肾作用，体现扶正、去毒、通络治法的有机结合，临床上亦疗效显著。

（五）消化系统－胃痛病在胃络

陈氏等分析中医胃痛的病因病机，认为胃痛可归属于中医络病范畴，病因病机包括寒邪客胃、胃络绌急，饮食停滞、胃络不和，湿热中阻、蕴结胃络等几个方面，在治疗上用络病理论辨证论治，收到较好疗效。

（六）肿瘤－瘀、毒、虚病理共存

临床研究表明，肿瘤乃为机体内瘀、毒、虚的集中反应。瘀、毒都是有形的有害物质，可概称为毒。所以肿瘤病机的本质性特征在于“虚”与“毒”两个方面：“虚”是病变的基础，而“毒”是发病的决定因素。如癌毒郁结于肺络，则为“息贲”（肺癌）；瘀噎于胃脘、食管，则为“胃反”（胃癌）、“噎膈”（食管癌）；凝滞于肝脏，则为“肝积”（肝癌）；内结于骨髓，则为“失荣”（白血病）。张亭栋等对白血病这种“热毒炽盛”的疾病展开了“以毒攻毒”的系统的继承、发掘、整理研究，研制成癌灵1号注射液（主要成分是砒霜），适用于各种白血病，尤对M3型效果最佳，完全缓解率在91%，得到国际医学界的承认。

二、络脉络病理论形成的相关临床与基础研究成果

1. 清开灵注射液治疗中风病痰热证的临床与实验研究成果

王永炎教授首次应用清开灵注射液开展治疗中风病痰热证的临床与实验研究。作为中医急诊必备用药清开灵注射液的主要研制者之一，清开灵是针对急性期重症病人而研制的安全、有效，并从静脉滴注给药的急救用中成药新剂型，运用国际统一的疗效评价标准其显效率达53%，与国内外同类研究比较，居领先水平。实验研究表明在改善中风患者红细胞膜流动性，调整微量元素铜、锌比值，改善血液流变学指标，促进实验动物脑血肿吸收等方面，具有明显作用。本项研究获89部局科技进步二等奖，91国家级科技进步三等奖。

2. 中风病中医诊断与疗效评定标研究成果

王永炎教授主持制定的中风病中医诊断与疗效评定标准，已经被推广试行，该《标准》首次应用医学计量学记分方法评价疗效，并应用辨证量表、CT、MRI、临床流行病学等方法进行了深化研究。为提高中医临床学科的科学性起到重要作用。先后获86卫生部重大科技成果乙级奖，95国家教委科技进步一等奖，97国家级科技进步三等奖。中风病证候学与诊断标准的研究1996年度获国家中医药管理局中医药基础研究奖

3. 化痰通腑治疗中风急症的研究成果

针对中风病急性期最常见的痰热腑实证，王永炎教授设计、研制了化痰通腑法，并用创制的化痰通腑汤进行治疗，15天内的显效率达51.3%，专家鉴定认为：化痰通腑治疗中风急症在继承基础上有发展和创新，居国内领先水平。

4. 中风病系列方药不同制剂类型的疗效机制研究

为了研究系统中药汤剂和冲剂的疗效机制，以王永炎为主要设计

者，通过动物实验观察到化痰通络汤、冲剂；化痰通腑汤、冲剂；益气活血汤、冲剂具有明显抑制血小板聚集，增强体内纤溶活性的作用，并可明显地延长实验动物体内血栓形成时间，说明系列方药从不同环节起到了防治血栓形成的作用。

5. 中风病证候学与诊断标准的研究及其推广应用的研究

“中风病证候学与诊断标准的研究”及其推广应用的研究 1997 年度获教育部科学技术进步一等奖，1998 年国家科技进步奖三等奖

6. 清开灵注射液对脑缺血级联反应的治疗机理研究成果

清开灵注射液多环节阻抑脑缺血级联反应药效物质与作用机理研究 2004 年获 2004 年中华中医药学会科技进步一等奖、2004 年教育部科技进步一等奖（第五名）

7. 中医治疗急性出血性中风的临床和实验研究 1998 年获国家科技进步三等奖

8. 中风病急性期辨证论治综合治疗方案临床研究与评价

中风病急性期辨证论治综合治疗方案临床研究与评价 2004 年获教育部科技进步一等奖，2005 年度获中华中医药学会科学技术二等奖

9. 血管性痴呆的研究成果

在“毒损脑络、败坏脑髓、神机失用”病机理论指导下，完成的国家九五攻关课题“益肾化浊法治疗老年期血管性痴呆的研究——血管性痴呆的临床与实验研究”2001 年度获教育部中国高校科学技术一等奖，北京市科技进步二等奖，2002 年度获国家科学技术进步二等奖、血管性痴呆的临床和实验研究 2002 年度获天津市科学技术进步二等奖。

10. 络病理论指导下的中医药治疗非典型肺炎研究成果

以“疫毒侵淫肺络”为核心病机，制定的国家中医药管理局中西医治疗方案，在 SARS 临床治疗指导应用的研究中取得一系列成果。

中西医结合治疗恢复期传染性非典型肺炎（SARS）的临床研究获 2004 年国家教育部科技进步二等奖；解毒去湿、益气养阴法治疗 SARS 的临床研究 2003 年北京中医药大学科技进步一等奖、2004 年北京市科技进步三等奖、2004 年中华中医药学会科技进步三等奖。

三、正在开展的病络络病理论相关研究课题

血脑屏障缺氧损伤 GPCR 信号传导同路及清开灵作用机理研究国家自然科学基金 2008/1 - 2010/12。

国家重大基础研究发展规划项目（973）中医病因病机理论继承与创新研究 - 基于临床的内毒损伤络脉创新病因学研究 2006/9 - 2011/9。

教育部新世纪优秀人才支持计划从急性心脑缺血损害共性机制探讨毒损脑络病生理基础 2006/01 - 2008/1250。

北京医学卫生科技联合攻关项目益肾活血化痰法治疗脑白质疏松早期认知障碍的临床研究 2007/1 - 2008/12。

偏头痛辨证治疗方案与疗效评价体系的研究国家“十一五”支撑计划 2007/9 - 2009/1285。

糖尿病脑病从糖尿病心脑损害发生过程探讨病络理论的病生理学基础国家自然科学基金（30572437）2006/1 - 2008/1225 娄金丽。

缺血性中风诊断标准与临床评价体系的研究国家重大基础研究计划（973 计划）2004/10 - 2009/9。

（谢颖桢　高　颖　邹忆怀　整理）

第九章 吕仁和

一、吕仁和教授学术思想

吕仁和教授，生于1934年9月，山西原平人。1962年毕业于北京中医学院。曾受著名中医施今墨、秦伯未、祝谌予诸大家指导，曾任北京中医学院东直门医院内科副主任、医院副院长等职。现任北京中医药大学东直门医院糖尿病肾病研究室主任，博士生导师，北京中医药大学学术委员会委员，为享受国务院特殊津贴专家。是国家中医药管理局内分泌重点学科和肾病重点专科建设单位中医肾病专科学术带头人。兼任世界中医药学会联合会糖尿病专业委员会会长，中华中医药学会糖尿病分会名誉主任委员，肾病专业委员会顾问，北京中医药学会糖尿病专业委员会名誉主任委员，北京中医药学会顾问，卫生部新药审评委员等，2008年评为北京市中医药管理局吕仁和名医传承工作站。

吕仁和教授长期从事糖尿病、肾脏病的临床、科研与教学工作。主张对糖尿病及其神经血管等并发症、肾脏病进行分期辨证，综合治疗。据《内经》记载，把糖尿病分为："脾瘅"（糖尿病前期）；"消渴"（糖尿病期）；"消瘅"（糖尿病并发症期）三期论治。在对糖尿病血管和神经等并发症以及肾脏疾病的诊治中，先按中医病机理论分为："虚损"、"虚劳"、"虚衰"三期论治，并提出中医的病理假说：早期（虚损期）的病理为"微型癥瘕"，中期（虚劳期）的病理为"微小中型癥瘕"，晚期（虚衰期）的病理为"微小大型癥瘕"，并指出早期可望康复，中期可望延缓，晚期可望维持。总结了糖尿病及其并发症防治的"二、

五、八方案”，即糖尿病治疗的目标是二个，“健康长寿”；观察指标是五项，血糖、血脂、血压、体重和症状；治疗的指标是八项，三项基本措施是健康长寿的基础：①饮食：是第一个基础，内容甚广，要求根据自己的实际灵活应用，但人体需要的营养成份基本上合理，使体重保持在正常范围的第一要素。②运动：应根据自己的条件争取学会卧、坐、走、站都有快乐的运动方法。③心态的调整：对自己要勤奋、俭朴、知足，对别人要宽容、善忍，对领导群众要尊敬，对父母师长要孝敬，对妻儿要爱护。通过宣传教育，努力解除患者的实际思想问题。临床处方用药在辨证论治的基础上进行“六对论治”，即：①对病论治。②对病辨证论治。③对病分期辨证论治。④对症论治。⑤对症辨证论治。⑥对症辨病与辨证相结合。除以上诊断上重视分期，治疗中重视方案外，也很重视发挥病人的主观能动性，提出了“三自如意表”，这个表可教给病人：①自查血糖、尿糖、尿蛋白，体重、血压。②自己分析所查结果。③根据检查结果自己调整饮食、运动、用药等。

二、学术传承源流

吕教授很重视学习老前辈们的好教导，在他的学习和工作中特别重视施今墨老先生教诲的“古为今用”一定要能用，“洋为中用”一定要好用，搞中西医结合要探索、求真。在长期临床中又特别重视秦伯未老先生教诲的“中医理论不能丢”，所以在临床上很高兴讲一些中医的道理，特别是“古文”的精句。对祝谌予老先生指出要加强学习《黄帝内经》的教诲特别重视。另外吕教授十分重视学习诸多老前辈们的好品德，如他总结的：敬天地（天指上级领导，地指下级群众），孝父母师长，爱妻儿，简朴，宽容，知足，善忍，防急躁。爱好：心静，凝聚，团结，求真，务实，练功，种花。喜好的格言：“心静思远，志在全球”；“古为今用，洋为中用”；“百花齐放，百家争鸣”；“与时俱进，开拓创新”；“生而勿杀，予而勿夺，赏而勿罚”。给自己拟定的奋斗目标：为糖尿病、肾病患者健康长寿寻找防治有效的方案、方法、方药而奋斗。吕教授体会，目前对中医医师的要求是很高的。面对患者时，从诊断到治疗等各个方面，基本要求能知道同等西医医院的诊疗水平，另外还要具备中医诊疗的特色和疗效。由此决定了一个中医医师既要学习中医，又必须掌握相当多的现代医学的知识。这就需要有好的身体，学习节省出较多时间的方法和必要的记忆术，还需要吃苦耐劳、勤俭奋进地学习、生活和工作的精神，才有可能掌握到必需的知识和能力，较好的完成自己的工作和各种任务。

（一）读书心要

吕仁和教授多年悉心钻研《黄帝内经》等中医经典著作，领悟到“古为今用，洋为中用”的关键应该落实到“用”上，不好用或不会用的内容暂存。“洋为中用”要用的科学，“古为今用”要用的有创新，创新必须有理或相似、实用。总之，应该实事求是，解决实际问题。如中医的“肾风”，其病因是“风”，病位在“肾”，病状是“肿”，很似现代的“肾炎”；中医的“肾热”，病位在“肾”，病状是“热”，很似“肾盂肾炎”；中医的“关格”很似“肾衰”，加上急性和慢性就更为相似。中医对肾脏的解剖、生理、病理与西医的认识基本相同，在认识上一致后，研究治疗就可开阔思路，创造中西医结合的治法。在研读《素问·阴阳别论》《素问·奇病论》《素问·通评虚实论》《灵枢·本脏篇》《灵枢·五变篇》等多处篇章，发现其中很多论述就很似现代医学所讲的2型糖尿病的表现。而《内经》对这个病分为脾瘅、消渴、消瘅三个期进行论述，其三期所述主要内容与糖尿病前期、糖尿病发病期、糖尿病并发症期很相似。如脾瘅期病因是“数食甘美、而多、肥也。”是五谷之气外溢；消渴期病因是甘甜肥美之气（高血糖）上溢（此时血糖高到诊断糖尿病的标准）；消瘅期病因为在消渴的基础上“怒则气上逆，胸中蓄积，血气逆留，宽皮充肌，血脉不行，转而为热，热则消肌肤，故为消瘅”。以《内经》论述为准绳，研究消渴病，不仅符合糖尿病发生发展和转化规律，更重要的是开阔了中医诊治这个疾病的视野和研究范围。

（二）传承经验

吕授授认为学习中医时，作为学习者，即“徒弟”而言，首先必须具有较高的道德修养，只有具备较高的道德修养，方能成功的做人，成功的做医生。其次必须有认真学习的态度，踏实肯干，勤于钻研，精益求精。做文章时能反复推敲，不厌其烦。

（三）临证要诀

吕仁和教授常说，“病人是老师”。活到老学到老。向老师学，向能人学（能者为师），作为一个医生，更重要的是向病人学习，诊治每一个病，对其方案好坏的评定主要是病人，只有病人的反映才更为真实。所以说，病人是医生的上帝，病人是老师，病人是父母兄弟姐妹，在情感上，道义上，工作上这些都是十分重要的。

在诊治过程中，根据病人的情况和需要，力争使其满意，特别是初诊病人，要允许病人提问、反问、提不同意见，对合理的部分应接受，不合理的部分要有充分的理由给讲清楚，要用讨论的口气，千万不能用教训的口气。当把疾病按西医的要求诊断清楚后，要用中医的辨证方法讲清楚。吕仁和教授认为其诊治疾病中用的“二、五、八”方案，“六对论治”，“三自如意表”，不仅用于糖尿病及其并发病，用于其他疾病也很好用。因为这个方案，除了内涵丰富外，更重要的是反映了一种看病的方法，不论诊断和治疗，既有全面性又有系统性，还有灵活性。最终能够发挥病人和医生甚至其家属的积极性。特别是慢性疾病患者，最终能自己学会监测病情的变化，并能掌握很多自己处理疾病的办法。

三、学术创新和理论创新

吕仁和教授作为国内外著名的中国糖尿病和肾病专家，在领导的关怀下，他和他诸多学生，如高彦彬、赵进喜、戴京璋、高菁、刘铜华、王耀献、王越、王世东、肖永华、李靖、刘滔波等，长期从事肾病和糖尿病及其并发症的中医药临床、教学和科研工作，尤其致力于糖尿病肾病的中医防治，所以在糖尿病肾病防治方面，形成了独特的学术思想，具有丰富的实践经验。糖尿病肾病（Diabetic Nephropathy，DN）即糖尿病肾小球硬化症，是糖尿病最典型的微血管并发症之一，由于目前尚缺少有效治疗手段，患者一旦出现微量白蛋白尿，病情就将进行性发展，直至发生肾功能衰竭尿毒症。“九五”期间承担了国家“九五”攻关糖尿病肾病重点课题，继而又承担了国家“十五”、“十一五”攻关糖尿病肾病肾功能不全优化防治方案项目，取得了一系列科研成果。研究成果获北京中医药大学科技进步一等奖2项、二等奖1项，北京市科技进步二等奖1项，三等奖1项，中国国家高校科学技术二等奖。撰写的《糖尿病及其并发症中西医诊治学》获中华中医药学会一等奖。在此，我们谨对吕仁和教授主要的学术思想和临床经验进行初步总结。

（一）肾络“微型癥瘕”形成假说

1. 肾络癥瘕学说的提出

络有广义、狭义之分，广义之络，包涵“经络”之络与脉络之络，络是对经脉支横旁出的分支部分的统称，脉络多指血脉的分支部分；狭义的络，仅指经络的络脉部分，络病学说所涉及的络，一般系广义的络。

络脉是气血会聚之处，其生理功能主要是聚、流、通、化，即可以贯通营卫、环流经气、渗透气血、互化津血，是内外沟通的通道。

络是内外之邪侵袭的通路与途径，邪气犯络或久病入络，均导致络脉瘀滞，瘀血、气滞、痰湿、热毒等诸邪瘀滞于络脉中，阻碍气机升降，气血运行，诸病由生。故络病是疾病传变的重要环节。

古人很早就对癥瘕有了明确的概念，由积聚而成。“聚者，聚也，聚散而无常也”，“瘕者，假也，假物以成形也”。“积者，积也，积久而成形也”。“癥者，征也，有形而可征也。”这些均是对癥瘕（积聚）的精辟论述。中医文献有关癥瘕的记载首见于《内经》：“凝血蕴里不散，精液涩渗，著而不去，积乃成已。”《难经》则以积聚分脏腑，认为“积乃主脏所生，痛不离其部，上下有终始”，与“聚者六府所成，始发无根本上下无留止，痛无常发”不同。至《巢氏病源》别立癥瘕之名，以不动者为癥，动则为瘕。后世多认为："有聚有散为瘕，聚而不散则成癥，久则成癥结。"凡是有形的肿块而坚著不移的，即可称为癥结，实际上就是中医的病理。

癥瘕形成的原因，古人多有论述，如《诸病源候论》说："癥瘕者皆由寒温不调，饮食不化，与脏气相搏结所生也。"《丹溪心法要诀》说："积者有形之邪，或食、或痰、或血，积滞成块。"《血证论·瘀血》说："瘀血在经络脏腑间，则结为癥瘕。"痰、食、瘀血等病理产物留滞脏腑经络之间，久而不去，积结形成癥瘕。《景岳全书·积聚》则说："壮人无积，虚人则有之，脾胃怯弱，气血两虚，四时有感，皆能成积。"可见，病理产物滞留与正气虚弱有关。正如《素问·经脉别论》所说："勇者气行则已，怯着则着而为病也。"

"微型癥瘕"是各种疾病初始的病理，多由正气不足复加内因七情，外因六淫等诸种病因致脉络气机阻滞、血行不畅、络脉失养、气血瘀滞、津凝痰结、热毒蕴结等变化使癥瘕形成，早期为微型，中期为小型，晚期为中大型。

吕仁和教授在"九五"研究糖尿病肾病早期的病理时，提出糖尿病微血管并发症就是中医"微型癥瘕形成"的病理假说，认为糖尿病肾病及其并发症的发生实质上是消渴病久治不当，陈气不除，伤阴耗气，痰郁热瘀互相胶结于络脉，早期是"微型癥瘕"，治疗时在重视益气养阴、活血化瘀的基础上，更强调软坚化结，常用生芪、生地、丹参、红花、桃仁、水红花子、莪术、卫茅、夏枯草、山楂等药物争取康复或延缓。

在肾脏疾病方面，吕仁和教授将络病理论与癥瘕理论进一步发展，提出肾脏疾病的根本病机为外感六淫、内伤七情、饮食不节、起居无常、情志失调及禀赋不足等因素造成人体正气亏虚，邪气内着，或气结血瘀阻滞不通，或痰湿邪毒留而不去，久病入络，造成气滞、血瘀、毒留，聚积于肾络，形成微型癥瘕，损伤肾脏，进而影响肾脏的功能。在早期，病损轻浅，正气损伤不重，有康复的机会。

2. 肾络癥瘕的形成是肾纤维化的病机关键

肾络癥瘕为络病之一，肾络通畅，能升能降，能开能合，能出能入，能收能放，各种精微物质得以施布于全身内外，以维护机体的各种生理活动，由于络脉是气血、水精、津液、营卫运行的基本通道，其内气血甚丰，任何病邪久蕴络脉，必然导致化火、结热、成毒，形成络脉毒滞证，病久必然败坏形体。正是叶天士在《外感温热篇》所说“久则络血瘀气凝滞……瘀浊水液相混”之义也。肾络癥瘕，多以内外二因为病之始，亦有经病入络，更有脏腑久病入络者。络脉亏虚，则气机不畅，不能御邪，邪毒入络，形成微型癥瘕，“邪毒所以入络，因络虚所使。”亦有因情志失调使气化功能失常，造成络脉气滞，血逆，聚而成为肾络癥瘕，毒害肾之大络、小络、孙络则病生也。临床上多见的络脉毒滞证有：毒滞脑络证、毒滞心络证、毒滞肺络证、毒滞肾络证、毒滞肝络证、毒滞胃络证以及下肢络脉毒滞证等，而肾络癥瘕即属毒滞肾络证。

由此，正气虚衰是肾纤维化发展的根本原因，主要病机为气虚血瘀、脉络瘀滞，积久蕴毒，伤及络脉，形成虚滞、瘀阻、毒损脉络的病理变化。因此肾纤维化从“虚、瘀、毒”不同侧面研究，治疗上确立补气扶正，活血化瘀，解毒通络，攻补兼施的法则。

3. 肾络癥瘕的物质基础

肾络癥瘕是肾病络病机制的主要结构载体，细胞、亚细胞结构、活性蛋白、细胞因子、基因等又是肾络癥瘕形成的主要影响物质因素。血行不畅、络脉失养、气血瘀滞、津凝痰结、络毒蕴结等病理变化是肾络癥瘕形成的关键。

（1）血行不畅与肾络癥瘕　血行不畅在中医理论中具有相当广泛的含义，在络病的病理机制研究中，不应将其简单、机械地理解为血液流动异常，而应主要回归于血管功能的调节异常。

大量实验表明，在许多血管机能障碍病例中，可以发现血流动力学异常。在肾络癥瘕形成的病理机制中，血流动力学异常应为血行不畅的表现形式，而血管机能障碍则是肾络癥瘕的病理实质之一。

（2）络脉失养与肾络癥瘕　络脉失养实际上反映了细胞保护及损伤的两个方面，大血管病变及微血管病变的进程正是血管内皮细胞、血管平滑肌细胞保护及损伤机制的矫枉失衡过程。

在微血管病变中，由于内皮细胞损伤，导致血管壁玻璃样变，血管管腔闭塞，微血管瘤形成。络脉失养既是络病机制中的关键环节，又是肾络癥瘕形成的物质基础。

（3）气血瘀滞与肾络癥瘕　气血瘀滞是血管内皮细胞、血管平滑肌细胞损伤保护过程中，信号传导机制异常的具体体现。在气血瘀滞阶段，细胞因子异常调控应该占据主导地位。细胞因子是一些具有高度生物活性的可溶性蛋白或糖蛋白，它们具有多种生物学效应，且各种生物活性可以重叠，但每种细胞因子又具有其独特的作用。

络病中的气血瘀滞的病理实质是络脉失养的结果，也就是说，血管内皮细胞、平滑肌细胞损伤后，细胞因子网络调节平衡机制被打破，异常的细胞因子网络调节机制是血管内皮细胞、平滑肌细胞进一步损伤及肾络癥瘕形成的关键。

（4）津凝痰结与肾络癥瘕　津凝痰结反映了肾络癥瘕的动态演变过程，在其形成过程中细胞外基质（ECM）代谢异常占有重要地位，血管内皮细胞及平滑肌细胞均可产生 ECM，ECM 的信息对它们也产生反馈影响。

络毒蕴结与肾络癥瘕形成密切相关，是多种病理产物积聚的结果，也是络病发展的晚期阶段。它反映了细胞、组织形态学晚期的变化。络毒蕴结的生物学物质基础具有广泛的含义，涉及了不同的生物学层面；针对不同的病证，络毒蕴结研究应着眼于相应层面的生物学物质基础。

现代络病学说的提出是历史发展的必然趋势，肾络癥瘕从属于络病学说，探讨肾络癥瘕并赋予其现代生物学内涵是升华肾络癥瘕学说的根本要求。

4. 消癥化结是肾络微型癥瘕的基本治法

针对肾脏纤维化的治疗近年来才引起重视，其治疗主要针对促纤维因子及抑制 ECM 成分合成或促进其降解，近年来已开始抗纤维化基因治疗研究，但大多数治疗尚处于实验研究阶段。国内对中药抗肾纤维化作用进行了大量的临床和实验研究，目前研究较多的有大黄、丹参、川芎、冬虫夏草、三七等药物。研究显示，中药在抑制促纤维化因子及纤维化细胞的增殖、活化，抑制胶原等基质成分合成和沉积，激活与ECM降解有关的酶的活性等多个环节中起作用，无论在体外或体内均显示出明显的抗肾脏纤维化作用，中药具有良好的抗肾纤维化应用前景。

关于肾络微型癥瘕的治疗，有其特殊之处。肾纤维化过程中虽然存在瘀血情况，但其并不同于一般的血瘀证，而是肾脏微型癥瘕形成的过程。癥瘕已成，宜消宜化，非仅用活血之法可疗。叶天士说："考仲景于劳伤血痹诸法，其通络方法，每取虫蚁迅速飞走诸灵，俾飞者升，走者降，血无凝著，气可宣通，与攻积除坚，徒入脏腑者有间。"指出络病治疗和一般活血化瘀、攻积除坚之不同，从而突出强调了络病辨证及通络治疗的独特临床价值，治疗中多用虫类搜剔、辛香通络等药物，取得良好效果。而对于癥瘕的治法，前人也颇多发明。《医宗必读》说："积之成也，正气不足而后邪气踞之……初中末三法不可不讲也。初者，病邪初起，正气尚强，邪气尚浅，则任受攻；中者，受病渐久，邪气较深，正气较弱，任受且补且攻；末者，病魔经久，邪气侵凌，正气消残，则任受补。盖积之为义，日积月累，非伊朝夕，所以去之亦当有渐，太亟伤正气，正气伤则不能运化。而邪反固矣。"《临证指南·癥瘕》："总之，治癥瘕之法，用攻伐宜缓宜曲，用补法忌涩忌呆。"吴昆《医方考》论述癥瘕治法有："古方有用曲、柏者，化水谷也，……用三棱、鳖甲者，支癥瘕也，……用水蛭、虻虫者，攻血块也。"何梦瑶《医碥》"莪术、三棱、鳖甲，专治积聚"。可见，在肾脏疾病的治疗中，需抓住疾病本质，"欲伏其所主，必先其所因"，注重消癥化结治疗，即可使"微型癥瘕消化"，也可以防止肾络微型癥瘕形成，既治又防，临床才能取得更好效果。

（二）中医对糖尿病肾病病因的认识与"微型癥瘕"形成病理假说

糖尿病肾病属于中医学"消渴病"消瘅期的"肾消病"。吕仁和教授称之为消渴病肾病。按国际上通行的分期方法，糖尿病肾病分为五期，Ⅰ期、Ⅱ期、Ⅲ期为早期，Ⅲ期即微量白蛋白尿期。Ⅳ期即大量蛋白尿期（临床糖尿病肾病或显性糖尿病肾病），Ⅴ期为终末期糖尿病肾病（尿毒症期）。其发病因素除与长期高血糖有关外，与素体肾亏（禀赋有亏，或后天劳倦过度伤肾）、情志郁结（郁怒不解，思虑过度）、饮食失宜（过食肥甘厚味、醇酒、辛辣、豆类，或咸味）密切相关。临床上常可见到一些糖尿病患者因长期过食肉和豆类食品，而出现尿蛋白，导致血肌酐、尿素氮升高的现象。

糖尿病肾病属于“消瘅”期的“肾消病”。“消瘅”形成《内经》谓之“气血逆留，髋皮充肌，血脉不行”所致。提示糖尿病肾病存在血瘀病机。《古今录验》“……三渴而饮水不能多，但腿肿，足先瘦小，阴痿弱，数小便者，此肾消病也。”提示肾消病病位在肾，属于糖尿病肾病等多种并发症并存的情况。《景岳全书》指出：“下消者，下焦病也，小便如高如脂，面黑耳焦，日渐消瘦，其病在肾，故又名肾消也。”明确下消病位在肾。《证治要诀》指出：“下消消肾，肾衰不能摄水，故小便虽多而不渴”。指出糖尿病肾病常见症状“小便虽多而不渴”，是肾衰固摄无权所致。《圣济总录》指出：“此病久不愈，能为水肿痈疽之病”。《杂病源流犀浊》指出：“有消渴后身肿者，有消渴面目足肿而小便少者。”皆是论消渴病继发水肿，是糖尿病肾病中期的常见症状。《圣济总录》还指出：“消渴病，肾气受伤，肾主水，肾气虚衰，气化失常，开阖不利，水液聚于体内而出现水肿。”提示消渴病日久伤肾，肾虚气化不行，则可以导致水肿。

从今天的认识来看，糖尿病肾病作为消渴病的重要继发病证，仍然是消渴病日久，肾体受损，肾用失司所致。其病一旦形成，病情就会不断进展，由虚损渐成劳衰。其病因除与长期高血糖有关外，我们从实践中也观察到，与素体肾亏（禀赋不足，素体肾虚，或后天劳倦过度伤肾）、情志郁结（郁怒不解，思虑过度）、饮食失宜（过食肥甘厚味，醇酒辛辣之品，或偏食豆制品，或嗜咸味）、失治误治等密切相关。临床上经常可见到糖尿病患者因长期过食肉和豆类食品，迅速进展为肾病导致血肌酐、尿素氮升高，在早期忌肉和豆类多可恢复。

吕仁和教授糖尿病肾病“微型癥瘕”形成病机理论认为：消渴病日久，体质因素加以情志、饮食失调等，内热或伤阴，或耗气，或气阴两伤，或阴损及阳，久病致虚基础上，久病入络，气虚血瘀，痰郁热瘀互相胶结，则可在肾之络脉形成微型癥瘕，使肾体受损，肾用失司。“聚者，聚也，聚散而无常也；”“瘕者，假也，假物以成形也；”“积者，积也，积久而成形也；”“癥者，征也，有形而可征也。”意思是说，癥瘕为病，初为瘕聚，有聚散无常、假物成形的特点，易治；终为癥积，有积久成形、有形可征的特点。糖尿病肾病发生发展的过程，实际上就是肾之络脉病变，微型“瘕聚”，渐成“癥积”的过程。肾主藏精，肾气不固，精微外泄，则可见尿蛋白，或见夜尿频多等。肾主水，肾气不化，或阴损及阳，阳不化气，水湿气化不利，水液滞留，溢于肌肤，故可见浮肿胀满。病情继续发展，肾体劳损，肾元虚衰，气血俱伤，气化不行，浊毒内留，则诸症峰起。终成肾元衰败，五脏俱病，升降失常，三焦阻滞，水湿浊毒泛滥，一身气机升降出入俱废，则为关格危证。病位以肾为中心，常涉及肝、脾诸脏，后期还会涉及心肺，导致五脏俱病。病性多虚实挟杂。早期气阴两虚为主，晚期则气血阴阳俱虚，浊毒内留。

发病之初，多气阴两虚，络脉瘀结而受损，即病机为虚损期。肾主水，司开阖，消渴病日久，肾阴亏损，阴损耗气，而致肾络虚损，固摄无权，开阖失司，尿频尿多，尿浊而甜。肝肾同源，精血互化，肝肾阴虚，精血不能上承于目而致两目干涩，此期病损轻浅，其病理是“微型癥瘕”，若能即食肉和豆类食品，精神不要过度紧张，体力活动减少，控制血糖、血脂、血压、体重向标准方向发展，家服益气养阴消癥化结之中药，多可恢复或延缓发展。

病程迁延，气阴不足的基础上，阴损及阳，脾肾渐虚，久损不复转为劳，病机为虚劳期，此期病损渐深，其病理是“小中型癥瘕”。则水湿内停。脾肾气虚，甚或阳虚，气化不行，运化失职，水湿潴留，或加之血瘀水停，皆可致面足水肿，甚则胸水腹水，阳虚不能温煦四末，血脉不行，则畏寒肢冷，阴虚火旺，灼伤目之血络，则眼底出血，视物模糊，肝肾阴虚，阴虚阳亢，头晕、耳鸣，血压偏高；肝肾阴虚，络脉瘀阻，筋脉失养，则肢体麻痛。

病变晚期，久劳不复转为衰，即使努力防治也难恢复，只能延缓发展。肾体劳衰，肾用失司，即肾虚衰期，其病理为“大型癥瘕”形成。一身气化不行，湿浊邪毒内停，五脏受损，气血阴阳衰败，气机升降失司，则变证蜂起。浊毒上泛，胃失和降，则恶心呕吐，食欲不振；脾肾衰败，浊毒内停，血液化生无源，则见面色萎黄，唇甲舌淡，血虚之候；水湿浊毒上犯，凌心射肺，则心悸气短，胸闷喘憋不能平卧；肾元衰竭，浊邪壅塞三焦，肾关不开，则少尿或无尿，已发展为关格病终末阶段。是为“微型癥瘕”起始病理假说。“癥瘕”源于积聚，积者，积累也，积多成聚，有聚有散称为“瘕”，聚之易治；积久不散则聚为“癥”，癥者，癥结，治疗则困难。吕仁和教授认为：起始之“癥瘕”很微小。从分子水平起始，到细胞水平，直到肾小球结节性硬化等，是一个渐进的过程。所以，治疗始终应重视消癥化结，宜早防治，以防止癥结形成。

（三）从风论治原发性肾小球疾病的病因病机

“风”是中医定为外因“六气”（风寒暑湿燥火）之首的“风邪”。因风邪伤人时合并的邪气毒力不同，所伤个体的脏器虚实程度不同，导致伤损后的临床表现不同，预后也不同。

“原发性肾小球疾病”包括西医临床诊断的急性肾炎，急进性肾炎，慢性肾炎，肾病综合征，隐匿性肾炎等，为内科常见疾病，对这一组疾病，从中医古籍到现代临床诊治均有非常多的研究，从风论治本组疾病，前景广阔，愿与同道们商讨。

1. 风邪的特性和临床特点

风邪为外感发病的一种极为重要的致病因素，风邪外袭多自皮毛肌腠而入，从而产生外风病证，如《素问·风论》说：“风气藏于皮肤之间，腠理开则洒然寒，闭则热而闷。”自然界的风，是一种无形的、流动的气流，来去较快，时有时无，而且风又是变化多端而无孔不入，故中医学认为风邪为病因，具有如下特性和临床特点。

(1) 风为阳邪，其性开泄，易袭阳位：风邪善动而不居，具有升发、向上、向外的特性。其性开泄，是指易使腠理疏泄而开张。正因其能升发，且善于向上向外，所以风邪侵袭，常伤及人体的上部（头面）、阳经和肌表。《素问·太阴阳明论》说："阳者，天气也，主外，……。故犯贼风虚邪者，阳受之……。阳受之，则入六腑，则身热，不时卧，上为喘鸣……。故喉主天气……；故阳受风气……；阳气从手上行至头，而下行至足。故曰："阳病者上行极而下……。故伤于风者，上先受之……。"

(2) 风性善行而数变："善行"，是指风邪致病具有病位游移，行无定处的特点；"数变"，是指风邪致病具有变幻无常和发病迅速的特性而言的。同时，由风邪为先导的外感疾病，一般发病多急，传变也较快。故《素问·风论》所说："风气藏于皮肤之间，内不得通，外不得泄；风者善行而数变，腠理开则洒然寒，闭则热而闷…"，即概括了风邪致病的这一特性。

(3) 风为百病之长：风邪为六淫病邪的主要致病因素，凡寒、湿、燥、热诸邪多依附于风而侵犯人体，所以风邪常为外邪致病的先导。古人甚至把风邪当作外感致病因素的总称。故《素问·骨空论》问曰："余闻风者百病之始也。"《素问·风论》曰："…故风者，百病之长也，至其变化，乃为他病也，无常方，然致有风气也。"

2. 原发性肾小球疾病与风邪的关系

肾脏疾病中许多疾病的症状是具有风邪致病的特点，如急性链球菌感染后的肾炎及 IgA 肾病，多在发病前有明确的外感史，有咽喉痒痛的症状，这就是风邪外袭的特点；而急进性肾炎综合征和紫癜性肾炎发病后病情进展迅速，临床表现复杂，变化迅速是具有风邪善行数变的特点。

我们可以认为风邪也是导致原发性肾小球疾病的主要病因，《内经》曰："风者百病之始也…"，又曰："风者百病之长也。"说明我国古代医学家认为许多疾病的形成，其外因中"风邪"起着先锋和主导的作用，因其为“百病之长”，故最易挟多与其他外邪合而致病。再加上“风邪”具有“善行而数变”（《素问·风论》）的特性，其变化多端而迅速，常为与“热”相合成为“风热”；与“寒”相合成为“风寒”；与“湿”相合成为“风湿”；与“湿热”相合成为“风湿热”；与“寒湿”相合成为“风寒湿”；与“毒”相合成为“风毒”等。因风邪“善行而数变”的特点，故风邪可化毒，而且风热、风湿热也可以化毒，风寒、风寒湿也可以化热生毒，一旦形成“热毒”则可乘虚而伤人体组织器官。肾是诸毒排出体外的主要器官，所以最易受风邪热毒的侵袭而受损伤。

因为原发性肾小球疾病的发病与风邪外袭具有密切关系，故古人将病位在肾，病因为感受风邪而导致肾体损害，肾用失司，以水肿、尿浊、尿血、眩晕、腰痛等为主要临床表现的一类疾病命名为肾风。肾风即病因为风邪，病位在肾脏的疾病。类似于现代医学所说的肾小球肾炎，肾虚感受风邪或风邪挟寒、挟湿、挟热邪侵袭，正邪相争剧烈，则发为急性肾风。而急性肾风在发病的急性期调治不当，或虽未急性发作，但因反复感受风邪，导致肾体受伤，疾病迁延不愈，转为慢性肾风，病情发展至最后直至肾衰。

肾风之病，古代医家对其病因病机及治疗多有论述，如《素问·风论》曰：“肾风之状，多汗恶风，面痝然浮肿。脊痛不能正立，其色炲，隐曲不利，诊在肌上，其色黑。”又如《素问·奇病论》曰：“有病痝然如有水状，切其脉大紧无痛者，形不瘦，不能食，食少…病生在肾，名为肾风。”《素问·评热病论》记：“帝曰：有病肾风者，面跗痝然壅，害于言，可刺不岐伯曰：虚不当刺，不当刺而刺，后五日，其气必至。帝曰：其至何如岐伯曰：至必少气时热，时热从胸背上至头，汗出手热，口干苦渴，小便黄，目下肿，腹中鸣，身重难以行，月事不来，烦而不能食，不能正偃，正偃则咳，病名曰风水。”肾风出现发热，病情加重时，病名改为风水，则风水是急性病变期的病名，在此很似急性肾炎或慢性肾炎急性发作。《素问·水热穴论》篇曰：“勇而劳甚则肾汗出，肾汗出逢于风，内不得入于脏腑，外不得越于皮肤，客于玄府，行于皮里，传为胕肿，本之于肾，名曰风水。”到后汉时张仲景对风水进行了仔细的观察和描述，并提出了治疗方药。如《金匮要略》曰：“①风水，其脉自浮，外证骨节疼痛，恶风。②身体洪肿，汗出乃愈，恶风则虚，此为风水。③寸口脉沉滑者，中有水气，面目肿大有热，名曰风水。④视人之目巢上微肿如蚕，新卧起状，其颈脉动，时时咳，按其手足上陷而不起者，风水。⑤太阴病脉浮而紧，法当骨节疼痛，反不疼，身体反重而酸，其人不渴，汗出即愈，此为风水。”这些都是风水的临床表现。张仲景在风水的治疗上认为：“风水，脉浮身重，汗出恶风者，防己黄芪汤主之；腹痛者，加芍药。”

3. 风邪伤肾的病因病机

同样感受风邪，为什么有的人发病有的人不发病呢？在《素问·评热病论》中说道：“邪之所凑，其气必虚”。故肾风病的形成，首先是由于各种原因导致肾元亏虚，其次是受风邪侵袭。风邪伤人常以风寒或风寒挟湿；风热或风热挟湿的形式侵袭人体。在急性期主要表现为表实证，转为慢性以后，除有风邪及风邪挟他邪所致的证候外，因肾元亏虚已经累及肝脾等脏，所以临床表现比较复杂，同时出现了一系列继发证因，导致其临床变化更为复杂。

（1）肾风的病因

综前所述肾风病的形成，首先是由于各种原因导致肾元亏虚，其次是风邪或风邪挟它邪侵袭。故肾风病是本虚标实的病，其本虚是肾元亏虚，标实是风邪或风邪挟它邪侵袭。分别论述如下。

①肾元亏虚：A. 禀赋有亏：如有先天的缺陷，包括整体抗病能力的不足和肾脏本身的缺陷，不仅容易感受外邪，而且感受外邪后邪气不易驱除或便于留恋。B. 年老体衰：年老或久病体虚之人，正气不足，不仅易感病邪，而且外邪侵袭之后，难以驱除，使疾病迁延，久久不愈。C. 劳累过度：过度辛苦劳累，耗损过多，滋补不足，肾元亏虚，抗病邪的能力降低而容易生病，而且病后难以痊愈。D. 气机阻滞：包括肝气郁结，痰湿阻滞，食积，停饮，湿热内蕴，热毒不解，瘀血不散，气虚，血虚，阴虚，阳虚等都能阻滞经络，使气血不能流畅，促使疾病加重或发展。

②风邪侵袭：常见有四种：A. 风寒侵袭：劳累汗出或肌饱入睡，感受风寒，风寒之邪流经血脉，侵袭肾体，乘虚伤肾。轻者发病缓慢，常在不知不觉中使肾元受损伤，成为慢性肾风，到因临床症状明显而发现疾病时已难以治愈。若风寒化热，邪正相争剧烈者，多发病急，症状重，进展快，若能及时处理，调治得法，多能痊愈。B. 风寒挟湿：素体脾虚湿重，或因涉水冒雨，衣着湿冷，复感风寒，风寒之邪流经血脉，侵袭肾体，轻者缓发，重者急发，但因湿性粘滞，患病后不易痊愈。C. 风热外袭：素体阴虚，感邪后邪易从热化生毒，损伤肾络，感邪后多为急发。轻者易治，若及时治疗多能痊愈。少数病人因素体阴虚肝旺，病情严重，疾病进展迅速，易引起肝风内动，治疗困难，预后不良。D. 风热挟湿：素体湿重，或因涉水冒雨，居处潮湿，衣着湿冷等，复感风热，风热之邪流经血脉，侵袭肾体，乘虚伤肾，轻者可以治愈，但因湿热之邪粘滞难除，所以临床见效缓慢，不能着急。重者因为湿邪损伤脾气，热邪损伤肾阴，形成肾阴不足，脾气受伤，对治疗具有很大难度。因为滋阴则损阳，补气又伤阴，若想调治十分困难，必须仔细分析，慎重选药，精心调治，方能见效。

（2）风邪伤肾的病机

风为阳邪，唯有《康熙字典》曰“风为阴中之阳邪”此说更合乎客观所说。风邪伤人后，先“藏于皮肤之间”（《素问·风论》），此风可从玄腑发散而解，也可随络脉内侵，或化他邪，或化热生毒伤及脏器组织，因其毒邪的力度不同，所伤组织不同，临床表现也不同，基本转化机理论述如下：

①“风毒”伤肾：风毒所伤，先见肤痒，眼、鼻、咽喉痒痛等类似过敏反应的表现，也可有颜面、眼睑浮肿，继而伤肾，尿检出蛋白和/或潜血、红细胞，并出现发热等症状，很象临床诊断的过敏性肾炎，绝大多数可以痊愈。

②“风热毒邪”伤肾：风热毒邪之邪，从表和相关脏腑而来，常有发热、汗出、口渴、恶风、喷涕、咽痒、咳嗽、大便溏泄等肺与大肠的病症，继而出现尿血或尿蛋白，或因邪盛上攻而见头晕，热毒伤肾而见

尿少，临床表现类似急性肾炎，其中多数预后较好，少数不能痊愈者20~30年后转为慢性。

③“风湿热毒”伤肾：风湿热毒之邪侵袭常伤及肾及脾连肺，除见风热毒邪所伤之症状外，其浮肿明显，并有脘腹胀满，纳谷不香等脾气受损，运化失职，水液代谢失职的表现，另外尿中蛋白较多，血压也常增高，本型预后较差。

④“风寒化热生毒”伤肾：风寒之邪侵袭人体，病久随可化热，但热象不重，毒力也缓，然而其邪直沉于北方寒水伤肾，起病缓慢，病人处在不知不觉的病态中，慢慢感觉身体机能逐渐减退，腰膝沉重甚至酸痛，面日虚浮，尿检出现蛋白，血压逐渐增高，紧张者累时出现头晕等的肾风状态，很似现在的慢性肾小球肾炎。

⑤“风热寒湿杂致化燥生毒”伤肾：风热寒湿之邪合至，并化燥生毒，其邪毒力强大猛烈，伤阴迅速，肝阳益亢，直伤神明，阴损及阳，阴阳俱伤，肾元衰败，气血大衰，出现恶性高血压，肾衰贫血状态，很似急进性肾炎。

⑥“风湿化毒”伤肾：风湿化毒侵袭，其毒重着，伤肾及脾，水湿化生和转输困难，大量蛋白排出，体内水湿停聚，出现高度水肿，很似现代常见之肾病综合征。若加燥热之邪，阴伤阳亢，尿中见血，头晕目眩，血压升高者，即是肾炎性肾病综合征，治疗较难。

⑦“风寒湿邪化毒”伤肾：风寒湿化毒侵袭，其毒凝滞，伤肾较慢，发病于隐匿之中，偶在尿检中发现蛋白，但患者自已常无不适感觉，若风寒化热伤血络，则尿中见血，并见腰酸腿软。化热甚者尿血明显，风寒湿甚者尿中蛋白明显，风寒湿热俱甚者，尿血和尿中蛋白同时可见，很似现在临床常见的隐匿性肾小球疾病。

风邪为百病之长，其为阳邪性开泄，易袭阳位，善行而数变，并常挟他邪而致病。风邪与肾脏病的发病有密切的关系，是导致肾风病发生的主要原因。肾风病的形成，是由于先有各种原因导致肾元亏虚，又有风邪或风邪挟它邪侵袭，常表现为风寒或风寒挟湿；风热或风热挟湿的特点。诸邪侵袭人体，日久均可化热生毒，一旦形成“热毒”则可乘虚而伤人体组织器官。肾是诸毒排出体外的主要器官，所以最易受风邪热毒的侵袭而受损伤。肾风在急性期主要表现为表实证；转为慢性以后，除有风邪留恋所致的证候外，因肾元亏虚已经累及肝脾等脏，所以表现比较复杂，同时也出现了一系列的继发证因，其临床变化就更为复杂。我们希望通过确立肾风病的病因病机，为临床诊疗疾病提供了坚实的理论根据。

四、临床应用

（一）吕仁和教授诊治糖尿病肾病的学术思想和临床经验

1. 关于糖尿病肾病的诊断

（1）有确切的糖尿病史。

（2）尿白蛋白排泄率（UAER）：3个月内连续尿检查三次UAER介于20～200ug/min（28.8～288mg/24h），且可排除其他引起UAER增加的原因者，可诊断为早期糖尿病肾病。

（3）持续性蛋白尿：尿蛋白>0.5g/24h连续2次以上，并能排除其他引起尿蛋白增加的原因者，可诊断为临床糖尿病肾病。

2. 关于糖尿病肾病的分期

基于临床实际，参考丹麦学者Mogensen糖尿病肾病分期意见，可对糖尿病肾病进行如下分期。

Ⅰ期：肾小球滤过率增高，肾小球滤过率（GFR）>150ml/min，肾体积增大，尿无白蛋白，无病理组织学损害。肾血流量、肾小球毛细血管灌注及内压均增高，其初期改变为可逆性。

Ⅱ期：正常白蛋白尿期。尿白蛋白排泄率（UAE）正常。肾小球毛细血管基底膜（GBM）增厚，系膜基质增加，GFR多高于正常。

Ⅲ期：早期糖尿病肾病。尿白蛋白排泄率（UAE）持续在20～200μg/min或30～300mg/24h。GBM增厚，系膜基质增加明显，出现肾小球结节型和弥漫型病变及小动脉玻璃样变，肾小球荒废开始出现。

Ⅳ期：UAE≥20g/min，而≤70μg/min，或≥30mg/24h，而≤

100mg/24h；

Ⅴ期：UAE＞70μg/min，而≤200μg/min，或＞100mg/24h，而≤300mg/24h。

Ⅵ期：临床糖尿病肾病或显性糖尿病肾病。UAE持续＞200μg/min或尿蛋白＞0.5g/24h，血压增高，水肿出现。肾小球荒废明显，GFR开始下降。

Ⅶ期：GFR＜130ml/min，而≥70ml/min；

Ⅷ期：GFR＜70ml/min，而≥30ml/min；

Ⅸ期：GFR＜30ml/min，而≥10ml/min。

Ⅹ期：终末期肾功能衰竭。GFR＜10ml/min。肾小球广泛荒废，血肌酐、尿素氮增高，伴严重高血压、低蛋白血症和水肿等。

吕仁和教授在此基础上，根据糖尿病肾病各期证候表现和不同病机特点，又把糖尿病肾病总结为早中晚三期，早期即Ⅲ期（早期糖尿病肾病），中期即临床糖尿病肾Ⅶ期，晚期即糖尿病肾病肾功能不全（Ⅷ期、Ⅸ期、Ⅹ期），颇便于进行分期辨证论治和疗效判定。

3. 关于糖尿病肾病疗效的判定

吕仁和教授主张分期评价疗效。

（1）早期（糖尿病肾病Ⅲ期）

显效：临床症状积分降低≥50%；尿微量白蛋白排泄率减少≥50%，或恢复正常。

有效：临床症状积分降低≥30%，但未达到≥50%；尿微量白蛋白减少≥30%，但不足≥50%。

无效：未达到上述有效标准者。

（2）中期（糖尿病肾病Ⅶ期）

显效：临床症状积分降低≥50%；尿白蛋白或蛋白减少≥50%。

有效：临床症状积分降低30%，但未达到50%；尿白蛋白或蛋白减少≥15%，但不足50%。

无效：未达上述有效标准者。

（3）晚期（糖尿病肾病Ⅷ期、Ⅸ期、Ⅹ期）

显效：临床症状积分降低≥60%（必备）；同时 Ccr 提高≥20%；或血肌酐降低≥20%。

有效：临床症状积分降低≥30%，但未达到60%（必备）；同时 Ccr 提高10%，未达到20%；或血肌酐降低10%，未达到≥20%；或血肌酐的对数和倒数，用直线回归方程分析，其斜率有显著意义。

稳定：临床症状有所改善，积分降低未达到30%（必备）；同时 Ccr 无降低，或增加未达到10%；或血肌酐无增加，或降低未达到10%。

无效：临床症状积分无降低，或症状加重（必备）；同时 Ccr 降低；或血肌酐增高。

4. 关于糖尿病肾病的分期治疗

吕仁和教授主张分阶段、分层次对糖尿病肾病进行辨证论治。认为糖尿病肾病各阶段临床表现有别，病机特点不同，所以治疗重点也有不同。无论是辨证选方用药，还是饮食、运动、心理调摄方案的制定，均应以糖尿病肾病各期的具体病情和病机特点为根据。

（1）早期糖尿病肾病（Ⅲ期）

①心理教育应告知病情发展趋势，以引起病人和家属重视。

②活动量，可进行轻度和中等度体力活动，但应避免重体力和剧烈活动。

③饮食宜限制蛋白总入量，不吃豆类食品，并适当减少主食。同时增加优质蛋白质（牛奶、鸡蛋等）。

④中医分型辨证论治

早期糖尿病肾病，在消渴病基础上，肾气已伤，气虚的同时，或兼阴虚，或兼阳虚，甚或阴阳俱虚，均存在痰、热、郁、瘀互结，“微型癥瘕”形成的病理。病位以肾为中心，常涉及肝、脾、肺诸脏。病性多虚实挟杂。结合脏腑定位，中医辨证吕仁和教授习惯上根据本虚分为五型，同时根据患者常兼夹的标实证候分为五候。

本虚证五型

Ⅰ型（肝肾气阴虚）

临床表现：腰膝酸软，疲乏无力、头晕目眩，烦热多汗，双目干涩，视物模糊，大便秘结，舌红苔黄，脉弦细数。

治法：益气养阴，兼补肝肾，佐以清热。

方药：益气养阴汤（验方）送服杞菊地黄丸，或石斛夜光丸。

处方组成：黄精 15g，生地 20g，山萸肉 10g，旱莲草 20g，女贞子 10g，枳壳 10g，枳实 10g，黄连 10g，生首乌 15g，牛膝 20g。

Ⅱ型（肺肾气阴虚）

临床表现：胸背腰膝酸疼，神疲乏力，声低懒言，易于感冒或有咳嗽气短，手足心热，大便常干，舌红苔黄，脉象细数。

治法：益气养阴，兼补肺肾，少佐清热。

方药：补养肺肾汤（验方）送服麦味地黄丸。

处方组成：沙参 30g，麦冬 10g，元参 20g，生地 20g，山茱萸 15g，黄连 10g，地骨皮 30g，枳实 10g。每日 1 剂，水煎服。

Ⅲ型（肝脾肾气阴阳俱虚）

临床表现：腰腿酸痛，神疲乏力，怕冷怕热，手足心热而手足背冷，舌胖有裂，舌苔黄白，脉滑细数。

治法：调补阴阳。

方药：调补阴阳汤（验方）送服金匮肾气丸。

处方组成：党参 15g，当归 10g，生地 15g，金樱子 10g，芡实 10g，旱莲草 20g，女贞子 10g，黄连 6g。每日 1 剂，水煎服。

Ⅳ型（脾肾气阳虚）

临床表现：腰背肢体酸疼沉重，肌瘦无力，纳后腹胀，畏寒肢冷，手足浮肿，大便常溏，舌胖嫩，苔白滑或腻，脉滑数。

治法：益气健脾，助阳补肾。

方药：健脾补肾汤（验方）送服济生肾气丸。

处方组成：生黄芪 30g，苍术 10g，猪苓 20g，木香 10g，黄连 10g，陈皮 10g，半夏 10g，砂仁 6g，厚朴 3g，金樱子 10g。每日 1 剂，水煎服。

标实兼夹证候

血脉瘀阻：症见口唇舌暗等，主方中可加入丹参、三七，或川芎，活血通脉。

水饮停聚：症见停饮，背部怕冷，水肿等。主方中加入桂枝10g，茯苓15g，白术10g，泽泻15g，利水化饮。

湿热中阻：症见胸脘腹胀，纳饮不香，时有恶心，身倦头胀，四肢沉重，大便秘结，舌胖嫩红，苔黄腻，脉弦滑数。宜改用清化通利法，用平胃散合茵陈蒿汤化裁。若与湿热下注，症见大便不畅，腰腿沉重，小便不爽，舌胖嫩红，苔黄白厚腻，脉弦滑数者，宜用化湿清利法，用四妙散加狗脊15g，木瓜30g，川断10g，生大黄8g（后下）。

肝郁气滞：症见口苦咽干，胸胁苦满，纳饮不香，舌暗苔黄，脉弦，宜用舒肝解郁法，用四逆散合加味逍遥散化裁。

外感热毒：症见咽喉肿痛，发热恶寒，便干尿黄，舌红苔黄，脉浮数。宜用清热解毒法，用银翘解毒散（验方）：银花20g，连翘20g，菊花10g，桑叶10g，黄芩10g，地丁20g，黄连10g，生大黄8g（后下）。

⑤西医治疗

降糖首选糖适平，或加用拜唐苹，必要时应用胰岛素。血压高者选用心痛定、开搏通、科素亚等。

（2）中期糖尿病肾病（Ⅶ期）

①心理教育，要引起病人重视，促使其认真配合医生治疗。

②活动量，患者可进行轻体力活动，不能勉强行事。生活中坐、卧、立、走，以卧为优。

③饮食方面，总热量按体力活动强度及体型，标准体重计算。蛋白质摄入总量应该控制。忌食豆类食品，严格限制主食。优质蛋白应占蛋白质摄入总量50%以上，以牛奶和鸡蛋为最好；脂肪一般在25～40g/日，视体型增减。适当多给糖类食品，若血糖升高则调整胰岛素用量。

④中医辨证论治（同早期）

糖尿病肾病水肿表现突出者，可适当重用利水消肿之品。

⑤西医治疗

此期最好应用胰岛素使血糖控制在优良水平。水肿可选用速尿等。

（3）晚期病人（Ⅷ期、Ⅸ期、Ⅹ期）

①心理教育应注意使病人克服悲观情绪，维持良好心态。

②活动量应量力而行，最好平卧。

③饮食方面，蛋白质应以牛奶和鸡蛋蛋白为主，尽量减少植物蛋白摄入。蛋白质供给量应根据内生肌酐清除率确定。Ccr40～50ml/min：45～40g/日；Ccr＞30～40ml/min：40～35g/日；Ccr15～30ml/min：35～30g/日；Ccr15ml/min以下，20～30g/日。适当增加糖类食品。

④中医分型辨证论治

糖尿病肾病晚期，肾脏损害日益严重，肾之元真之气由虚而衰，肾主一身气化的功能严重失职，浊毒壅滞是此阶段患者的共同病机。一方面肾不藏精，精不生髓，髓不生血；一方面浊毒内停，可进一步更伤肾元，耗伤气血。所以气血亏虚病机也普遍存在。从本虚的角度来看，可表现为气血亏虚与阴虚并见、气血亏虚与阳虚并见，甚至表现为气血阴阳俱虚；从标实的角度来看，浊毒内留证候以外，尚可见浊毒伤血、肝胃结热、血虚生风等证候。所以结合脏腑定位，吕仁和教授习惯上把该期分为五型八候进行辨证论治，并把泄浊解毒、补肾培元、益气养血作为该期患者的共同治法，用药常加用当归补血汤，或红参以补气养血；加用陈皮、半夏、熟大黄各10g以和胃降浊。

本虚证五型

Ⅰ型（气血阴虚，浊毒内停）

临床表现：神疲乏力，面色苍黄，苔黄，脉弦细数。

治法：滋阴降浊，益气养阴

方药：八珍汤合调胃承气汤加减煎汤送服杞菊地黄丸。

处方组成：太子参20g（或红参5g配黄连），猪苓20g，白术6g，炙甘草6g，当归10g，川芎10g，白芍30g，牛膝30g，熟大黄10g，元明粉3g，生大黄8g（后下）。每日1剂，水煎服。

Ⅱ型（气血阳虚、浊毒内停）

临床表现：神疲乏力，手足浮肿，畏寒肢冷，肤色苍黄，粗糙，时有恶心，舌胖暗淡，边有齿印，苔白，脉细。

治法：益气养血，助阳降浊。

方药：当归补血汤，八珍汤合温脾汤加减，送服济生肾气丸。

处方组成：生黄芪20g，当归10g，红参5g，猪苓20g，苍术10g，生甘草6g，川芎15g，熟地15g，砂仁9g，赤白芍各15g，附片5g，冬虫夏草2g（另兑），熟大黄8g。每日1剂，水煎服。

Ⅲ型（肝脾肾气血阴阳俱虚，浊毒内停）

临床表现：面足浮肿，不耐寒热，肤色苍黄，肌肤甲错，时有恶心，舌胖有裂，舌苔黄白，大便干稀无常，脉象弦滑。

治法：调补气血阴阳、降浊利水。

方药：当归补血汤、八珍汤合大黄附子汤加减，送服金匮肾气丸。

处方组成：黄芪30g，当归10g，白芍20g，熟地15g，红参6g，苍术6g，黄连6g，黄柏10g，猪苓20g，牛膝20g，山栀10g。

Ⅳ型（肺肾气血阴阳俱虚，浊毒内停）

临床表现：腰腿酸痛、胸闷咳嗽，心悸气短，神疲乏力，不耐寒热，大便干稀无常，口唇舌暗淡，脉滑数。

治法：调补气血阴阳，清肺益肾降浊。

方药：清肺益肾降浊汤（验方）

处方组成：桑白皮20g，沙参20g，黄芩10g，麦冬10g，五味子10g，当归10g，陈皮10g，桃仁10g，杏仁10g，熟军10g，冬虫夏草3g。每日1剂，水煎服。

Ⅴ型（心肾气血阴阳俱虚，浊毒内停）

临床表现：胸背腰酸腹胀，神疲乏力，心悸气短，时有心痛，全身浮肿，不能平卧，纳谷不香，口唇舌暗，脉数。

治法：益气养心、活血降浊。

方药：养心益肾降浊汤（验方）

处方组成：太子参30g，当归10g，麦冬10g，五味子10g，丹参30g，川芎15g，泽泻20g，葶苈子20g，大枣5枚。每日1剂，水煎服。

标实兼夹证候

糖尿病肾病晚期除可见早中期常见的标实兼夹证候外，还常见以下证候。

浊毒伤血：症见鼻衄，龈衄，肌衄等。治以解毒活血，凉血止血为法。方用犀角地黄汤加减：水牛角9g，生地30g，丹皮20g，赤芍15g，加三七粉3g（分冲）。

肝胃结热：症见胸胁苦满，大便秘结，口苦咽干，苔黄，脉数。治以和解肝胃，缓泻结滞为法。方用大柴胡汤加减：柴胡、黄芩、半夏、枳实各10g，白芍30g，生姜3片，大枣3枚，生大黄10g（另包后下）。

血虚生风：症见手颤，转筋，四肢酸痛，舌淡，脉弱，治以养血活血熄风为法。方用当归补血汤合四物汤加味：生黄芪30g，当归10g，生地20g，川芎15g，白芍40g，甘草6g，木瓜30g，陈皮10g。

⑤西医治疗

糖尿病肾病肾功能不全的对症处理很重要，不仅有关提高患者生存质量，延长寿命，而且纠正某些可逆因素，还有助于肾功能保护。如抗心衰、抗感染、抗贫血、纠正电解质紊乱、纠正酸中毒等，都必须重视。

至于透析治疗，一般说宜稍早于非糖尿病患者。血肌酐530～710μmol/L、肌酐清除率10～15ml/min，即应考虑透析。腹膜透析为糖尿病晚期肾衰患者首选。有条件者，还可接受肾移植或胰－肾联合移植。

【病案举例】

例1　张××，男，某公司经理，初诊时50岁，随诊至今，现已67岁。

初诊：1991年7月10日。患者高血压病史15年，糖尿病病史10年，冠心病病史6年，高脂血症、脂肪肝数年。已经应用胰岛素及降压药物，血糖、血压控制尚可。经常出席宴会，食肉较多。近来，查尿蛋白（+）。嘱停肉食，重复3次尿蛋白定量，平均为450mg/24h。GFR135ml/min；B超显示中度脂肪肝；心电图示ST－T改变；血甘油三酯3.5mmol/L。体重超过标准体重8kg。无烟酒嗜好。精神体力尚可，急躁易怒，时有口、鼻、眼干，大便干燥，舌红苔黄，脉弦细数。诊断：2型糖尿病；糖尿病肾病早期；高脂血症；高血压病；冠状动脉粥样硬化性心脏病；脂肪肝。中医诊断：消渴病，消瘅期，肾病虚损期。辨证：肝肾阴虚，血脉瘀阻。措施：①自测血糖、血压、体重，定期复查血脂、心电图和肝脏B超。②饮食：力争少吃肉类、海鲜，外出用餐加食苦瓜、南瓜、萝卜、豆芽、白菜、扁豆、生菜等。③运动：每天坚持起蹲运动，每次3～5分钟，每日3～5次。④力戒急躁。⑤血压、血糖继续用西药控制。⑥中药滋养肝肾、行气活血，通经活络、消化癥瘕。处方：枸杞子10g，菊花10g，山萸肉10g，生地15g，丹皮15g，丹参15g，赤、白芍各15g，川芎15g，枳壳、枳实各10g，香附10g，卫茅20g，莪术10g，茵陈30g，山栀10g。7剂，每日1剂，水煎，分2次服。二诊：7月17日，前方服7剂后，大便通畅，急躁减轻，眼、口、鼻干缓解，舌、脉同前。尿蛋白：400mg/24h。治法同初诊，宗7月10日方，14剂。三诊：8月15日，前方服20剂，除眼干时作外，余无不适。尿蛋白：250mg/24h。仍宗7月10日方，14剂，嘱有效可多服。四诊：12月15日，服前方14剂后，因出差繁忙，近日未服中药。其他治疗和注意事项，也有松懈。查尿蛋白：400mg/24h。宗原方14剂，坚持治疗。五诊：1992年1月10日，半年来认真执行医嘱，坚持服药，精神、体力尚好。近期查GFR100ml/min，尿蛋白转阴，尿微量白蛋白0/min，脂肪肝转为轻度，体重仍超标5kg。甘油三酯：2.5mmol/L。心电图：大致正常。宗初诊方，隔日1剂，水煎服。随诊情况：1993年～2006年6月10日，每年来诊2～3次。继续强化治疗措施，复查各项主要指标，病情一直稳定。精神、体力较好，特别是尿蛋白阴转，肾功能未见损伤。

【按语】本例患者尿蛋白阴转、肾功能正常、身体逐渐健康，分析其原因有：①多次来诊。强化综合治疗措施，要求患者坚持治疗，患者也积极配合、有效的进行各项防治措施。②中医辨证、组方、用药很重要。患者肝肾阴虚，治以滋养肝肾，选用杞菊地黄丸中主要药味，枸杞子、菊花、生地、丹皮、山萸肉，再加茵陈、丹参、赤芍、白芍，可清肝、柔肝、养肝、保肝、益肾、利心。方中川芎、枳壳、枳实、香附行气活血，山栀清利三焦水道，配入莪术、卫茅消癥化结，不仅使血络中已经形成的微型癥瘕缓慢化解，更可防止新的癥瘕形成，使已损之血络康复。

例2　宋××，男，初诊时67岁，随访至今，现已82岁。

初诊：1990年5月1日，中山公园义诊时接诊。患者当时精神尚可，述5年前因膀胱癌手术发现血糖升高，诊断糖尿病。现查尿蛋白（++），血肌酐150umol/L，血尿素氮在8mmol/L，血压升高（具体不详）。心电图示：ST－T改变。膀胱癌术后行放疗至今已5年，病情仍较稳定。血压、血糖均服西药控制。患者急于询问保护肾功能的方法，担心病情进展至尿毒症。现有胸闷，腰痛腿酸，寐少梦多，大便常干，舌胖质暗，脉沉弦滑。辨证为心肾虚劳，血脉不活。治法：补益心肾，通活血脉。处方：太子参20g，狗脊10g，川断10g，川牛膝30g，杜仲10g，生地20g，丹参30g，川芎15g，莪术10g，卫茅20g，山楂10g，全栝楼30g，元明粉6g。14剂，每日1剂，水煎服。患者本人有较高的素养，告知其饮食、活动和心态调整的方法，嘱患者依照执行。二诊：5月16日，服药14剂后，自觉诸症均改善。宗初诊方，14剂。三诊：8月16日，上方服用2个月。精神、饮食俱佳。复查尿蛋白（+）－（++），肌酐145umol/L，尿素氮7.5mmol/L。宗初诊方，14剂。四诊：10月15日，上方隔日服1剂，一般情况尚可。宗初诊方，14剂。五诊：2000年2月5日，间断服药，大便干、胸闷、腰腿酸痛，服药几日则可缓解。嘱依照原方间断服药。六诊：2003年5月5日，时有转筋、恶心，小便欠畅，大便常干。舌胖暗，脉沉弦。查：尿蛋白（++），血肌酐250umol/L，尿素氮10mmol/L。提示病情在缓慢发展，所以应加强治疗。用胰岛素、降压药控制血糖和血压，服用碳酸钙、活性维生素D_3治疗转筋。嘱忌鸡、鸭、鱼各种肉食和海鲜，每日饮用牛奶1斤；活动宜轻、缓、少，勿疲劳；保证睡眠好，不要着急生气。处方：初诊方加熟军10g，石韦30g以利谷道和水道，加猪苓30g，白花蛇舌草30g防膀胱病进。14剂。七诊：2004年5月6日，时年81岁，仍能自行来诊。间断服药，饮食、睡眠、二便尚好，然近来皮肤时时瘙痒难耐。查尿蛋白（+）－（++），继续随诊。六诊方加白蒺藜10g，白鲜皮20g祛风止痒。有效后可间断服药。八诊：2005年5月16日，时年82岁，自行来诊。一直间断服药，饮食、睡眠、二便尚可，皮肤瘙痒消失。查血肌酐450umol/L，尿素氮20mmol/L，尿蛋白（++）。嘱宗原方案治疗。

【按语】患者初诊之时，尿蛋白定性（++），肾功能不全代偿期，血肌酐轻度升高，相当于消瘅期肾病虚劳期。根据患者腰痛腿酸、寐少梦多、胸闷、舌胖暗、脉沉弦滑，已知其血气瘀阻、血脉不活，微小癥结已成，损伤心、肾。方中太子参补气养心，生地补肾益精，狗脊、川断、川牛膝、杜仲既可补益肝肾、强壮腰膝，又能通活督、任、冲、带脉和足太阳膀胱经、足少阴肾经、足太阴脾经等周身血脉，川断、川牛膝兼有活血化瘀之功；卫茅又名鬼箭羽，有“鬼箭、神箭”之称，破血通经，配合莪术破气化结消症。川芎、丹参益气活血，山楂酸甘化阴、消积活血。全栝楼、元明粉宽胸化痰、利肺养心，增水行舟、通腑泄浊保肾。应用此方，1990年至2000年10年间，患者病情稳定，血脉通活，肾功能尚可维持。至2003年，患者病情进展，原方加用熟军、石韦通利谷道和水道。嘱重视综合治疗的方法，肤痒加白鲜皮、白蒺藜对症治疗有良好疗效。现患者已82岁，肾病进入虚衰期，间断服药，一般情况尚可，生活尚能自理，带病延年。

例3　李××，女，初诊时73岁，随诊至今，现已83岁。

初诊：1996年5月6日。述糖尿病史15年，应用胰岛素控制血糖，降压药物控制血压。因慢性尿路感染反复发作，间断应用多种抗生素疗效不佳。时常胸脘腹胁胀满，上不能嗳气，下不能排气，腰腿酸痛，大便不畅，小便不爽，头晕，视物模糊，眠差。舌胖、暗红，脉弦细数。尿常规：白细胞（+++），尿蛋白1.5g/24h，血肌酐210umol/L，尿素氮9mmol/L。诊断：糖尿病，糖尿病肾病中期，慢性泌尿系感染，高血压病。中医诊断：消渴病，消瘅期，肾病虚劳期，劳淋。辨证：气机阻滞，癥结不化，血脉不活。治法：通经活络，行气活血，消癥化结。处方：狗脊10g，川断10g，川牛膝15g，杜仲10g，柴胡10g，赤、白芍各15g，枳壳、枳实各10g，香附10g，乌药10g，莪术10g，卫矛15g，山栀10g，竹叶10g。7剂，每日1剂，水煎分早晚服。配合应用西力欣0.25，2/日。二诊：5月3日，药服7剂，腰腿痛减，二便通畅，时有矢气，也可嗳气，胸脘腹胁胀满好转，舌、脉同前。尿白细胞（+）。宗原方14剂，每日1剂，水煎分早晚服。并服用西力欣0.25，1/日，共14天。三诊：8月15日，上方服14剂后，诸症均减。近日来未服药，诸症再现，但较前稍轻。尿白细胞（-）。舌、脉同前，宗原方14剂。四诊：2004年5月1日，上方服则有效，因此几年以来，患者一旦自觉不适，则取药煎服。精神、体力尚可，泌尿系感染无复发。血肌酐215umol/L，尿素氮9.5mmol/L，尿蛋白（++）。近来因活动量增加，时有胸闷气短，下肢浮肿。心电图示ST-T改变。西医诊断：冠心病，慢性心功能不全，心衰Ⅰ度。肾性贫血已用相应药物纠正。辨证：心肾虚衰，浊毒内留。治法：养心益肾，利水泻毒。处方：太子参30g，生黄芪30g，当归10g，麦冬10g，五味子10g，苏梗10g，香橼10g，佛手10g，丹参30g，泽泻、泽兰各15g，车前子30g，水蛭10g，葶苈子20g。五诊：2005年6月1日，上方服后诸症减轻。近1年来，常自行取药服用。最近因头晕，头颅CT检查，诊断：腔隙性脑梗塞。静点血塞通20天后头晕减轻。因家事繁忙，劳累过度，头晕复作，视物模糊，静点血塞通不能缓解。舌暗，脉沉弦。查GFR9ml/min，血肌酐350ummol/L，尿素氮20mmol/L。心、脑、肾俱病，拟通活血脉，调补气血。处方：葛根15g，生黄芪20g，太子参30g，当归10g，天麻10g，钩藤10g，香橼10g，佛手10g，枸杞子10g，葶苈子20g，丹参20g，水蛭6g，熟大黄10g。7副，每日1剂，水煎分2次服。另与血府逐瘀胶囊，每次3粒，每日3次，温水送服。六诊：2006年7月20日，晕减轻，胸闷好转，视力改善。一年来间断服用上方，可生活自理。血肌酐400umol/L，尿素氮22mmol/L。舌、脉同前。嘱仍可间断服用上方。

【按语】本患者从73岁就诊，现已83岁。10年来，坚持应用中西医结合的方法治疗，目前精神、体力尚好，每天坚持步行15分钟。10年的治疗，主要分3个阶段，应用3个主方。第一方，狗脊、川断、川牛膝、杜仲，可通经活络，以通活冲、任、督、带等经络保护肾脏。四逆散加香附、乌药，疏肝理气，清除郁热。莪术消癥化结，防止癥瘕积聚加重而损伤肾络。山栀、竹叶，清利三焦水道，以保心、肾，郁滞症状解除、抵抗力增强，使肾府经络通、水道利。加西力欣抗感染，使泌尿道感染得以控制。第二方，生脉饮加当归补血汤养心、益气、补血，加丹参补血活血，加葶苈子、香橼、佛手、苏梗宽胸理气、泻肺利水、护心养心，泽兰、泽泻、车前子、水蛭活血利水保心、肾。药后使患者心、肾功能得以较好维持。第三方主要益气养血、通经活络，保护心、脑、肾。1 年来，患者间断服药，心、脑、肾功能均较稳定。

（二）吕仁和教授运用“六对论治”的方法诊治肾脏病

“六对论治”是吕仁和教授在长期诊治疾病的实践中逐渐形成的常用的六种方法，是在“整体观”和“辨证论治”总体思想指导下的具体化，它包括：①对症状论治。②对症辨证论治。③对证辨病与辨证论治相结合。④对病论治。⑤对病辨证论治。⑥对病分期辨证论治。这六种方法简称为“六对论治”。现将吕仁和教授运用“六对论治”治疗肾病的经验介绍如下：

1. 对症论治

当一个症状出现时，用一种快速、便捷的方法治疗，使症状很快得到缓解或消除即是对症论治。如用柴胡注射液退热；用云南白药、三七粉止血；用元明粉治疗大便干结；用银花、连翘、黄芩、山豆根治疗咽肿痛；用猪苓、茯苓、泽泻、泽兰、车前子利尿消肿；用天麻、钩藤、川牛膝、杜仲降压等。

2. 对症辨证论治

对症辨证论治是临床最常用的治疗大法，是对不易解除的复杂症状或对无有效治疗办法的症所采用的治疗方法。例如尿血是肾脏疾病中最常见的症状，但因尿血的病位、病因、病程、病情等不同。就需要对尿血症辨证论治，常用辨证为下：

（1）风热伤肺，继伤肾络。治宜疏风清热，凉血止血：药用桑叶、蝉衣、银花、连翘、黄芩、小蓟、丹皮、赤芍、白茅根等。

（2）风寒化热，伤及肾络。治宜疏风散寒，清热止血：药用荆芥、防风、蝉衣、马勃、前胡、猪苓、三七粉等。

（3）热毒内盛，灼伤肾络。治宜清热解毒，凉血止血：药用银花、连翘、黄芩、黄柏、石韦、丹皮、生大黄、厚朴、甘草梢。

（4）心火移肾，脉络受伤。治宜滋阴养心，清热泻火：药用细生地、赤芍、丹参、麦冬、通草、黄连、竹叶、车前草、白茅根、小蓟。

（5）气滞血瘀，脉络受损。治宜行滞化瘀，养血止血：药用牛膝、赤芍、当归、生地、枳壳、柴胡、甘草、川芎、黑香附。

（6）湿热内蕴，下注伤肾。治宜清热利湿，化瘀止血：药用石韦、瞿麦、扁蓄、金钱草、海金砂、鸡内金、车前草、大黄、白芍、甘草。

（7）脾不统血，气虚失摄。治宜补气摄血、养血止血：药用黄芪、太子参、当归、熟地、砂仁、血余炭、柴胡、麻黄炭、陈皮、三七粉。

（8）肾气不固，血渗脉外。治宜补肾固摄，益气止血：药用黄精、芡实、金樱子、党参、旱莲草、生地炭、三七粉。

（9）阴虚火旺，灼伤肾络。治宜滋阴降火，凉血止血：药用生地、元参、麦冬、丹皮、炒山栀、龙胆草、黄芩、青黛。

3. 对症辨病与辨证论治相结合

症状是疾病的主客观表现，有心理和生理两方面的因素，即是疾病诊断的线索或主要依据，也是配合确定证型和证候的主要依据；而作为一种病，它具有特定的病因、病机、病理、症状、证型和（或）证候，有其自身的发生、发展、转化和预后规律。证型和证候，是疾病发展过程中不同阶段和层次上所表现的综合性特征。一种症状或一种证可以出现在若干种疾病中，而各种不同疾病的预后相差甚大，所以在治疗中，对症辨病为首要，辨证是为了指导立法处方，所以对不少症状需要辨病与辨证相结合来进行治疗。

还以血尿为例，疾病有狼疮肾、紫癜肾、IgA肾病、急性肾盂肾炎、多囊肾、乳糜尿、肾结核等，病不相同，预后不同，因此对血尿症辨病非常重要。同时从中医辨证来讲，每个疾病还有自己的不同的证型和证候，在没有成熟的对病治疗方药前，必须按中医理法方药的诊治原则，依证立法，依法处方，依方选药才有良效。

狼疮肾血尿：多为热毒内蕴，气阴俱伤。治宜清热解毒，兼顾气阴：方药用柴胡、赤芍、丹参、白花蛇舌草、猪苓、银花、连翘、石韦、黄精、生地、三七粉等。

紫癜肾血尿：多属风热入血，损及肾络。治宜散风清热，凉血止血：方药用荆芥、防风、蝉衣、丹皮、紫草、茜草、石韦、猪苓、生地、三七粉等。

IgA 肾病血尿：多属风寒化热，气阴两伤。拟疏风清热，兼顾气阴：方药用荆芥、防风、蝉衣、银花、连翘、黄芩、猪苓、白花蛇舌草、茜草、紫草等。

急性肾盂肾炎血尿：多为肾中蕴热，化毒伤络。拟清热解毒：方药用柴胡、枳壳、枳实、赤白芍、连翘、生地榆、黄柏、鱼腥草、石韦、白头翁、地丁、生甘草等。

多囊肾血尿：多为肾失固摄，兼瘀血。治宜补肾固摄，益气止血：方药用黄精、党参、当归、血余炭、旱莲草、三七粉、云南白药、狗脊、川断、杜仲炭、香附、乌药等。

乳糜尿血尿：多为气机阻滞，肾失固摄。治宜调理气机，补肾固摄：方药用柴胡、枳壳、枳实、白芍、甘草、丹参、芡实、金樱子、桑螵蛸、鹿角霜、三七粉等。

肾结核血尿：多为阴虚火旺，肾络灼伤。治宜滋阴泻火：方药用生地、元参、黄精、地骨皮、白芍、陈皮、大黄、血余炭。另加抗结核药治疗。

肾癌血尿：多为毒热内蕴。拟清热解毒：方药用半枝莲、草河车、猪苓、元参、焦三仙、黄精、陈皮、云南白药、白花蛇舌草、西黄丸。

膀胱癌血尿：多为气机阻滞，热毒不解。治宜调理气机，清热解毒：方药用柴胡、荔枝核、枳壳、枳实、白芍、生甘草、丹参、芡实、金樱子、桑螵蛸、半枝莲、三七粉、西黄丸、云南白药。

4. 对病论治

对病论治是较高层次的治疗，主要是针对病因或病机，它适用于对病因或病机比较明确的疾病且有良好疗效的方法。如：急性肾炎常用方：银花20g，连翘20g，黄芩10g，蝉衣10g，荆芥10g，防风10g，山栀10g，猪苓30g，丹皮10g，丹参20g，板蓝根20g，生甘草6g；肾病综合征激素依赖型，除用激素的时间适当延长外，常用白花蛇舌草30g，猪苓30g，白茅根30g，芦根20g，白鲜皮15g，白吉力15g，生甘草6g，山楂20g，常获良效。慢性肾盂肾炎，用抗菌素效果差者，加用狗脊10g，川断10g，牛膝20g，杜仲10g，柴胡10g，赤白芍各20g，枳壳、枳实各6g，生甘草各6g，鱼腥草30g，白头翁30g，香附6g，乌药6g，常获良效。

5. 对病辨证论治

对病论治是较高层次的治疗，主要是针对病因或病机，它适用于对病因或病机比较明确的疾病且有良好疗效的方法。如对慢性肾炎辨证论治：

（1）脾肾气阳两虚用益气固肾汤：黄芪、仙灵脾、金樱子、芡实、猪苓、炒白术、炒山楂、川芎、石韦。

（2）肝肾气阴两虚用养阴固肾汤：太子参、生地、白芍、女贞子、旱莲草、猪苓、黄柏、丹皮、石韦、地龙。

（3）肾阴阳俱虚用调补肾元汤：杜仲、川断、生地、枸杞、猪苓、白芍、山药、丹参、山楂、仙灵脾。

兼夹证候治疗

（1）瘀血：属血热证选加丹皮、赤芍、紫草、茜草根、生蒲黄、泽兰、丹参等；瘀血属寒证选用川芎、桃仁、红花、当归、山楂等；瘀血属气郁选加郁金、元胡、降香等；瘀血属气虚选加三七、王不留行；瘀血持久不化选用穿山甲、水蛭等。

（2）痰湿：痰湿属寒者选用半夏、生姜、白芥子等；痰湿属热者天竹黄、竹茹、竹沥、胆南星等；痰气互结者选用菖蒲、远志、陈皮、郁金等；痰饮选用苓桂术甘汤或五苓散。

（3）气郁：肝郁气结选加柴胡、枳壳、香附、乌药等；腹胀便秘选加枳实、厚朴；气逆不降选用沉香、降香；腹胀痛用木香、檀香。

（4）湿热：选用银花、连翘、地丁、黄芩、山栀、黄柏、虎杖、白花蛇舌草、木香、佩兰、草豆蔻。

（5）食积：应选加保和丸。

6. **对病分期辨证论治**

对病分期辨证论治多用于对慢性、复杂性疾病的诊治。分期，一般多以现代理化检查指标为依据，用以明确疾病的阶段性；辨证，则用中医的辩证法则进行。如慢性肾衰分期辨证论治，常常用现代理化指标分期，以虚定型，以实定候，临床常分为四期四型十候辩治。

（1）四期

Ⅰ期：慢性肾功能不全代偿期：GFR50～80ml/min；Scr133～177μmol/L。

Ⅱ期：慢性肾功能不全失代偿期：GFR50～20ml/min；Scr178～442μmol/L。

Ⅲ期：肾功能衰竭期：GFR20～10ml/min；Scr443～707μmol/L。

Ⅳ期：尿毒症期：GFR＜10ml/min；Scr≥707μmol/L。

（2）四型

①脾肾气血（阳）虚型用助阳保肾汤：黄芪、当归、枸杞子、茯苓、桂枝、丹参、陈皮、仙灵脾、熟军。

②脾肾气血（阴）虚型用益气保肾汤：黄精、太子参、麦冬、五味子、茯苓、丹参、白芍、陈皮、牛膝、熟军。

③肝肾气血阴虚型用滋阴保肾汤：黄精、生地、女贞子、丹参、白芍、牛膝、陈皮、熟军。

④气血阴阳俱虚型用调补保肾汤：黄芪、黄精、当归、太子参、茯苓、丹参、白芍、陈皮、半夏、牛膝、熟军。

（3）十证候

①肝郁气滞选加柴胡、赤白芍、枳壳、香附等。

②血脉瘀阻选加丹参、赤芍、川芎等。

③湿热阻滞选加茯苓、猪苓、泽泻、茵陈等。

④痰湿不化选加陈皮、半夏、茯苓、竹茹等。

⑤外感热毒选加银花、连翘、黄芩等。

⑥胃肠结滞选加生大黄、厚朴、枳实等。

⑦浊毒伤血选加水牛角、生地、丹皮、三七、白及等。

⑧水凌心肺选加太子参、五味子、葶苈子、桑白皮、大枣、甘遂、北五加皮等。

⑨肝风内动选加天麻、钩藤、白芍、生龙牡等。

⑩毒入心包选加远志、石菖蒲等，或用清开灵 40ml 静脉滴注，每日 1 次。

治疗慢性肾功能不全，临床最常见而中药发挥作用较好的是慢性肾功能不全 2 期和 3 期，中药对延缓肾衰进展，保护肾功能有很好的作用。临床多见气滞血瘀证候和胃肠湿热结滞证候，常用调补气血阴阳，和降浊毒的方法。常用方药为：生黄芪 15g，当归 10g，陈皮 10g，半夏 10g，猪苓 30g，茯苓 20g，丹皮 15g，丹参 15g，泽泻 20g，泽兰 20g，牛膝 30g，熟军 10g。忌食豆制品，适量进食肉类，主食 3～5 两，加水果蔬菜适量，可加牛奶 500g/日，注意休息。

在和吕老师的交谈中，吕老师对自己学生评说了一段话虽很通俗但意义深远，仅此作为本文的结尾。“我培育这些树，经几十个春夏秋冬，长得不大也不小，现在看来都是长得根深叶茂花鲜艳，结的果实不大但味美香甜，凡是用过的都说“很好!”“很好!”。培育人员后继有人。我们希望未来果实结得更大，更多，为人民健康长寿做出更多贡献。”

（李　靖　高　菁　赵进喜　整理）